大学科普丛书

第一辑 潘复生主编

The Aviation of a Great Nation

大国航空

从百年奋发到世纪辉煌

张聚恩◎著

科学出版社

北京

内 容 简 介

自21世纪以来，从运20、歼20到C919、AG600，中国航空带给国人一个又一个惊喜，也昭示着我们正在努力从航空大国走向航空强国。作者是在中国航空战线奋斗了半个世纪的著名专家，他凭借扎实的知识和丰富的阅历，以满腔的热情和流畅的笔触，生动描绘我国的航空强国愿景，讲述航空发展的动人故事，评说航空领域的重大事件，弘扬航空报国的奋斗精神，读来大开眼界、励志感人、深受启发，对于激发全社会对航空事业的关注和热爱、为实现中华民族伟大复兴的中国梦而奋斗，具有积极的意义。

本书内容丰富，通俗易懂，适合大众阅读，也是航空爱好者和军事爱好者了解我国航空发展的珍贵读本。

图书在版编目 (CIP) 数据

大国航空：从百年奋发到世纪辉煌 / 张聚恩著 . —北京：科学出版社，2019.2

（大学科普丛书）

ISBN 978-7-03-058826-5

Ⅰ. ①大… Ⅱ. ①张… Ⅲ. ①航空工业－成就－中国－普及读物 Ⅳ. ① F426.5-49

中国版本图书馆 CIP 数据核字（2018）第 212589 号

丛书策划：侯俊琳

责任编辑：侯俊琳 张 莉 / 责任校对：邹慧卿

责任印制：赵 博 / 封面设计：有道文化

科学出版社 出版

北京东黄城根北街 16 号

邮政编码：100717

http://www.sciencep.com

北京厚诚则铭印刷科技有限公司印刷

科学出版社发行 各地新华书店经销

*

2018 年 11 月第 一 版 开本：720 × 1000 1/16

2026 年 1 月第九次印刷 印张：19 1/2

字数：280 000

定价：68.00元

（如有印装质量问题，我社负责调换）

总 序

人类历史是一部探索自然和社会发展规律的编年史。无论是混沌朦胧的原始社会，还是文明开化的现代社会，人类对自身的所处所在都充满了与生俱来的天然好奇心。在历史发展的长河中，通过不断地传承、质疑、探索、扬弃，人类在认知自我、认知自然、认知社会的过程中集聚了强大的思想动能，为凸显人类理性光辉、丰富人类精神生活、推动人类社会持续进步提供了有力的精神武器。科学，作为运用范畴、定理、定律等形式反映现实世界各种现象的本质、特性、关系和规律的知识体系，既可以解释已知的事实，也可以预言未知的新的事实，在人类文明发展中始终扮演着重要的角色，随着人类对未知世界深入探索，在当今以至未来社会，科学知识的普及和传播必将发挥越来越重要的作用！

2016 年 5 月 30 日，习近平总书记在全国科技创新大会、两院院士大会、中国科学技术协会第九次全国代表大会上发表重要讲话，提出了“到新中国成立 100 年时使我国成为世界科技强国”的奋斗目标。总书记还强调，“科技创新、科学普及是实现创新发展的两翼，要把科学普及放在与科技创新同等重要的位置。没有全民科学素质普遍提高，就难以建立起宏大的高素质创新大军，难以实现科技成果快速转化。希望广大科技工作者以提高全民科学素质为己任，把普及科学知识、弘扬科学精神、传播科学思想、倡导科学方法作为义不容辞的责任，在全社会推动形成讲科学、爱科学、学科学、用科学的良好氛围，使蕴藏在亿万人民中间的创新智慧充分释放、创新力量充分涌流。”从中可以看出：科学普及不仅是推动经济发展、提升公民科学素养的必要手段，而且也应该成为高等院校和科研机构服务社会的重要职责。

在当前国内科普图书市场上，原创科普佳作依然难得一见，广受关注和好评的还多数是引进版，这与我国科研水平快速提升的现状极不相称。近年来，科学普及受到全球各国政府、社会组织以及公众的高度重视，形成了快速发展态势，科学普及工作也有了很多新的变化。在现代科学传播理念的指引下，科学普及既要关注科学的产生、形成、发展及其演变规律，包括人类认识自然和改造自然的历史；也要关注自然界的一般规律、科学技术活动的基本方法和科学技术与社会的相互作用等问题。科学普及不仅要传播自然科学和人文社会科学知识，更要积极引导公众在德、智、体、美等方面的全面发展。因此，需要不断创新，务求实效。

由重庆市科学技术协会主管、重庆市大学科学传播研究会主办、面向全国的《大学科普》杂志，自 2007 年创刊以来，始终以“普及科学知识，创新科学方法，传播科学思想，弘扬科学精神，恪守科学道德”为己任，致力于推动大学与社会的结合，通过组织全国科学家解读科学发现和技术发明，创作高水平的科普文章和开展丰富多彩的科普活动，激发公众的科学热情，传播科学精神和创新精神，在全国科普界独树一帜，影响深远，为提升全民科学素养做出了积极的贡献。

十年磨一剑，砺得梅花香。《大学科普》杂志围绕广受公众关注的科技话题，通过严谨而细致的长期打磨，积累了丰富的高校科普资源，全国一大批科技工作者由此走上科普创作之路，在此基础上，组织一套原创科普佳作可谓水到渠成。科学出版社对科普工作高度重视，双方经过一年多的合作策划，形成了明确的丛书组织思路，汇集了全国众多来自高等院校和科教机构的优秀科普专家，以科学技术史、科技哲学、科学学、教育学和传播学等学科为支撑，将自然科学、工程技术科学和人文社会科学等融合传播，力求带给读者全新的科学阅读体验，真正起到激发科学热情、传播科学思想、弘扬科学精神的作用。在此，我们也热忱期待有更多科学家和科普工作者加入这一行列，为全民科学素养的提升、为国家创新发展贡献出智慧和力量！

中国工程院　院　士
中国材料研究学会　理事长　李元元
吉林大学　校　长
2017 年 3 月 20 日

推荐语

聚恩君自 17 岁考入北京航空学院（今北京航空航天大学），为航空事业奋斗五十余载，从技术员到管理者，兢兢业业，功勋卓著。尤其令人敬佩的是，古稀之年仍不忘初心，退而不休，继续为航空强国的梦想鼓与呼。本书汇集了他近两年数百篇“微文”中航空色彩浓厚的部分作品，篇篇堪称精品。有航空人报国情怀的真情流淌，有对航空未来发展的憧憬与建言，更有妙趣横生的航空科普佳作。全书向读者展现了一幅航空报国的宏伟画卷，令国人自豪，航空人奋进，年轻人向往。好书！好文章！谢谢聚恩君。

中国航空工业第一集团公司原总经理　党组书记　刘高倬

2018 年 9 月 30 日

聚恩君发文年余时，同事兴奋地向我推荐，从此，便和张聚恩的写作一样，我的阅读也一发而不可收，关注和欣赏着他的每一篇佳作，至今已读过 158 篇。每每读这位“理工男”的文章，或如饮甘泉，沁人心扉；或似品佳酿，回味陶然。我的大学老师曾被一位西方航空工程师能弹一手好钢琴所折服，今天自己已然被张聚恩写得一手好文章所倾倒。

拥有大批科学技术学养与文化艺术素养兼备的工程师，是一个民族成熟与自信的标志之一。本书就是这种标志的一个缩影。再次读来，我宛如童趣未泯的孩子，如痴如醉地欣赏着五彩缤纷的百花筒。每一篇文章，都如同一颗颗七彩宝石，随着视角的变化，向读者组合展示出航空事业变幻的历史时空。这是一本给人以睿智和激情的好书，这是每个向往航空事业的人都应一睹为快的好书。

中国航空学会理事长　中国航空工业集团公司科学技术委员会主任

中国航空工业集团公司原董事长、党组书记　林左鸣

2018 年 9 月 26 日

有动力、可控、载人航空的历史仅115年，飞机却在百年间成长为最重要的交通工具和最具威力的武器。人类可以在一天之内到达地球任意地方，战争形态从二维平面进化到三维立体。同时，也给人类带来巨大的福祉，使社会经济生活发生意义深远的变革。航空工业因此成为现代工业的高端，被誉为皇冠上的明珠。中国航空工业体系始建于1953年，较发达国家落后整半个世纪，却以六十余年不懈奋斗，跻身前列。聚恩君作为亲历者，以微信微言，为我们讲述了精彩的片段、感人的故事、科学的认知。

中国人民解放军少将　中国人民解放军空军装备部原部长　魏　钢

2018年9月27日

聚恩兄和我是高中校友，我们俩同庚不同届。他于1964年考进北京航空学院（今北京航空航天大学），献身航空事业，我于1968年入伍空军，保卫祖国蓝天，当我们再度相逢时，已然走过了半个多世纪。航空工业与空军建设的天然联系，更拉近了我们的心灵距离。遵聚恩之嘱，我写下刘禹锡的《秋词》，他装裱后挂在书房，并用作自己微信的头像。“晴空一鹤排云上，便引诗情到碧霄”，他心中始终有着诗和远方。2016年4月，他以“聚恩君”为名创办微信公众号，感事抒怀，海阔天空，一发而不可收。其中，内容份量最重、质量堪称上乘的，是对中国航空和世界航空的关注、评价、展望与建言。航空报国的终生志向，在他胸中燃烧着炽烈的家国情怀；业界翘楚的专家素养，体现出令人服膺的严谨与缜密；游刃有余的文字功力，下笔洋洋洒洒而引人入胜；开朗达观的人生态度，让人亲切地感触到生命的温度。言之由衷，言之有物，微言大义，集腋成裘。翻开这本《大国航空：从百年奋发到世纪辉煌》，品读青春焕发的古老民族，在时代的天空逐梦高飞。

空军作家　电视政论片《国家天空》总撰稿　刘天增

2018年9月29日

我与聚恩君的相识，缘起于2009年他任中国航空学会秘书长时，到北京航空航天大学面试我为中国航空学会制导、导航与控制分会主任委员。亲自上门面试还是很少见的，聚恩君给我的第一印象是睿智而具有亲和力。我们再一次发生交集，是在两年后我们共同为举办第一届“中航工业杯”国际无人飞行器创新大奖赛工作时，他任现场总指挥，我任技术委员会主任。此后每一届比赛，我们都在一起，成了一老一小的默契搭档，从而结下忘年之交。

他的航空素养深深地影响了我，也让我在航空这个博大精深、恢宏壮丽的事业中快乐地徜徉。与他交流一次，便产生一次于航空科研、教育，乃至航空文化的共鸣；更令人高兴的是，已近古稀之年，他竟创办了微信公众号“聚恩君”，于是我便成了“君迷”。每每读他的文章，都会被那“篇篇都是发自肺腑的真言，字字都是从心间流淌出的真情”所感染，时而会心一笑，时而热泪流淌。有人说，航空工业是现代强国的发动机，愿更多的人，通过聚恩君这本朴素而充满航空激情的著述，了解航空，喜爱航空，“为强国梦想的实现添柴加能”。

北京航空航天大学教授　无人系统研究院院长　王英勋

2018年9月28日

自　序

1964 年，我从家乡河南考入北京航空学院（今北京航空航天大学），那时的我，还是一个不足十七岁半的青涩少年。此后，学航空，干航空，54 年献身航空，成了一个一辈子一生情、地地道道的航空人。我亲身参与、亲眼看到中华人民共和国航空事业的奋发与腾飞，在向未来的挺进中，航空强国的目标从未像今天这样清晰而迫近。

航空是一项博大精深、恢宏壮丽的事业，航空为人类插上飞翔之翼，带给我们无与伦比的巨大福祉。我为终生从事航空事业感到庆幸和自豪。进入 21 世纪，我强烈地意识到，为航空强国梦鼓与呼，是我的一份责任与使命，我要把对事业的理解传递出去，让更多人分享我的领悟与积淀。

为此，2016 年 4 月 7 日，清明节后的第二天，我创办了微信公众号“聚恩君”，当日发出了首篇微文。此后，便一发而不可收，到今天已经写作了 274 篇。在这个平台上，我跳跃在科学与人文两域，徜徉在知识与情感之海。我喜欢把在公众号上发的文章称为“微文”，自认“人微言轻”，但篇篇都是发自肺腑的真言，字字都是从心间流淌出的真情。

承蒙科学出版社对“聚恩君”的关注，从我的两百余篇微文中，选辑出部分航空色彩浓厚的文章，结集成书，取名《大国航空：从百年奋发到世纪辉煌》。本书分为五篇。第一篇“强国使命”（航空强国，志士梦想，对标前行者，寻求追赶路）；第二篇“历史回眸”（古之先哲，今之大师，筚路蓝缕，开辟伟业）；第三篇“超级制造”（惊心大事，动魄时分，当思其深意，须举策应对）；第四篇“飞向未来”（学而时习，习之有得，奉己领悟，与众分享）；第五篇“情系蓝天”（科学人文，一体两翼，恋天理工男，悯人聚恩君）。这些文章都是在特定时间与背景下写作和发布的，收入本书时除纠正明显差错外，未做内容调整和数据更新。这样一种“原生态”，也许是本书的一个小小特色吧！

我们的民族在经历长久的积弱积贫之后，如今，强国梦在召唤，航空强国的宏伟目标在激励我们奋进。愿本书为国人了解航空发挥一点儿微薄的作用，为强国梦想的实现添柴加能。希望读者从中感受世纪之邀航空强国的魅力，激荡起实现中华民族伟大复兴的中国梦的激情，同时，也能走进我这个航空科技“老民工”的心里。

感谢中国航空工业对我的栽培；感谢中国航空学会和中国航空工业集团公司科学技术委员会对我的支持与信任；感谢科学出版社科学人文分社侯俊琳社长对我的赏识与鼓励，他赋予了这些分散写作的文章以鲜明的主题；感谢张莉编辑的出色工作；感谢我相濡以沫的妻子和我深爱的家人，他们给了我生命的热情和深切的关怀，他们“要我写”的希冀是我笔耕不辍的原动力。

张聚恩

2018 年 7 月 3 日

目 录

一、强国使命

航空强国，志士梦想，
对标前行者，寻求追赶路。

来自国家的召唤①

百年航空梦

人类的航空梦想变为现实，迄今仅有一百多年时间，在历史的长河中只是短短一瞬。人类克服了自身的生理局限，借助机械装置，终于飞上了天空。回首航空发展的足迹，可发现其与三次工业革命密切地交织和互动。

18 世纪 70 年代，作为第一次工业革命标志的蒸汽机出现，它被成功地用于船舶和火车，大大扩展了人类在二维世界活动的范围。“不安分”的人类还想把这“万能的原始动力”用于飞天，但因自身太重和提供动力不足而失败了；但 1843 年英国威廉姆·塞缪尔·汉森（W.S.Henson）的“空中蒸汽车”的设计与试验，分明昭示人类实现飞翔梦已为时不远。

19 世纪末，第二次工业革命发生，几乎在与电力的大规模使用同时，以煤气和汽油为燃料的内燃机相继诞生；正是这一伟大发明，成就了 1903 年莱特兄弟的人类第一次有动力飞行，打开了人类在三维世界的活动空间。伴随着第二次工业革命大约 80 年的全部征程，航空从活塞时代步入喷气时代，飞机越飞越快，地球“越来越小”。航空的飞速发展，是第二次工业革命中的华彩乐章；这个最重要的工业发明及其背后的技术群，带给人类社会发展以巨大而深远的影响。

① 该文根据作者于 2016 年 8 月在中国航空创新创业大会上的演讲整理而来，完成并在微信公众号上发布于 2016 年 9 月 21 日。对为此文提供帮助的中国航空工业发展研究中心的王战超、殷云浩、吴静敏、张合香等表示感谢。

20世纪60年代，第三次工业革命发生。计算机和网络技术给航空器插上了信息之翼，动力、控制等技术不断取得新突破，推动航空跨进空天一体、高超声速和无人化的新时代。第三次工业革命还在继续，航空的进步是其重要组成，又得益于众多革命性新技术的支持，航空仍将加速发展。

值得注意的是，早在第二次世界大战结束时，空中力量强大的美国（其全球海上力量也已空基化，核心力量是航空母舰），取代了以航海舰队称霸的英国；而在第三次工业革命浪潮初起之时，更乘势完成了航空产业扩张，成为当今世界上唯一的航空超强国，美国一国的航空销售额就占到世界航空销售额的一半以上。这一现象，同它也成为当今世界唯一的经济和军事强国，产生了极其密切的强相关、正相关。对于现代大国而言，可以毫不夸张地说，航空强，国必强；航空弱，则国必弱。

这一切，就发生在短短的两百多年时间里，前一百年，科学求证，探索试验；后一百年，飞速发展，形成产业。而在这历史的沧桑巨变中，我们在哪里？先是闭关锁国，后是战乱频仍。中华人民共和国成立后，航空业获得飞速发展，打下了体系化的基础，取得了令世人瞩目的成就。但我们还是错过了几次大发展，特别是民机发展和动力发展的历史机遇，若干航空研发项目的下马，令国人尤其是我们航空人不胜嗟叹。以至于尽管我们已十分努力，但今天还处于世界航空第二梯队，这是不以规模论，而以产值、销售额、能力、水平等综合评价得出的结论。尤其是高性能发动机和民机的缺失，成为我们心中深深的痛。

21世纪——航空业的第三个百年，现代航空业的第二个百年，应该成为我们中国人的航空世纪，这既是建成航空强国的进程，也是复兴民族、建设现代化强大国家的历史责任。

现代文明的重要支撑

现代航空业是一项恢宏的大事业。我们所说的航空业包括航空工业、民用航空、军事航空、航空科研与教育。而航空产业是指以航空工业和民用航空为主体的一个产业门类，军事航空及科研教育中的物化装备、综合保障，多归入航空工业，也属航空产业。在航空大国的航空产业中，就产值而言，民用航空是航空工业的2～3倍，甚至更高；带动就业的影响也更大。民用航空又分为公共运输和通用航空。公共运输以固定航路、航班，由经营性实体运营为特征；通用航空则可以是经营性的，也可以是非经营性的，涵盖工业、农林渔业、环境保护与监测、科研与探险、救灾与救护、训练与培训、体育、表演、公务航空等，提供各种灵活的作业与服务；私人航空也属通用航空，直接由拥有者获得相应服务和享受。

由于航天的市场化商品特征不及航空，在航空航天业产值中的比例一般为20%，而进入国际市场销售的则几乎全部是航空产品。大部分国家的航空航天是不分的。如美国国家航空航天局（NASA）统管国家航空航天科学研究，波音公司是典型的空天兼营的大型公司。我国的航空、航天是分别经营的。

航空业对人类社会的发展带来巨大影响；其中的民用航空，更带来不可或缺的福祉。以至于我们很难想象，没有了现代航空，社会生活会是什么样。而现代航空业的发展，仅仅是百多年的时间，并正呈现出继续快速发展的态势，从历史发展的大势看，这是真正的朝阳产业。

典型的高精尖产业

关于航空的特质，有许多表述。我概括为四组关键词：战略性综合性、高技术高难度、高投入高风险、高附加值高回报。在说到战略性综合性时，又可总结为四个要点：综合国力之标志、利益竞争之焦点、现代国防之基础、国家利益之体现。在写到此处时，我不由地想起两个典型案例。

一是20世纪60年代，在大型民机这个领域，美国波音公司独步天下。即使是政治盟友的英国及欧洲其他几个国家，也不愿坐视与容忍这种状况。于是，它们联合起来，组成空中客车公司，在诸国政府强力支持下，合纵抗衡，奋斗20多年，终于扭亏，又经十数年奋斗，成为与波音公司平分天下的世界大型民机第二大供应商。为什么？利益之所在，欧洲人需要一个强大的欧洲特别是拥有强大航空的欧洲。他们深知，航空对科技与经济的拉动作用首屈一指。欧洲实施的一体化科技发展规划“欧盟研究、技术开发及示范框架计划”（简称“欧盟框架计划”）已实施了7轮，其中约1/3都是与航空相关的项目。也正因如此，他们声称2020年在民用飞机领域的技术水准有望全面超过美国。

二是中国的大飞机蒙受从20世纪60年代直到世纪交替之时，前后与麦克唐纳-道格拉斯公司（简称麦道公司）合作和AE100夭折等屡战屡败的惨痛经历。但民族的抗争精神从未泯灭，反而越挫越奋，终于升华为国家行为；在ARJ21新支线客机之后，由“大运”和C919军民两型机组成的国家大飞机专项节节取胜。如今，ARJ21已投入商业运营，“大运”已正式服役，C919也即将迎来首飞。我们不会忘记，民用飞机“以市场换技术”终成泡影，军用飞机的国际合作更是屡屡受阻。前车之鉴，犹未能忘，航空之于国家的战略意义，绝非夸诞之语。

说到高技术高难度，我引用《美国国家关键技术计划》中的一段话，称航空发动机是“一个技术精深得使一个新手难以进入的领域，它需要国家充分保护并稳定利用该领域的成果，长期的专门技能和数据积累，以及国家大量的投资”。这段话说得很精辟，被广为引用。

而在佐证高投入高风险时，一个典型的案例也来自发动机。罗尔斯·罗伊斯公司在20世纪60年代研制其第一台大涵道涡轮风扇发动机时，由于对风险估计不足，采用未经验证的复合材料风扇叶片技术，造成研制进度拖延。在投入巨额资金后，不能按合同为飞机提供配套动力，于1971年2月宣告破产，由英国政府接管，实行国有化，而后重获生机。一台发动机的研制失败，就可以导致一个财力雄厚的跨国公司破产，这是何等大的风险？后来在发动机研制中，特别强调采用成熟技术，普遍推行国际合作模式，以规避经营风险，皆源于此。

航空对经济社会发展的影响

航空产业对经济发展影响的定性分析相对简易，而定量分析较难。实际上，在进行战略分析时，也不必拘泥于精细数据，而只需主要关心那些支持战略研究的宏观性、趋势性数据。国内外有不少这方面的研究成果。英国牛津经济研究所发布的《航空——真正的互联网》报告中对此有深入的分析。总的来看，航空的影响体现在四个方面：①直接影响，包括制造、维修、运营等主体内容以及机场建设、餐饮服务、时间效用等辅助内容；②间接影响，指上述过程中投入的中间产品与劳务，主要体现为对产业的带动（材料、设备、燃料、食品加工等）和对就业的带动；③诱导影响，指由航空产业从业者的消费而诱发的经济产品；④战略影响，特指维系安全、带动经济、形成战略与支撑作用而产生的影响，但该部分内容的定量化表征较难。

国际航空运输协会（International Air Transport Association，IATA）报告，“2015 年全球航空公司运送旅客 36 亿人次，约占全球总人口的 48%，运送货物 5220 万吨，货值超过 6 万亿美元。航空业实现直接收入 7090 亿美元，提供了 261 万个就业岗位；带动相关经济活动产生了 2.7 万亿美元价值，间接带动 6300 万就业人口。”

根据这组数据可以计算出，民用航空运输业的产业带动作用为 7090 亿：27 000 亿 =1：3.8，就业带动为 261 万：6300 万 =1：24。考虑到在航空运输业领域，我国的基本情况和运行规律与国际上大部分国家相同，故可以认为该数据对我国也适用。

关于航空工业的带动作用，我使用了中国航空工业发展研究中心利用投入产出法计算出的数据，并与 2015 年的实际数据比对。得出：产业带动作用为 1：2.4，就业带动作用为 1：5。

考虑到运输业产业规模二倍于航空工业，对于上述两组数据进行加权平均后，得出我国航空产业的产业带动作用为 1：3，就业带动作用为 1：15。这是两个重要的、可信的宏观数据。

中美航空产业对比

虽然我们发展航空业的“国家禀赋”（国家禀赋主要指需求、政府和大企业三大要素）明显有别于美国，特别是我们不具有全球范围的空中军事力量和军贸体系，但我们的航空产业发展仍然必须对标于美国。这是由于国土面积、人口、经济总量等国力要素与美国接近，特别是2025年前后或成世界第一经济体，经济总量将达到20万亿美元规模。这就要求我们不能屈居第二梯队（该梯队有英国、法国、德国、加拿大、意大利、日本等国）末尾或中间，而必须冲上该梯队之首，进而与美国同台竞技。在全力满足国内旺盛而庞大的需求的基础上，随着技术水平和产品性能的提高，争取在国际市场亦有较大的作为。

2002年发布的《美国航空航天产业未来委员会最终报告》中，将航空航天产业的构成描述为以下三大体系：①以战斗机、运输机、无人机、导弹为核心的军用航空体系；②以空中交通管制、安全和环境管理为核心的航空运营体系；③以民机制造、航空公司运营、通用航空、机场运营为核心的商用航空体系。

而在论述美国航空航天产业在国民经济中的地位时，该报告概括为：自20世纪60年代以来，美国航空航天产业成为对外出口的支柱，是美国维持经常项目贸易平衡的主要工具；航空制造业已经逐步取代汽车、船舶、钢铁、家电，成为美国保持其制造业国际竞争力、维持大国地位的产业。

这是关于航空航天产业重要性的极为深刻的描述。我们应该借鉴该报告的研究方法和结果，认真考虑我国航空产业在国民经济中的地位，找出认识上的差距，确定追赶的目标，把应属于航空产业的诸体系、诸要素充分而全面地列入战略策划中。

我们用一组数据，对中美航空产业的规模和经济贡献进行比对。据国际航空运输协会的报告，2014年美国航空运输业的经济贡献值如表1所示。

表1 2014年美国航空运输业的经济贡献值

项目	产值/亿美元	就业人数/万人	增加值/亿美元	占国内生产总值（GDP）比例/%
航空公司	3 251	152.8	1 609	0.9
机场	760	52.4	408	0.2
飞机制造	1 437	64.0	726	0.4
发动机制造	176	7.8	86	0.07
零部件制造	739	36.1	393	0.2
航电制造	227	11.1	121	0.1
研发	324	19.3	172	0.1
航空快递	627	50.5	336	0.2
民航诱导产出	7 895	661.9	4 614	2.7
航空运输合计	15 436	1 018.1	8 463	4.9
通航运营	388	18.3	192	0.1
通用飞机制造	297	13.2	150	0.1
通用航空诱导产出	117	9.3	68	0.05
通航合计	802	40.8	411	0.2
总计	16 238	1 058.9	8 873	5.1

美国自2013年以来，上述各项数据基本稳定。

按美国统计方式，航空运输业含民用航空器制造，从表1得出民用航空制造业占GDP的1%。

另据美国经济咨询机构HIS环球透视（HIS Global Insight）的《航宇与防务产业的经济影响性分析》报告，2015年，美国航宇与防务（A&D）产业创造了3000亿美元的经济价值，占美国当年名义GDP（17.25万亿美元）的1.8%。

综合这两份报告的数据，扣除重复计算的部分，整个航空产业经济价值占GDP的5.9%；航空产业带动就业约1300万人。

我国2015年航空产业的宏观数据为：航空制造业产值约合600亿美元；民航运输总周转量为851.7亿吨千米，加上通航，共6000亿元人民币规模，约合900亿美元。航空产业产值合计1500亿美元，其中增加值大约为700亿美元。考虑到部分未予计入的间接贡献和全部未予计入的诱导贡献，航空产业的总贡献应放大到约1400亿美元，占当年GDP总量10.51万亿美元的1.3%。

美中对比，在占 GDP 比例上，为 5.9% 对 1.3%。就绝对值而言，是 1.02 万亿美元同 0.14 万亿美元的比较，差距为 8800 亿美元，约合 6 万亿元人民币（以汇率 6.8 计）。

这就是我们同对标国家的巨大差距，其中，制造业的差距尤其明显，对各自国家 GDP 的占比分别是 1.8%、0.6%，绝对差距超过 2400 亿美元。但同时，这也是我们未来发展的巨大空间。①

航空强国的含义

我认为航空强国应该包含两方面的含义。一是在航空业，我国要成为与美国、欧洲国家同台竞技的强者；二是要以航空而强国，把航空业的扩张和发展作为现代化强国建设的引擎或强大推动力。

关于航空强国，设想到 2025 年前后，当我们成为世界第一大经济体的时候，我们应该有可能初步建成航空产业强国。其标志是航空工业按产值衡量走到第二梯队的前列；航空运输业按照年人均一次到一次半的客运量，成为世界航运最大单一国家市场，进而成为世界第一航空运输大国。2015 年，我国客运量达到创纪录的 4.36 亿人次，占全球 36 亿总人次的 12%，比例已经很大了，但也只是平均每三个人乘坐一次客机，增长空间还非常大。

还有一个重要的利好消息，国务院 2016 年颁布的《国务院办公厅关于促进通用航空业发展的指导意见》（国办发〔2016〕38 号）中提出，到 2020 年，通用航空业经济规模超过 1 万亿元。当然，这个万亿元规模的通航产业市场，还需要细分，需要落实。

综合这三个方面，使航空产业经济贡献在国内生产总值中占比达到 5%，虽挑战巨大，但完全可能实现。它意味着，如果届时我们的国内生产总值达到 20 万亿美元，我们应该实现 1 万亿美元的航空产

---

① 衡量产业对经济的贡献，包含直接、间接和诱导三方面。“直接”指终端产品与服务，“间接”指供应链，“诱导”指从业人员的消费与收入。国内生产总值是指所有产业的全部增加值之和，我们习惯使用的总产值并不等于增加值。一般来说，航空产业增加值约占总产值的不足一半。从表 1 中可看到，增加值约为产值的 55%。而 2015 年的航宇与防务数据显示，当年直接贡献3490亿美元，间接贡献2560亿美元，诱导贡献1810亿美元，共计 7860 亿美元，但计入 GDP 的增加值为 3000 亿美元，约为产值的 38%。

业经济目标，也就是6万亿元到7万亿元人民币。其中，运输业有可能达到3.5万亿元到4万亿元人民币的规模，通航应更早一点实现1万亿元人民币的目标。我们的制造业无论如何要攀登1万亿元人民币高地，当然这是指全社会从事航空制造维修的产出总和，包括中国航空工业集团有限公司、中国商用飞机有限责任公司、中国航空发动机集团、中国航天科技集团及其他从事航空制造的一切机构的贡献。

以航空而强国是指充分发挥和放大航空产业对国民经济的支撑与溢出效应，推动现代化国家的建设。我们正处在一个经济发展转轨变型的关键时期，迫切需要振兴实体经济，振兴装备制造业，进行供给侧结构改革。作为高端制造业龙头、兼具战略性和支柱性的航空产业，具有不可替代的支撑与带动作用。而且，实际上，中国航空制造业一直在发挥着这样的作用。航空制造业正从产业的形成区进入产业的扩张区。进入21世纪以来，军民航呈现井喷式发展的局面，不断带给国民以振奋和惊喜，显著刺激和正在培育新的项目和新的市场，从而形成持久、全面和旺盛的驱动力。中国的航空产业有着光明的未来，未来的军事航空和民用航空及在21世纪的科技突破与发展，都值得我们期待。

从在国内生产总值中占比1.3%提升到5%，应视为我们产业发展的战略目标。同时，从一个又一个航空新项目、新需求中激发的内生动力，又能驱动和带动相关基础工业、高新技术领域的发展，将使航空产业真正成为中国经济发展、科技创新和社会进步的强大引擎，这是我们的期望，也是我们的责任。

新的历史使命

处在我国航空产业迅速进入战略扩张期这个历史阶段，航空产业的从业人员要和全社会所有关心航空的人士一起，共同担当起航空产业发展的新的历史使命。这个新的历史使命包括五大任务。

一是为国防建设提供先进适用的航空装备。我们要着眼建设信息化军队，打赢信息化战争。航空武器装备正呈现体系化、精准化、高效化、突袭性及经济可承受性等趋势，太空和网络空间成为各方战略竞争新的制高点。为适应加速向信息化战争演变的战争形态，各军兵种将承担各自的使命任务，陆军：机动作战，立体防空；海军：近海防御，远海护卫；空军：空天一体，攻防兼备；火箭军：精干有效，核常兼备；武警：多能一体，有效维稳。这些分析和要求，都是公开发布的《中国的军事战略》（国防白皮书）中明确提出的。而所有这些的实现都有赖于航空装备的大发展。看一看美国全球军事力量的发展道路，及他们现在遍布全球的强大空中力量，就该知道我们在这一方面的使命有多么重要，任务有多么艰巨。

二是改变民用航空器研制生产的世界格局。在大型客机领域，现在是“A+B”，即空中客车公司（Airbus）和波音公司（Boeing），我们要为世界奉献一个“C”，即中国商飞（Commercial Aircraft Corporation of China Ltd，COMAC），或者放大的中国民航制造。成为世界第一民航运输大国已是指日可待，如果蓝天执飞的客机中，能有相当比例的国产飞机，那我们的民航运输大国将能真正变为民航运输强国。民用航空运输产业的定义，从来是包括运营和制造维修两部分的，这是研究与分析民用航空运输业的世界通用定义。尤其是对我国来说，如果没有自己强大的民机制造业，而只是去购买别人的客机，以致仰人鼻息，受人掣肘，那么不管我们的航运规模有多大，都只能是跛脚之业，断不能称为航运强国的。这应该成为中国航空工业界和航空运输业的共识。

三是突破航空发动机的瓶颈和制约，业内业外的所有人都要理解航空发动机的艰难，全世界制造飞机的大企业十数家，能制造航空发动机的只有四家；俄罗斯只能算半家，它们的大涵道民用发动机在国际市场上没有份额。过去我们对航空发动机缺乏足够的认识，吃了很多苦头，走了一些弯路。现在，打破高性能、大推力涡扇发动机的瓶颈制约，打一场攻坚克难、彻底翻身的世纪战役，已经升格到坚强的国家意志层面，我们正在迎头追赶。我们对中国航空发动机事业的发展，既饱含期待，又人人有责。

四是迎接通用航空大发展的春天。与美国甚至与许多发展中国家相比，我们的通航太弱了。这种状况与我国的综合国力和经济规模、与建设以人为本的小康社会等目标，极不相称。军民融合，军地一心，各方协同，共克时艰，迅速改变这种落后状况，是全体国民共同的责任。我们一定能够找到兼顾国防安全与通航发展的空域管理新方案，尽快开放低空，向同样是资源的天空要增值、要财富、要幸福。

五是开创航空科技自主创新的新纪元。只有重视基础研究，关注前沿技术领域特别是有可能带来颠覆性影响的技术发展，并且做到及时、准确识别与获取这些技术，将它们的最新成果用于航空，我们才可能不走老路，不是一味地跟踪学步，而是真正走上创新发展的道路。诸如，新能源、新动力、新储能技术、新材料、新飞行原理、新布局、新控制技术等，都需要我们航空人特别关注。而航空业以外的机构和社会力量，积极开展与航空密切相关的技术研究，有可能是参与航空事业的重要渠道和方式，同时自身也有望成为航空创新发展的新生力军。

全社会关注与参与航空

当前全社会澎湃着航空热潮，全社会都在关注与进军航空产业，这比正在研发中的新机型和正在孕育的新技术突破，更加令人高兴。不仅是在国家层面和产业层面，全社会的民营资本和民营企业也在这样做。我把这种现象归纳为四句话：责无旁贷的历史责任、军民融合的历史机遇、企业转轨变型的需要及企业生存发展的需要。

民营资本投入航空需要解决的认识问题，我想到如下这么几点：防止激励的扭曲，克服认知的局限；要认识到高端制造业是立国之本，航空制造产业群又是高端制造业的龙头；目前的欠发展正说明潜力巨大，高风险、高回报正说明它有一定的利润空间。我们不要期盼所谓的国家产业政策的倾斜，这带来的是不公平的社会竞争。最根本的是要相信企业家、投资家的战略预判和决断。

参与和投资航空有哪些重点和热点呢？关于航空器的整机制造，我建议先从中小型飞机、特殊的直升机、工业级无人机入手。在发动机制造方面，主要关注中小型发动机的整机和发动机中的特殊部件制造，以及特殊工艺的专业化。关于系统和设备制造，包括各类传感器，基于虚拟现实（VR）技术和增强现实（AR）技术的特殊设备，用于各种作业的载荷、载具、装具，以及碳纤维、特殊涂料、功能材料、3D 打印用料、纳米材料等的研制生产，都希望民营资本进入。

根据我过去的工作经历和对研发一线许多久攻不下的技术难关的认识，确需引入新的力量。我们的科技人员非常努力，但还不免力量单薄，而且长期相对封闭的工作模式，会带来技术上的思维定式，这是很可怕的。把这些难题、热点向全社会公布，借以招贤纳士，引入国际最高水准或行业以外的专业团队、专家团队，或者是引入新的技术思维，推动形成新的攻关路径，这样做一定会收到效果。我国复合材料用碳纤维的开发，就有过这样成功的经验。大约 10 年前，山东省威海的一家民企——拓展纤维有限公司在没有国家投资的情况下率先研制出 T300、T700 碳纤维，一举打破国外的封锁禁运。目前，在日本东丽公司宣布研制成功第三代高强高模碳纤维的国际竞争背景下，拓展公司和其他几家国产碳纤维厂商都在继续努力，争取推出性能更好的碳纤维。类似这样的航空急需项目，还有不少，亟待社会的关注和民企的参与。

关于航空训练和教育培训，包括资质获证培训、专业教育体验、各级别的模拟器开发、各类仿真软件的开发，还有面向全社会特别是面向青少年的系列教具、教材的开发等，也应高度关注。这个市场大得很。许多学校要求建立科技实践的实验室，包括航空科技实验室，有着极为迫切的需要。科普与科研同等重要，有眼光、有担当的企业投入此类产品开发，将获得丰厚的市场回报，商业风险相对也较小。

最后，还要说到另一种参与，就是需要全社会都来参与的航空文化。航空本质上是创新的事业，航空文化是创新文化、探索文化。航空文化的核心是国民航空意识——仰望星空，探索航空奥秘，发掘空间财富；航空文化的基础是航空科技素养——拥抱蓝天，普及航空知识，热爱航空事业。全社会都来参与和培育航空文化之日，也就是我们的航空强国梦实现之时。

发动机，中国航空之痛①

The trumpet of a prophecy！ Oh，Wind，If winter comes，can spring be far behind？

让预言的号角奏鸣！哦，风啊，冬天如果来了，春天还会远吗？

——雪莱

在学习和普及航空发动机相关知识的同时，还需要从宏观和战略上为中国航空发动机（以下简称“航发”）事业擂鼓呐喊，更要以各种方式积极参与和投身于这项伟大的事业。用习近平主席在 2017 年的新年贺词里的话说就是：撸起袖子加油干！对于航发人和所有关心中国航发的人来说，迎接航发事业的春天，正逢其时。

十数日努力，写成此文。虽不甚满意，但我想，作为一篇学习札记，还是不苛求自己，而是尽早发出去。就像朝着水中投去的石子，它会引发涟漪，希望这粒入水的小石子，能激起众人对我国航发事业深层次的关切与思考。不当之处，敬请指正。

值得珍视的“家底”

我国的航发事业从抗美援朝时期创建，历经维护修理、测绘仿制、改进改型、自主研制等发展阶段，从无到有、由小到大，发展至今，实属不易。如果从开始整机研制的 1956 年算起，至今已有 60 多年，回顾往昔，可谓成就斐然。在极为困难的情况下，我国的航发事业不仅为航空武器装备发展和国民经济建设做出了重要贡献，也为自身的进一步发展奠定了技术与产业基础。这是不争的事实，是值得我

① 本文写于 2017 年 1 月 12 日。

们高度珍视的“家底”。

具体表现在以下三方面。

第一，基本建成了航空发动机研制生产体系。以发动机设计研究院所和主机生产企业为核心，建成了包括一批专业化配套生产企业和专业科研院所在内的航空发动机研制生产体系。该体系专业门类齐全，具备一定规模，人员整体水平能基本适应现代航发科研生产与管理工作的需要。迄今，我国以航空发动机为主业的企事业单位共 26 家，其中设计研究所 4 家，主机生产企业 6 家，年销售收入大约 300 亿元，军航发、民航发占比大致为 70%：30%，其中军航发的制造与维修的比例为 5：1，民航发维修与零部件转包的比例接近 1：1。中国航空发动机集团公司（AECC）成立时，对外公布的企业从业人员为 9.6 万，总资产为 1100 亿元。

第二，基本具备研制生产所有种类航空发动机的能力。迄今，我国研制生产和提供各类航空发动机约 6.5 万台，年产量大约 1100 台，包括涡扇、涡喷、涡桨、涡轴和活塞式发动机等。① 国产航空发动机数量占现役军用配套总数的 90% 以上，基本满足了国产歼击机、强击机、轰炸机、运输机、教练机和直升机等航空装备的配装需求。近年来，一批新的高性能发动机开始研制，有的已经取得突破，如“太行”系列大推力涡扇发动机，并有了一定的量产能力。

第三，构建了基本完整的科研条件与基础设施。即使是在国家财力不够、投入不足的过去，仍然构建了包括高空试验台等在内的一大批高水平基础科研设施。近十多年来，国家对航空发动机的投入大幅增加，科研设施条件得到全局性的显著改善。

症结与差距

那么，如今国人深深忧虑的航空“心脏病”究竟指的是什么？又

---

① 数据来自中国航空博物馆公开的空军装备展，截至 2008 年。1956 ～ 2008 年的 52 年间，五类航空发动机总产量约 57 000 台。按年平均数外推 8 年，即 1956～2016 年的 60 年间，我国航空发动机的总产量不低于 65 000 台。尽管产品主体为涡喷和活塞发动机，涡扇发动机尚处于快速提升阶段，但已足见我国航发产业的强大产能。

是怎么造成的呢？我想从认清差距着眼，继而从历史的坐标中寻根求源，做出分析。

现代航空的发展历史并不长，是在第一次工业革命的孕育、第二次工业革命的催生下问世和成长的。最基本的推动力就是发动机的进步。可以毫不夸张地说，发动机既是航空器的动力，也是整个航空产业的动力。从活塞时代到喷气时代，带来了飞机的跨代发展，也带来了航空产业的大发展。从 20 世纪中叶开始，燃气涡轮发动机成为航空动力的主力样式，已经历七八十年时间，在可预见的今后尚无其他可以替代的样式。

我国的发动机事业起步不晚，初期走过的道路特别是在涡喷发动机仿制批产方面的储备较厚实，能力已很强。但是，在从涡喷向涡扇特别是大推力涡扇发动机的提升转变的世界潮流中，我们从发展理念到技术实践却大大落伍了。加之除运-10 外，我们从未从国家层面独立发展过大型客机，因而商用大涵道涡扇发动机的研制更是空白。

故而，我国航空发动机的症结集中表现为：军用涡扇发动机的性能亟须提升，民用涡扇发动机亟须解决有无问题。具体差距如下。

第一，关于战斗机的发动机。1974 年服役、配装 F-15 的 F110（普拉特・惠特尼集团公司产品）为第三代航空发动机的代表，推重比 8；2002 年服役、配装 F-22 的 F119（普拉特・惠特尼集团公司产品）为第四代发动机的代表，推力 15 000daN[①]，推重比 10。而我们的 FWS10 发动机于 2010 年服役，性能稍好于 F100，但比 F110 服役晚 36 年，目前是大推力军用航发的主力品种，更高性能的发动机还在研制中。综合起来，我国战斗机用航发与世界先进水平差距约为一代半（30 年）。

第二，关于运输机的发动机。该类飞机是典型的军民两用品种。用于此类飞机的先进大涵道比涡扇发动机最大推力已超过 50 000daN，空中停车率降到每百万飞行小时 5 次以下；热端部件寿命最长达到 4 万小时；耗油率在现有水平上再降 15% 的新一代产品，将在 2020 年前后进入市场。

---

① daN 是力学单位，即 Deca Newton。

我国因尚无实物商用涡扇发动机，只能以在研产品的预期性能与国际水平做比较。20 世纪 90 年代用于 A321 的 CFM56-5B2，推力 14 000daN，涵道比 5.5；我国计划用于"大运"的在研 FWS20 与之性能相近，若能按时完成研制任务，在时间上相差 20 年。我们自研的 CJ1000A 与计划替代的、C919 选用动力 Leap-1C（与 CFM56-5B2 同为 CFM 国际公司产品）推力同为 13 600daN，涵道比 10 ～ 11，但在时间上也至少相差 20 年。此外，还有诸如首翻期（为国外同类产品的 1/2 ～ 3/4）等重要指标上的差距。

第三，关于直升机用涡轴发动机。我国直升机用中等功率涡轴发动机基础较好、自主保障率较高，但同国际先进水平相比，也有一定差距。此类发动机已经发展了四代，前三代我们基本解决了有无问题，代表型别为 WZ6、WZ8A、WZ9，比国外同类型别发动机服役晚 15 ～ 20 年，分别装备了我们的直 -8、直 -9、直 -10 等型号的直升机。但以 CTS800-4［罗尔斯·罗伊斯公司与霍尼韦尔公司的合资公司轻型直升机涡轮发动机公司（LHTEC）的产品，配装英国"山猫"直升机］为代表的第四代涡轴发动机国外已在 21 世纪初服役，我们尚在研制，服役时间预计晚约 15 年。

第四，关于先进发动机的技术储备。这是尤其需要重视的方面。美国用于未来六代机或作为 F-35 替代动力的自适应变循环发动机已呼之欲出。用于高超声速临近空间飞行器和水平起降、可重复使用的空天飞行器的组合动力将分别在 15 年、25 年内达到 6 级技术成熟度。美国、欧洲国家正不约而同地实施新的一批航空发动机的科技发展计划，以持续保持技术领先优势。如果我们缺乏强有力的战略应对和有效举措，我们同世界先进水平的差距不仅不会缩小，还有可能被进一步拉大。

历史的遗憾

当我们回首与中国航发事业相关的历史进程时，不能不说我们今天的困窘来自历史的遗憾。

1956 年 2 月 17 日，受周恩来总理的鼓励，回国不久的钱学森向中央提出《建立中国国防航空工业的意见》，该意见认为根据国内现实情况，应集中力量发展火箭和导弹。

3 月 12 日，聂荣臻副总理提出《关于十二年内我国科学对国防需要的研究项目的初步意见》，其中就航空的发展方向问题指出，在我国科学技术人才极缺、水平亦低的情况下，不宜以大力对飞机的改进进行研究工作，而应采取依照苏联图纸（不断改进的）进行生产的办法解决军队今后的装备需要。今后空中斗争的研究方向应首先集中仅有的技术力量用于火箭、导弹方面的研究和制造。

4 月 4 日，国家科学规划委员会召开会议，讨论制定全国科学规划。其中航空部分的讨论由张爱萍直接领导，会议着重讨论了火箭与飞机的关系问题，基本同意“应在飞机生产的基础上搞火箭”的意见。

4 月 13 日，中华人民共和国航空工业委员会成立。聂荣臻任主任，黄克诚、赵尔陆任副主任，统筹领导飞机、火箭和导弹的研制生产。

以上历史事件表明，在中央筹划我国航空发展大计时，是把航空和后来的航天业作为一个整体看待的，根据国力确定按照苏联的改进图纸仿制生产飞机的同时，将注意力先行集中于突破导弹和火箭。

历史证明，中央的“两弹一星”决策是正确的。这一决策大大提升了我国的国际地位，为我们赢得了宝贵的战略缓冲期。遗憾的是，在后来较长的一段时间里，作为突破口的导弹和火箭不断取得重大进展，却未对航空科技发展进一步整体规划，使飞机特别是发动机的自主研发缺乏战略牵引和推进。

而同期，苏联也在发生同样的情况。20 世纪五六十年代，苏联的航空工业水平不逊于美国和欧洲航空先进国家，如继续关注航空发展，应能研制出性能比肩西方的飞机与发动机。但当时苏联忽视航空的发展，造成航空迟滞不进，拉大了同西方国家之间的差距。当意识到必须奋力急追，重返航空大国地位时，付出了惨痛的代价。

苏 -27 战斗机的研制坎坷曲折，用于苏 -27 的推重比 8 发动机研制也历尽艰辛。曾撤换过 5 名技术领导干部，并曾以 5 个月工资作为每降1千克重量的奖金，动员设计人员出谋划策，以提高发动机的推重比。最终，经斤斤计较的校核，在对部分附件质量按功率比例剔除后，按当时苏联《发动机干质量标准》，推重比计为8.17（如按国际通用规定推重比为7.14），勉强达到设计要求。[①]

在国力并不雄厚、技术难题众多的大环境下，在中央的直接领导下，“两弹一星”重大专项一路高歌。“两弹”中的核弹含原子弹和氢弹，分别在1964年和1967年成功；“两弹”中的另一弹——洲际导弹，公认的突破里程碑为1980年全程（9070千米）试验成功，但精度未达标；1981年获得完全成功。“一星”——人造卫星，首颗在1970年升空。

“两弹一星”成功之后，本应把全面推动航空发展提到日程上来，但令人不解的是，航空的地位不仅没有提升，反而在持续下降，以至连航空是不是高技术都成了问题。在20世纪中叶全球性“要导弹，不要飞机”的浪潮中，国内一些专家也认为，导弹可以替代军用飞机。军用飞机只是一种常规武器，航空技术只是保障常规武器的常规技术。在这种意见的影响下，我国科技界长期把航空排除在高新技术之外。

1995年下半年，在《中共中央关于制定国民经济和社会发展“九五”计划和2010年远景目标的建议（征求意见稿）》中，再次将航空技术排除在高新技术领域以外，引起广泛的异议与忧虑。中国航空学会在时任理事长朱育理和副理事长张彦仲的领导下，组织研究航空技术属性，并据此向中央建言。9月22日，王大珩、师昌绪、马宾、高镇宁、庄逢甘、张彦仲、顾诵芬7位知名学者、专家，联名向中央写信陈情，阐明航空技术确属高技术的理由。

专家们认为，国际上已经十分重视飞机的发展，世界各大国、强国和世界经济合作与发展组织均把航空工业列入高技术产业领域；自20世纪40年代以来，军用、民用航空器的性能发生了质的变化，航空技术飞速发展；海湾战争充分证明空中力量在现代战争中的决定性作用；航空工业对国民经济的先导作用也十分突出，对国家冶金、橡胶、石化、轻工、电子、机械等基础工业部门的带动作用日渐显著。

---

① 此处的部分数据和文字获得北京航空航天大学陈光教授的授权使用。

从现实情况看，我国的航空技术与国外航空发达国家的航空技术差距较大，如再不把航空技术抓上去，我国在综合国力竞争中将存在严重的危机，在军事上将陷于被动挨打的困境，国内民机市场也将被国外占领。

中央听取了业界的强烈呼声，采纳了专家学者的建议，终于将航空列进了国家需重点发展的高技术领域。在 1996 年 3 月 17 日第八届全国人民代表大会第四次会议通过的《中华人民共和国国民经济和社会发展“九五”计划和 2010 年远景目标纲要》中明确：“要把握世界科学技术发展的趋势，重点开展电子信息、生物、新材料、新能源、航空、航天、海洋等方面的高新技术，在一些重要领域接近或达到国际先进水平”。至此，航空高技术地位在我国方予确立，其时已步入 20 世纪末。

1995 年 10 月的一天，中国航空工业总公司召开党员干部大会传达中共中央十四届五中全会精神，讲到航空技术已被中央列入高新技术领域时，全场爆发出长时间的热烈掌声。这是一种怎样的发自内心、久受压抑、兴奋而苦涩的情感宣泄啊！[①]

整个航空技术在长时间里都处于这样一个尴尬的处境，作为航空器配套分系统的发动机，处于什么位置，更可想而知。

应该达成的共识

人的认识有时很奇怪，当初说航空太难了，所以先发展火箭导弹。等火箭导弹有所突破了，怎么航空倒变成一般常规技术了？当我们今天充满诗情地说航空制造业是“现代工业之花”，说航空发动机是“皇冠上的明珠”时，怎么连它的高科技属性都长期得不到承认？我们认识上走的弯路太远太大了，而认识和理念上的偏差，直接导致战略误判和规划缺失。

终结历史的遗憾，需要我们坚定地达成以下共识，今后无论有什么样的风吹草动，千万不要再动摇。

---

① 这段史实在时任中国航空学会副秘书长王玉春的回忆文章中有详细陈述。

第一，航空发动机太重要了，如果不解决这一瓶颈制约，我们的航空装备就像被绑在别人的战车上；我们或是航空大国，但永远不能成为航空强国。

第二，我国航空发动机与世界先进水平的差距整体上相差一代或一代半，在时间上大致落后 20～30 年，填补空白，提升性能，加速追赶，时不我待。

第三，航空发动机产品极为复杂，其综合难度在当今的工业产品中，无出其右。

第四，航空发动机的技术覆盖面宽、涉及面广、内容博大精深，在当今的科学技术体系里，是当之无愧、应列前位的高新技术。

第五，世界航空发动机领域发展神速，我们既要在传统发动机领域负重前行，奋起直追，又要重视基础研究，自主创新，另辟蹊径，否则我们会落后得越来越远。

上述这番话，绝非怨天尤人，而是痛感：只有对历史做出实事求是的反思，达成真正符合发展规律的共识，方能同心同德向前看，制定应对之策，找出正确的发展之道。

航发的世界格局

当我们还为航空在中国科技界的地位而奋争时，世界已悄然形成了一个远比飞机行业更严苛、更高度垄断、更严密技术封锁的全球航发格局。美国、英国、法国、德国、日本等国家通过其寡头企业，垄断了世界航发和燃气轮机（本文暂不涉及燃气轮机）市场。美国、英国、法国的寡头企业，包括其合资公司，占领了世界航发市场的 70%，而在新机市场上的价值份额更高达 90%。

全世界能制造飞机的公司十数家，而独立的航发供应商只有几家。美国、俄罗斯两国的航发底蕴深厚，但俄罗斯这只“老虎”一“打盹”，就被西方国家远远甩在身后，尤其是在民用航发方面，俄罗斯在世界市场几无份额。

世界大型民用航空发动机产业的顶级企业是美国通用电气公司和普拉特·惠特尼集团公司、英国的罗尔斯·罗伊斯公司，以及美国通用电气公司同法国赛峰集团（Safran）合资成立的CFM国际公司，美国通用电气公司同普拉特·惠特尼集团公司合资成立的EA公司，普拉特·惠特尼集团公司、德国MTU等5家公司合资成立的IAE公司等。这些公司具有独立研制航发整机的能力，几乎控制了全球大型民用航发的核心技术研发、总装集成、销售及客户服务等全产业链。

在军用和小型航发领域，上述顶尖公司中的多数，以及俄罗斯土星、礼炮公司等都拥有大推力军用航发的研制生产能力。此外，在其他军用航发和小型航发领域，法国斯奈克玛（Snecma）、美国霍尼韦尔（Honeywell）、德国MTU、意大利Avio等企业，也拥有很强的实力。它们具有各自领域的整机研发与市场能力，还是为顶级企业提供大部件和核心机部件的一级供应商。

再下一级的供应商以日本和韩国公司为主，包括日本三菱重工、川崎重工、石川岛播磨重工和韩国三星科技公司等，拥有强大的零部件制造能力，主要为上一级企业提供发动机零部件产品。

西方国家为长期保持在航发领域的领先和优势地位，在政府和企业层面，采取了许多措施。在研发投入、项目投资、产业链控制、知识产权保护、技术输出控制等方面，构筑了极高的产业门槛，封堵其他国家和企业的发展与追赶，更不要说让其后来居上。

这就是航发的世界格局。面对这样的态势，我们只有一条出路，那就是从维护国家利益出发，担负起独立发展航发的历史使命。就像在大型民机领域，我们将努力改变A（Airbus）+B（Boeing）两霸并立的局面，最终实现A+B+C（COMAC）三极鼎立的新格局那样，在航发领域，我们也要加入“强人俱乐部”，在世界的东方形成一极，逐步改变航发世界格局，尽管这个进程将会十分艰难与漫长。

航发难在哪里?

国人对这个问题十分关切，对航发的技术尤其是材料制造之难关切尤甚。但这是一个多层面的问题，必须全面认识，综合认识。仁者见仁，智者见智，我对这个问题的认识如下。

第一，航发拥有极高的技术难度和可靠性要求，需要配套的设计与制造能力。航发所涉及的学科和技术领域之多几乎与整个飞行器相同，甚至技术要求更高。航发的主要科学基础是支持其高温、高速、旋转和长寿等工作特点的科学学科，如工程热力学、气体动力学、燃烧学、传热学和现代控制理论等。而其所需技术几乎覆盖材料、制造、试验等所有现代技术门类，特别是高温材料和热工艺。

航发的工作过程极为复杂。以燃气涡轮发动机的核心机（由压气机、燃烧室、涡轮组成）为例。压气机将进入发动机的空气逐级增压，增压比可达 25 以上；压气机叶片需承受极高的由离心力产生的载荷，其气动、强度特性和几何形状设计要求很高。燃烧室是保证增压后空气与燃油充分混合、以稳定燃烧的特殊结构，须精心设计，并采用有效冷却方式和选择耐高温材料及涂层等。涡轮的作用是将气流的能量转换为机械能，为了获得更大功率，要求涡轮进口处燃气温度尽量高；先进发动机的涡轮前温度已达 1600℃，大大超过涡轮叶片材料本身能承受的温度，须研发和使用耐更高温度的材料，并采用新的冷却技术。

发动机装载在航空器上，处于严酷的使用环境下，需要在高温、高寒、高速、高压、高转速、高负荷、缺氧、振动等极端恶劣环境下，稳定可靠地工作。特别是发动机工作状态变化急剧，在航空器飞行速度和高度以及气候气象条件改变时，发动机各部件受力 / 受热状态将发生很大变化，原有的配合关系有可能被破坏，必须在设计和制造中充分考虑到这些影响，否则，会引发故障，造成严重后果。

发动机需在复杂工况下持续稳定工作，在飞行中不可能停机维修，因此对发动机的可靠性提出了极高要求。目前，民用航空发动机的首翻期（机上平均寿命）已达 2 万小时，相当于一天 24 小时不停歇、连续飞行 2 年以上；按正常的每天使用 6 小时计算，一台发动机可连续使用 9 年以上无须拆下翻修。如此之高的要求，是其他任何工业产品不可比拟的。

航发产业的聚焦点在于优质、稳定、成本可控地制造出发动机产品，为此必须有配套的先进制造能力。航空发动机的制造涉及材料、结构、焊接等众多难度极高的工业技术，需大量使用定向凝固、粉末冶金、复杂空心叶片精铸、复杂陶瓷型芯制造、钛合金锻造、微孔加工、涂层与特种焊接等先进制造技术。在新的数字化技术的推动下，还需要变革流程，实施协同、并行和集成，大范围地应用数字化工艺设计、数控加工技术、虚拟制造技术、智能控制技术、企业资源数据管理技术，以及基于模型的系统工程等。

第二，航发产业能力与国家基础工业高度关联。航空发动机如此之难，涉及众多技术领域，离不开国家基础工业的支撑。没有强大基础工业能力的国家，绝不可能进入航空发动机领域。当年专家学者向中央建言时曾指出：航空对国家冶金、橡胶、石化、轻工、电子、机械等基础工业部门的带动作用日渐显著。其中，冶金、电子、机械等与航空发动机尤其高度关联。

以发动机的热部件为例，它们强烈依赖如定向凝固高温合金、单晶、金属间化合物、金属基复合材料和陶瓷基复合材料等先进特殊材料。而目前基础工业提供的支撑还不够，直接导致发动机的性能及可靠性等关键指标达不到设计要求，或者无法进行稳定批量生产。

第三，航发的研发需要遵循相对独立和适当超前的规律。离开装载平台，航空发动机就没有独立的实用价值，但这绝不意味着航空发动机的研制必须依附于特定航空器型号的发展。由于发动机的难度高于平台，研制周期长于平台，因此在以先进航空器的需求来牵引发展的同时，更要遵循自身技术的发展规律，提前谋划，适当超前发展。

在过去很长一个历史时期，我国航空发动机的研发紧紧依附于飞机型号，即要研制一款飞机，才会去研发配套发动机；飞机如果下马，发动机随之下马。发动机少有走完研制过程、积累完整工程数据的型号，这方面的教训十分深刻。

航空发动机的研发周期一般比飞机机体的研发周期长 5 年以上，且新型发动机研发所需时间不断延长。早期，每隔 5 ～ 10 年出现一代战斗机新发动机，而从 F100 到 F119（F-22 配装发动机）竟相隔 30 年。20 世纪 70 年代的实践表明，新一代发动机从部件研究到投入使用需要 8 ～ 14 年。F119 从 1973 年概念研究到 1999 年产品定型，则经历了 26 年，如以 F-22 在 2005 年入役计算，则长达 32 年。

第四，航发的发展需要国家资源的强力支持与保障。在《美国国家关键技术计划》说明文件中，把航空发动机描绘成“一个技术精深得使一个新手难以进入的领域，它需要国家充分保护并稳定利用该领域的成果，长期的专门技能和数据积累，以及国家大量的投资”。航空发动机产业是资金密集的高投入和高产出行业。据统计，在航空业的研发总投入中，航空发动机占比约1/4。统计数据表明，研制一台大中型发动机，大致需要15亿～30亿美元。美国和欧洲航发先进国家一直通过长期、稳定的国家支持和投入，实施多项超前于具体型号的纯粹技术研究性的中长期研究计划和短期专项研究计划，为发动机研制提供充足的技术储备，以降低工程研制的技术风险，缩短研制周期。

第五，航发的研发需要大量试验和高性能设施的依赖。航空界有“航空发动机是试出来的”一说，揭示了航空发动机研发的一大特点，即对试验技术和试验设施的高度依赖。由于技术难度大，航空发动机的研制是研究—设计—试验—修改设计—再试验的反复迭代过程。研制一台新型发动机，一般需要10万个小时的零部件试验、4万个小时的附件试验和1万个小时的整机试验。航空发动机是设计、制造的产物，更是试验工程的产物。

航空发动机的试验是一个体系，含性能试验、通用性试验、耐久性试验、环境试验和飞行试验，每一个类别的试验又包括若干试验项目，而每项试验都离不开各类高性能的试验手段与设施（表1）。

表1　航发试验体系表

试验类别	试验内容
性能试验	进气质量、风扇/压气机、燃烧室、涡轮、排气装置、控制系统、燃油/点火、传动/滑油、防火、第二动力的地面性能及模拟高空试验……
通用性试验	压气机稳定性、起动和再起动、推力瞬变、进气道/发动机/尾喷管适配……
耐久性试验	持久、结构、包容性、陀螺力矩、加速任务……
环境试验	大气环境（冷起动、防冰……）、吞咽（吞鸟、吞沙、吞冰……）、噪声、排气发散……
飞行试验	飞行试验台试验、原型机飞行试验……

注：根据作者的学习笔记整理，实际试验内容不限于表中所列

在试验过程中需要采集大量工程数据，试验完结后还需要进行分析处理；工程数据需要不间断地持续积累。当然，还需要重用与共享。而我知道，在这方面，不只是技术原因，还有管理上的原因，造成问题多多，差距甚大。

第六，需要一支专业配套的高水平的研发队伍。与国外航发主要企业相比，我们的研发队伍在整体上还显力量单薄。据我所知，中国航空发动机集团的全部一线科研人员约为 10 000。而世界航发四大巨头——美国通用电气公司、英国罗尔斯·罗伊斯公司、美国普拉特·惠特尼集团公司、法国赛峰集团的雇员人数分别达到 39 000、40 400、35 870 和 60 300 人，虽员工总数低于中国航空发动机集团，但科研人员的数量应与我们比较接近。而由于我们历史上形成的局面，整个队伍尚不能专注于航发的开发、研制和批产。

为促进我国航发自主创新，还需要理顺发动机厂所的业务关系，实现产业重组，建立厂所利益共同体。这是我们的国情造成的特殊性问题，必须下决心解决。要比任何时候更加重视新技术，特别是对未来有可能产生重大影响的前沿技术的研究，而科技管理人员的科学素养，科技人员从事开创性研究工作的能力，决定着我们的未来。

中国航发的市场预测

中国航发的市场有多大，也是各方人士关心的一个问题。我搜集和比较了各有关机构的预测，分析综合后，列出以下数据。

第一，未来 20 年军用发动机需求预测。在中国产业发展研究网发布的《2016 年中国航空发动机行业发展趋势预测》报告中，对我国军用飞机及发动机做了需求预测（表 2）。未来 20 年，中国军用航空发动机总需求量约 22 000 台，价值 450 亿美元。适当考虑军机出口，总需求量有望达到 24 000 台，价值约 500 亿美元；如果再考虑服务，市场总规模应有 600 亿美元，约合 4000 亿元人民币；年均 1200 台 /200 亿元人民币。

目前，我国部分新机配套发动机虽尚未全部使用国产发动机，但我们的目标是军机发动机原则上应全部使用国产产品，或至少占比

90% 以上，故而以上数据可视为中国航发产业军用航空发动机的市场空间的宏观参考数据。

表 2　未来 20 年我国军用飞机及航空发动机需求预测

项目	系列	飞机数量 / 架	单机发动机数 / 台	换发次数 / 次	装备比	发动机总量 / 台	单价 / 万美元	市场 / 亿美元
老战机维护	—	1 144	—	—	—	1 200	200	24
战斗机	三代战机	1 000	1 或 2	1	1.15	3 738	210	78.5
	四代战机	500	2	1	1.15	2 300	300	69
运输机及特种作战飞机	运 -20 系列等	400	4	1	1.15	3 680	500	184
教练机及其他	—	400	2	1	1.15	1 840	150	27.6
武装直升机	—	2 000	2-3	1	1.15	9 200	75	69
总计		5 444	—	—	—	21 958	—	452.1

数据来源：中国产业发展研究网：《2016 年中国航空发动机行业发展趋势预测》

第二，未来 20 年民用发动机需求预测。根据罗尔斯·罗伊斯公司的预测，未来 20 年世界民用航空发动机市场继续快速发展，100 座及以上级别民机市场保持强劲需求，共需超 10 万台航空发动机（含备用），价值达万亿美元（含服务）。其中，按中国市场占比 20% 计，约为 2 万台 /2000 亿美元。考虑到此类国产民用发动机处于较长的成长期，目标为力争分享 10%～20% 份额，即 2000～4000 台 /200 亿～400 亿美元的市场规模；年均 100～200 台 /100 亿～200 亿美元产值。这个市场前景足以诱人，但也充满挑战。

综合军用、民用发动机的需求，未来 20 年，年平均数应超过 1300 台各类航发，市场规模应超千亿元人民币。

肩负起光荣的历史使命

以 2016 年 5 月中央决策成立中国航发集团公司为里程碑，中国有了自己的专业化航空发动机国家级企业集团。

习近平总书记指示，党中央做出组建中国航空发动机集团公司的决策，是从富国强军战略高度出发，对深化国有企业改革、推进航空工业体制改革采取的重大举措。希望你们牢记使命、牢记责任，坚持国家利益至上，坚持军民深度融合发展，坚持实施创新驱动战略，大胆创新，锐意改革，脚踏实地，勇攀高峰，加快实现航空发动机及燃气轮机自主研发和制造生产，为把我国建设成为航空强国而不懈奋斗。

李克强总理也指出，航空发动机是国之重器，是装备制造业的尖端，尽快在这一领域实现突破，对于增强我国经济和国防实力、提升综合国力具有重大意义。要牢固树立新发展理念，坚持军民融合发展战略，以建设世界一流航空发动机企业为目标，依靠改革开放，立足自主创新，弘扬工匠精神，集众智推众创，并积极借鉴国外经验，着力攻克核心关键技术。希望同志们牢记使命，不负重托，努力做航空动力的保障者、制造强国的建设者和创新驱动发展的践行者，为保障国防安全、培育壮大新动能、促进经济社会持续健康发展做出积极贡献。

承载着国家和民族的重托，以中国航发集团公司为主力军的中国航发事业建设者们承担着光荣而艰巨的历史使命。主要是以下四个方面：①为应对复杂国际政治军事形势，必须实现军用航发的自主保障，现阶段，几乎所有先进航空武器装备，从战斗机、轰炸机到运输机、特种飞机，都翘首以待国产高性能航空发动机；②为实现民用航空强国的梦想，必须加快填补商用涡扇发动机的空白；③具有市场前景的各种航发产品都需要提高性能，提高产能，控制成本，发展成为面向全球市场、具有市场竞争力的优质产品；④在科学技术飞速发展的今天，既要在传统样式的发动机方面迎头追赶，又要开展新概念、新原理、新能源、新样式航空发动机技术研究和开发，绝不能在影响未来的前沿技术研究的起跑线上掉队。

上述光荣使命，需要从中央到社会各界共同承担。

首先，在国家层面，航发事业需要国家高层的倾心与全力推动，而不是只交给一个工业企业，由中国航发集团公司去唱独角戏。想当年，国家为了“两弹一星”，从全国调兵遣将，在物资和条件上给予绝对保障。如果我们今天能以这样的举国体制，在国家的统一号令下，以国家队的数万大军攻关拔寨，何愁航发的面貌不改?

中央政府已经明确提出“十三五”期间航发战线的任务。2016年11月24日，工业和信息化部部长苗圩在全国工业和信息化科技创新大会上说，“十三五”期间，我国将推动大型客机发动机、先进直升机发动机、重型燃气轮机等产品研制，初步建立航空发动机及燃气轮机自主创新的基础研究、技术与产品研发和产业体系。

为落实这些要求，中国航发集团公司应梳理影响发动机生产与研发的三大清单，即重大问题清单、配套缺项清单和关键技术清单，由工业和信息化部或“两机”专项①领导机构向全国发布，组织大会战。

其次，在集团层面，中国航发的领导已多次表示，中国航发将探索形成小核心、大协作、专业化、开放式的一种研发生产体系，真正走出一条从基础研究到关键技术突破，再到战略性航空发动机产品研制的自主创新的发展道路，同时也带动我国科学技术和工业技术水平的提升。

应围绕上述四个方面的使命（军用航发、民用航发、产能与质量提升、科技创新发展），逐项制定路线图，务求措施落地。应着力建立科技能力体系，提高识别与获取先进适用技术的能力。用前所未有的紧迫感壮大科技队伍，培养和推出新一代航发科技领军人物。

最后，在社会层面，航发事业需要全社会的关切，这不仅是责任问题，也是现实需要。多一些亲身参与，少一点坐而论道；多一些出谋划策，少一点批评指责；有钱出钱，有力出力，有人出人，是中国航发集团公司的需要，也是中国航发事业的福音。

在军民深度融合的国家战略指引下，组织和集结更多社会力量，加入中国航发事业，时不我待。在开展零部件加工、初始材料制备、关键设备设施研制等的同时，向关键工序和关重件攻关、关键技术突破，以至整机研制、国际合作等方面扩展。

在中国航空发动机事业的发展上升为坚定的国家意志时，中国航发的春天正一步步向我们走来。为了这项伟大的事业，让我们撸起袖子加油干！

---

① “两机”专项指中央批准实施的航空发动机与燃气轮机重大科技工程专项。

航空强国不是梦[①]

近来，中国航空工业的最大喜事，莫过于12月24日大型灭火/水上救援水陆两栖飞机“鲲龙”AG-600首飞成功。中共中央、国务院发来贺信，向参加AG-600项目研制任务的全体参研参试单位和人员表示祝贺和慰问。国务院副总理马凯亲临现场，发表讲话。中央的高规格致贺，是航空工业受到的又一次特别的鼓励与褒奖。作为一个老航空人，此时此刻，心中充满喜悦。

关于“鲲龙”

AG-600是我国首次按照中国民航适航规章要求研制的大型特种用途飞机，是国家应急救援体系建设急需的重大航空装备。在灭火能力方面，可往返水源与火场间，在20秒内一次汲水12吨，在距失火体顶部30～50米高度投水；单次投水救火面积可达4000余平方米，相当于一个标准足球场大小。在水上救援方面，一次可救护50名遇险者，机内载有伤病员铺位、救护艇、救护衣、紧急手术设施等装备。按设计指标，最大起飞重量53.5吨，航程4500千米，速度500千米/时，抗2.8米海浪，适应75%的南海自然海况。可在复杂气象条件下降落在海上，及时有效地实施水面救援。未来，在基本型基础上，通过系列化发展和改进改型，还可满足用户的多样化需求，如海洋监测、资源探测、岛礁补给、海上执法与维权、海上航行安全保障等。

意义重大

AG-600首飞成功，标志着我国航空工业特种用途飞机研制能力

① 本文写于2017年12月30日。

的重大突破，是继舰载战斗机 J-15 形成作战能力、大型运输机 Y-20 列装、第五代战斗机 J-20 服役、C919 大型客机首飞和科研试飞全面展开等之后，我国航空工业发展的又一个里程碑。中国航空工业集团有限公司作为研制主体，认真贯彻落实党中央、国务院决策部署，坚定不移地走中国特色航空发展道路，形成了具有自主知识产权的水陆两栖飞机研发技术体系，提升了我国水面飞行器的设计和制造能力，推动我国航空工业在新的领域取得了新的进步，可喜可贺。

前路艰辛

但同时，我们也要清醒地认识到，这次首飞成功只是项目研制中的关键一步，后续任务依然艰巨繁重。用“前路艰辛”形容，并不为过。第一，这次是陆上空载试飞，对于一个水陆两栖飞机，难的是水动 / 气动耦合控制，实现基于所选定的船身式布局形式和全机技术方案的预期性能，包括载重、航程、速度等，尤其是良好的抗浪水上起降性能。第二，要形成任务系统能力，考核包括载荷载具在内的大系统能否具备快速汲水、放水灭火、应急施救等基本功能，还有大量工作。要深入研究和解决存在的技术问题，迭代改进，化解风险；进一步强化部件生产、全机集成与试验能力，满足适航审定的各项要求，做好市场开发工作，最终实现技术创新和市场效益的双丰收。

马凯副总理的讲话

让我倍感兴奋的是马凯副总理的热情鼓励与讲话。他不仅对 AG-600 的重要进展给予高度评价，指出继续努力的工作方向，还提出“加快建设航空强国，为实现中华民族伟大复兴的中国梦做出更大贡献”的热切期望。中国究竟要不要、能不能成为世界航空强国？中国的航空工业要不要、能不能为伟大的强国梦做出独特而巨大的贡献？马凯副总理的讲话对此做出了肯定的答复。他不仅提出了“航空强国”，而且要求“加快建设”，还期望航空工业为中国强国梦“做出更大贡献”，这也再次点燃了全体航空人心底的报国激情。

航空特质

航空产品不同于卫星、空间站、洲际导弹、深空探测器、星际飞行器等航天产品，不同于大部分航天产品的单件式科研型产业形态，航空产品是基于一致性、有批量规模、满足用户个性化要求的高端工业产品，航空工业是高度依赖国家综合实力、自身又拥有巨大产能和产业价值的装备制造业。除导弹外的大部分航天产品，在完成首架（或加备份）产品研制后，常常是工程任务基本完成；而对于航空，首架研制与首飞成功，才仅仅是工程项目的开始。这也是为什么在20世纪“一穷二白”的国力情况下，可以先行突破“两弹一星”，而要让航空的独立自主全面发展“等一等”的原因。

今非昔比，在日益强盛的国力支撑下，航空工业具备了大发展的一切条件，而航空工业在20世纪末到进入21世纪以来所取得的令世人瞩目、国人骄傲的成就，也印证了这样一个基本判断，即提出“航空强国”正逢其时，“加快建设航空强国”时不我待。

航空强国，就是以世界标准，把中国航空做大做强，与美国、欧洲国家比肩，立于强者之列。2025年前后，当我们成为世界第一大经济体的时候，我们应该有可能初步建成航空产业强国，其标志是航空工业按产值衡量走到世界第二梯队的前列。到2049年，在中华人民共和国成立100周年时，我们将建成真正的航空强国。

到那时，航空工业综合实力将位居世界前列；这是一个以先进科技为支撑、军民高度融合、效率和效益突出的现代化大体系，其总体规模与大国、强国地位相称，所研制和生产航空器的品种数与产能达到世界一流水平，部分产品居世界领先地位。军用航空装备实现100%国产，国产民用运输类飞机占到民机总运力的1/3以上，各式通用航空器中超过50%为国产品牌。

到那时，推动航空发动机发展的坚强国家意志将结出丰满的产业之果，所有品种的航空发动机，包括高涵道比商用航空发动机将实现稳定的自主保障。国家航空科学技术研究体系专业覆盖完全，能力配套齐备，我们掌握了最先进的航空科学技术，能够设计研制生产最先进的航空器；不断取得的突破性成果，能够有力支撑航空工业、民用运输和军用航空装备的发展。在部分领域，如高超声速、航空器总体设计、飞行 / 任务控制、增材与智能制造、航空新材料、试验与试飞技术等，将居于世界领先地位。

到那时，我们将拥有最繁荣的航空产业经济，航空产业的产值将超过美国同期水平。航空业自身，连同间接和诱导影响在内的产业产值将持续提升，在国民生产总值中的占比不断提高，航空产业对国民经济的支撑与溢出效应得以发挥，航空产业将成为中国经济发展、科技创新和社会进步的强大推动力，有效驱动相关基础工业、高新技术领域创新发展，如新材料、新制造技术与装备、新能源、自主控制、人工智能、量子科技等。

航空产业价值

我手头有两份资讯，可以佐证航空的巨大产业价值。

其一，2017 年 2 月瑞典斯德哥尔摩国际和平研究所（SIPRI）发布的《2016 年国际军贸发展态势》年度报告中指出，2012 ～ 2016 年世界军贸市场的出口交付额中，飞机的出口交付额仍保持第一位，以下依次为舰船、导弹、装甲车辆、防空系统、传感器、发动机、火炮、海军武器及其他。飞机在军贸总价值中的比例为 41%，遥遥领先于其他种类；考虑到导弹、发动机等种类中的航空成分，航空产品在世界军贸市场总的占比超过一半（我国同期军贸额不足美国的 1/5。）

其二，波音公司、空中客车公司两大公司在 2016 年的民机交付数分别达到 748 架和 688 架，而且各自拥有 5715 架和 6874 架储备订单，按目前产能拥有十年订货，按目录价格计算，各自有 1 万亿美元上下的产值。我在想，如果中国大飞机投入运营，并逐步进入国际市场，如果中国航空在世界军贸中占据更大份额，中国航空的产业价值将会提升到何等高度，将会对我国国民经济建设做出多么巨大的贡献！

航空的产业价值远高于航天，航空同国计民生的密切关系非航天可比。“航空强国”和“航天强国”同样重要，二者不能偏废。相比 1969 年人类登月成功，我们至今尚无登月时间表，时间差已近半世纪，而今日之中国航空，距离强国梦想是如此的追近：在航空产品的主要领域，“代际差”正在弥合，年代差正在缩小；大型商用飞机、高性能 / 大推力发动机等缺失或明显薄弱的领域，正在奋起直追；同强者同台竞技的格局，开始出现；向国外频送订单大礼的那一页，终将翻过。

值此向“鲲龙”致贺之时，举国上下，四面八方，切实重视航空，把“航空强国”作为国家战略的组成部分，催动航空大业早日登临世界之巅，当为中国航空人和各界人士最殷切的期盼。

致敬与祝福

好了，回到“鲲龙”吧！总设计师黄领才诗意地形容 AG-600，“这是一艘能飞起来的船，也是一架能游泳的飞机”。作为世界在研的最大水陆两栖飞机，作为通航事业特别是航空应急救援体系建设中一款新的国之重器，将带给国人新的惊喜。现在，我们已经开始品尝惊喜了，而更大的惊喜还在后头。

再次向以黄总为首的研发团队致以热烈祝贺和崇高敬意！

预祝 2018 年的水上起降成功，预祝研制任务早日圆满完成！

借此机缘，共同描绘中国“航空强国”梦！

为了理想，矢志奋斗，美梦终将成真！

未来画卷中国绘就[①]

进入21世纪以来，中国航空人就在不断地给国人带来惊喜，平均一年超过一个的新型号问世或取得重大进展，昭示着航空丰收季的到来。不保密或已解密、公之于世的至少有如下项目：C919干线客机、ARJ21涡扇新支线客机、歼-10系列轻型战斗机、歼-11系列重型战斗机、歼-20第五代战斗机、FC-31第五代战斗机、霹雳-12先进中距空空导弹、运-20大型运输机、轰6K轰炸机、空警200预警机、空警2000预警机、空警500预警机、歼-15舰载战斗机、歼-16攻击型战斗机、“翼龙”系列无人机、“彩虹”系列无人机、直-10武装直升机、直-19武装直升机、直-8系列多用途直升机、AG-600水陆两栖飞机、以“大疆”为代表的消费类工业级无人机……

放眼世界，洞观往昔，何曾有一个国家、一个地区在如此之短的时间内，推出如此之多的新航空装备，创造出如此丰硕的业绩？与新航空器发展同时，以“太行”WS10系列的批产和持续改进、性能提升为标志，我国航发事业奋起直追、突破在即；我们对国产航空动力既饱含期待，又满怀信心。机载设备的发展更是日新月异，在不少领域，已经跨入世界先进行列。

对于一个生命个体，68岁似乎已经略显老态，我们的共和国却蒸蒸日上、欣欣向荣，在奔向未来的征程上，像活力四射的小伙子奋力疾跑。而拥有66年发展履历的中华人民共和国航空事业也在强大综合国力的保障和配套基础工业的支撑下，迎来大发展的春天。

现在最能激起民族凝聚力的莫过于两个百年的强国梦了。第一个百年，即2021年中国共产党成立100周年，第二个百年，即2049

① 本文写于2017年9月30日。

年中华人民共和国成立100周年。中华人民共和国成立百年时的中国航空该是什么样？似乎很遥远，似乎难以描画。在中国航空学会的组织下，由王旭东、张钟林、赵群力、胡华清、王传胜、杨敏、王亚男、宫浩钦、余策、安向阳和我组成的一个研究小组，尝试着做这件事情。我们一起学习和思考，热烈地交流和憧憬，笃信在经历拼搏与奋斗之后，在中华人民共和国成立百年的辉煌时刻，航空强国定将成为现实。这是对未来的畅想曲，这是发展愿景的宏观勾勒，这是我们共同的心声。

何为航空强国？就是在航空科技和航空产业诸方面拥有强大实力的国家，就是航空活动全面渗透到社会生活各个层面的国家，就是军航强、民航强、航空科技强和航空工业强的集大成者。

航空强国既是一种状态的描述，表明我们的航空事业全面步入世界先进水平行列，成为世界航空第一梯队的排头兵，同时也是对航空带给国家巨大作用的一种描述，即“祖国因航空而强大”：空中力量将成为国家利益的坚强保障，航空运输将带给全体国民更大福祉，航空科技工业将为军民融合、助推科技和基础工业进步、促进国民经济发展发挥支柱性、战略性和引领性作用。

到2049年，我们将拥有世界一流的空中力量。一个与大国地位相称的、强大的航空装备体系将屹立于东亚，战略轰炸机、空天飞行器、新一代战斗机、新一代预警机、新型舰载机、无人机、运输机、加油机、直升机、侦察和电子战飞机等航空装备一应俱全，航空动力、机载设备、机载武器将完全适配，一支体系齐备、世界一流的空中力量将成为国家可靠的空中长城，担负起保卫国家安全、发展和利益的崇高使命。凭借包括这支力量的强大现代化国防，在多数场景下，我们将“不战而屈人之兵”。我们将能够有效捍卫国家主权和领土完整，有效捍卫在全球范围的国家利益，乃至有效捍卫世界和平。

到那时，军用航空装备将拥有六个重要特征：一是随着高超声速飞机、高速直升机、定向能武器和人工智能、大数据技术的发展，航空装备的平台、武器和指挥决策速度都将大大提高，可实现空中作战的高速化；二是随着远程轰炸机、新型加油机、大型运输机、电子信息和机载武器技术的发展，航空装备的作战半径将大幅扩展；三是随着信息、网络和通信技术的发展，航空装备的分布式协同作战能力不断增强，智能化程度不断提高；四是随着新原理、新材料的开发和应用，未来的军用飞机、武器系统、侦察指挥通信系统和基地都将实现隐身化，战时和日常的信息对抗能力将显著提高；五是无人装备与系统的应用将变得十分广泛，在大幅提高装备数量和战斗力的同时，成本和人员伤亡大为降低；六是随着临近空间飞行器和空天作战飞行器的实用化，航空装备作战高度不断拓展，空天一体作战能力将得到持续增强。

到 2049 年，我军航空装备的综合作战能力将居于世界前列，各型固定翼飞机、直升机、无人机的总量将超万架，陆、海、空三军和武警部队的飞机数量与质量都将迈进世界先进之列，直升机和垂直起降飞机的使用将普遍化。除了在军用机场起降外，将具备舰 / 车 / 水上起降能力。航空装备同体系中的其他武器高效综合，依托强大的信息网络和指挥控制系统，将具备核常兼备的战略威慑能力、覆盖二岛链的制空作战能力、覆盖“一带一路”沿线及我国全球利益范围的快速到达和支援保障能力，覆盖全球的侦察、监视、通信和导航能力，并将具备空基反导和空基发射航天器的能力，对地面和海上目标的精确打击、信息对抗与赛博战能力，以及执行各种非战争军事任务的能力。

到 2049 年，我国将成为民用航空强国，民航业综合实力将位居世界前列。我们将在 2030 年以 15 亿人次的年民航旅客运输量成为世界第一大民用航空国家市场后，继续稳步增长；到 2049 年，年旅客运输量将达 27 亿人次，人均年乘机 2 次。我们将拥有世界第一的航空运力，机队总规模超万架。我们有与世界接轨的先进空中交通管理系统。蓝天上将有数量可观的中国民机在自由翱翔。与国计民生休戚相关的通航事业将成为航空业的重要支柱。民航运输业将进一步融入国家综合交通体系，发挥独有和不可替代的作用。

我们的民航强国将拥有以下 8 个特征：一是拥有国际化、大众化的航空市场空间；二是拥有具备国际竞争力的大型网络型航空公司；三是拥有布局和功能合理的国际航空枢纽与国内机场网络；四是拥有安全高效的空中交通管理体系；五是拥有先进、可靠、经济的安全、安保和技术保障服务体系；六是拥有功能完善的通用航空体系；七是拥有制定国际民航标准规则的主导权和话语权；八是拥有引领国际民航业发展的创新能力。

到那时，我国境内机场将超过700座，约占世界机场总数的1/7，其中近百座机场升级为多跑道机场；机场运营能力将大大提高，超过30座机场的年吞吐能力突破千万人次，北京、上海、广州、成都等枢纽机场更是将超过1亿人次，大部分机场配备先进的机场着陆系统，可保障飞机在恶劣天气、零能见度的条件下安全起降，华北、东北、华东、中南、西南、西北六大机场群将得到进一步完善。

届时，我们将拥有运营能力和综合水平进入世界前列的数个航空公司和航空货运公司，成为全球航运业知名品牌；将建成3个以上的国际枢纽机场，10个以上的全国性和区域性航空枢纽机场，机场数量与布局将满足全体国民对航空运输服务的需求；还将建成安全可靠、运行高效、技术先进、适应发展、服务成本低和创新能力强的技术支撑保障体系；形成布局合理、规模适宜的通用机场和通勤机场结构，建成功能齐全、服务规范的通用航空服务体系，作业范围覆盖全国所有县级行政单元。

到2049年，我们将建成综合实力位居世界前列的航空工业。

这是一个以先进科技为支撑、军民高度融合、效率和效益突出的现代化大体系，其总体规模与大国、强国地位相称，所研制和生产的航空器品种数与产能均达到世界顶尖水平，部分产品居世界领先地位。

我们将拥有最繁荣的航空产业经济，航空产业成为国家的支柱产业，航空产业的产值将达到或超过美国同期水平。军用航空装备将实现100%国产，国产民用运输类飞机占到民机总运力的1/3以上，大型客机领域的A+B+C，即欧、美、中三极并立的世界格局将成为现实，各式通用航空器中超过50%为国产品牌。推动航空发动机发展的坚强国家意志已结出丰硕的产业之果，所有品种的航空发动机、包括大涵道比先进商用航空发动机，实现稳定的自主保障。

国家航空科学技术研究体系将专业覆盖完全，能力配套，掌握最先进的航空科学技术，具备强有力的科技创新能力；在部分领域，如总体设计、飞行控制、试验与试飞等方面，将居于世界领先地位；能够研制生产最先进的航空器，能够与欧美诸强同台竞技；还将不断取得突破性成果，有力支撑民用航空运输向着安全、绿色、高效、高速、便捷、久远、舒适的方向发展，支撑军用航空装备向着体系化、高速化、精准化、隐身化、网络化、智能化、无人化和经济可承受性的方向发展。

这是航空强国的蓝图，这是未来航空的画卷。

历经千年沧桑，穿越百年风尘，中华民族处在重要的历史关头。与100多年前带着巨大屈辱进入20世纪截然不同的是，我们昂首挺进并将在21世纪实现伟大复兴。进入21世纪以来17年的发展进程，已雄辩地证实这绝不是妄言。关于这一点，中国人民深信不疑，就连对中国不太友好的外国势力也不敢否认。我们怀着自豪与欣慰审视现在，我们有足够的自信和力量开启未来。

现代航空的第二个百年注定是中国航空世纪。全体航空人的英勇进军将融入民族复兴的大业，伴随和助推强国梦想的实现，中国航空定将高歌猛进，走进世界强国之列。航空梦，中国梦；航空强，中国强！这是一个激动人心的目标，这是一份催人奋进的责任。

军用飞机产能探秘①

我热情赞颂中国航空在进入21世纪以来的井喷式发展，也热切期待建成航空强国的那一天的到来。但是，当下有一个重大问题，应该引起我们的重视，这就是提升航空产能问题。

关于航空产能

什么是产能？产能是生产能力（production capacity）的简称，是指在计划期内，企业所能生产的合格产品数量。生产能力是反映企业规模与综合能力的一个重要参数。产能须与市场需求相适应。产能又分计划产能和实际产能，计划产能取决于建设规划，实际产能反映了当期生产规模。产能是可变的，维持产能需要技术与管理的支撑，提升产能可以通过基本建设、技术改造或管理手段而达成。本文所述的航空产能是指在一定时间内，能生产满足市场需求的航空产品的能力。

在我国产业发展转轨变型的大潮中，航空工业作为高新技术密集、高投入、高回报的战略性产业，迎来了大发展的历史机遇，其产能问题引起全社会的广泛关注。总体而言，我国航空工业的产能不足，面对旺盛的需求，应加快提升产能，以适应社会经济发展与国防建设的需要，并以自身生产与经营业绩为国民经济做出应有的贡献。

2018年1月24日，中共中央政治局委员刘鹤在达沃斯世界经济论坛年会上的演讲中说："从中国的实际出发，经济发展的主要矛盾在于供给体系难以适应需求体系的变化，供求之间存在结构性偏差，需要及时调整。"当前，航空器制造领域存在明显的供求之间的结构

① 本文写于2018年1月31日。

性偏差，在日益深入的供给侧结构改革中，提升航空产能问题具有特殊、重要的意义。

分析和研究航空产能问题，必须置于国际大背景下，对标世界航空先进国家，紧扣市场需求和发展前景。对于军用、民用航空器，规划、实现、保持和调整其产能的程序与方法，大体相同，但对它们的评价参数有所不同，各自又有一些不同的特点和做法。

与评价其他产能一样，对航空产能的评价，核心参数是产销率或产需率。尤其是对民用航空产品产能的评价，以与市场需求的匹配度为核心评价参数，体现为产销率或产需率。军航产品因其特殊性，并非单一地用对需求的响应能力作为核心评价参数，还要看需求和供给的长期平衡，即以较小的波动来保持军品供应和国防工业的稳定发展，避免过大的起伏。同时还要叠加自主保障性，即充分考虑在多变环境下依靠自身能力实现的程度。

现阶段我国军用、民用航空器产能都有所不足，但民用航空器的产能问题更为突出。前者，要以长期需求和装备订货（适当考虑军贸）为牵引，围绕持续、稳定供给和提高运行质量、降低成本的总要求，进行战略思考，编制规划和稳定推进，以求解决；后者，应以市场经济的法则、竞争的姿态，主动应对和谋划，进而坚定实施。

关于军航产能

首先，我们来看军用航空器产能。过去 20 年，是我国军事航空装备大发展最快最好的历史时期：填补了诸多品种的空白，消弭了主要品种的代际差，缩短了与世界最先进装备的年代差，为国防现代化提供了配套的航空装备，使我军空中力量的整体规模和水平进入了世界第一方阵。

军用航空装备的产能高度集中于以中国航空工业集团有限公司（Aviation Industry Corporation of China，AVIC）为主的国有企业，经过几十年的发展，现已建成独立自主的体系与能力，管理与协作基本顺畅，配套与供应链基本完整。作战飞机产能已达到世界先进国家的水平，某些品种在某一年份的年产量甚至达世界第一，支援保障飞机的年产量也有了较大提升。

但整体而言，我们与“排头兵”美国的差距还很大，军队在用装备总量仅为其大约一半，实际产能也不可同日而语。不要为2017年某一品种的交付量升至世界第一的好消息而迷惑，真实的情况是，他们不是不能为之，而是出于各种原因尚未为之；而我们已是开足马力，竭力而为了。

以F-35战机为例，其确认的订货数高达3700架，它也因此可能成为目前世界上产能最大的单一型号军机。主承制商洛克希德·马丁公司投入大量人力和资金，为F-35建立多条先进生产线，最终其年产量可望突破360架。2016年11月，洛克希德·马丁公司向媒体开放的玛丽埃塔工厂的F-35生产线——长达1.6千米的战机总装线，其密集程度和生产效率令人震惊。

当下我国军用直升机的供求不平衡状况严重。前几天读到一篇出自“科罗廖夫的军事客厅”的文章，介绍我国陆军航空兵直升机使用与供应的问题，该文写道：“现在唯一的问题是直升机不够用，按照我军一个步兵班编制9人计算，一架俄制米-171直升机可运载一个排，一架直-8B运输直升机可以运载27名全副武装的士兵飞行700千米，一个空中突击连至少需要4架大型运输直升机，一个空突营则需16架左右。仅运载一个空中突击旅的3个突击营，就需要48架大型运输直升机，如果外加突击车辆和火炮等装备，以及武装直升机，一个完整的空中突击旅，至少需要一百架左右的直升机来满足作战需要，这意味着要配属两个陆航旅的直升机来进行支援。中国陆军航空兵目前有1000架直升机，但只有大约300架大型运输直升机，这远远不能满足空中突击作战的需要。目前我国昌飞集团的直-8直升机的年产量为25架左右，国产直升机的低产量已经成为陆军航空兵建设发展的瓶颈，亟须扩大产能，把大型直升机的年产量增加到百架左右才行。”

这段话里，对于国产军用直升机的急切需求溢于言表，而且这还只是陆航一家的需求。

当然，除了具体的产能差距外，严重的问题还在于我们是否具有持续、稳定的供给能力，以及在提供这些军航产品时能否做到高运行质量、高经济效益。显然，我们在这方面差距更大。

昨天，我看到介绍浙江省政府出台《关于深化“亩均论英雄”改革的指导意见》的文件，真令我“脑洞”大开。“亩产”这个昔日的农业术语，如今被用来描述单位产出，成为“经济密度”概念的一种通俗化表征。“亩均论英雄”就是指以较低的资源占有和消耗，去创造尽可能高的效益，并在这个意义上去比较高低优劣。这将代表中国今后的经济发展潮流，昭示中国将逐步改变长期以来采用的 GDP 指标论英雄的方法，中国经济发展将真正开启“高质量发展”的新阶段。其意义和价值不可估量，冲击之广深也可能超乎我们的想象。

我从这份文件里还得知，即使仍以 GDP 做指标，转到“经济密度”这一视角，我们引以为荣的北上广深、珠三角、长三角，都与日本和韩国等国家的城市还有甚大差距。数据给予我的除了惊诧就是震撼，为什么同是一平方千米的土地，其经济密度竟然相差几倍甚至近百倍呢？原因只有一个，产业属性不同，高技术才有高回报，高运行质量才有高经济密度。

由此联想到中国的军工、我们的 AVIC，以及我们是以什么样的代价获得的军航产能。我们是不是还在一味追求 GDP 和工业增加值的提高？是不是还沉醉于经济规模的 500 强排名？是不是还在盲目地四处兴建新区，却对地方经济的贡献寥寥？到深思和猛醒的时候了。

当今世界，在军品领域，总体上已进入采购需求分散化、渐进式采办成为主流的时代。故而，供给方在响应需求的能力方面，不能盲目地追求产能的绝对总量，即刚性大批量生产能力，而应构建一种多品种变批量制造能力，形成一种柔性的、精益的产能。还要讲求成本和速度的统一，确保在采办高峰期时能供得上、低谷时能力冗余尽可能小。

军民融合的国家战略为解决这一问题提供了新思维，提供了宽松的政策环境；历史上形成的军航高度集中于一个工业企业内、在企业内又呈现单一烟囱式产能叠加的局面也将有可能改变。我们需要从供应链或产业适度集中的视角，去审视军航产能里的核心环节和非核心环节，该抓在手里的牢牢抓住，能够释放的则尽力释放，但总原则是无短板、有弹性，产能总量得到提升。

如果说过去一直采取的是垂直的、旨在快速解决有无问题的模式，那么，现在则应着力建立起具有持续性、开放的、水平式产能提升模式。否则，过大的单一军事产能规模，其建立和维护耗费巨大，有可能成为国家的沉重包袱，其低效也会拖累经济发展的质量与速度，苏联即是前车之鉴，这也是新时代把军民融合上升为国家战略的本意所在。

基于上述认识，虽然不便对军航产能逐类做定量描述，但关于军航产能的基本方略应是：①面对航空装备体系建设的迫切与稳定的需求，鉴于同世界最强大空中力量的规模与能力相比尚有很大差距，必须在总体上保证军航产能的稳中有升；②具体来说，维持并适当扩充作战飞机产能，加大支援保障飞机产能，尽快弥补军用直升机产能的明显不足，是今后一个时期的三大主要任务；③实现军航产能的稳中有升，要靠军民融合，要靠开放模式，要靠大胆地实施业务“外包”；④应着力构建军航多品种变批量制造能力，形成柔性的精益产能，确保足够的弹性和鲁棒性，高峰需求时供得上、采办低谷时能力冗余尽可能小；⑤强烈建议，与民用直升机发展相结合，设立和实施“国产直升机产能与质量双提升专项”，以尽快改变在通航大发展、“万国号”来袭时的被动局面。

民机产能亟待提升[①]

相比军用航空器，民用航空器产能不足的问题突出反映在喷气支线客机、大型干线客机和民用直升机这三大类主要民用航空产品的产能均不能满足市场需求。如不能迅速提升，不仅有违供给侧改革的国家战略，也将影响航空强国使命任务的完成。

历史进步与新挑战

近年来，为满足我国民用航空市场的巨大需求，并积极参与国际市场竞争，我国相继成功研制 C919 干线客机、ARJ21 新支线客机、新舟系列涡桨支线客机和 AC 系列民用直升机等一批民用航空器，AG-600 水陆两用飞机、CR929 远程宽体客机（中俄战略性合作项目，基本型座级 280 座，航程 12 000 千米，总装线拟建于上海；预计 2025 年前后完成研制工作，形成年产 30 架能力）等也在研制中，发展势头强劲。

作为研制主体的 COMAC 和 AVIC，在民用航空领域面临的共同挑战是，在新机型成功研制的基础上，尽快形成批产能力，突破国际巨头在相似机型上的围堵，占据一定的国内外市场份额，最终实现商业成功。其中，以 COMAC 为主体承担的 ARJ21 和 C919 面临的挑战尤为紧迫和严峻。

ARJ21 于 2014 年 11 月 30 日取得中国民航局型号合格证，2015 年 11 月 29 日交付首家客户——成都航空，并于 2016 年 6 月 28 日投入航线运营，现累计交付 3 架。按计划，2017 年生产 8 架，2018 年生产 15 架，到 2020 年形成年产 30 架的批产能力，“十四五”期间

---

① 本文写于 2018 年 2 月 2 日。

（2021～2025年）形成年产50架能力。

C919于2017年5月5日实现首飞，11月10日101架机转场阎良，投入科研试飞，预计2021年取得型号合格证并交付客户。按规划，在“十四五”期间逐步形成年产150架能力。

ARJ21的盈亏平衡点在250～300架，C919的盈亏平衡点在400～450架。按以上计划产能，基于如期实现可以计算出，在“十四五”计划期末（即2025年），两个型号各自实现盈亏平衡。换句话说，如果一切正常，乐观的估计是，从现在起还需要至少8年，两个机型才可能开始赚钱。

实现计划产能，实现盈亏平衡，实现商业成功，每一步的困难程度都不亚于初始研制，而且我们还正遭遇强者的围堵。在我的公众号第167篇微文《C919首飞成功后的喜庆与憧憬》中，曾阐释过C919面临的“惨烈的技术竞争”。文中写道：切不可小看在该领域先进者对后来者封堵的决心和“暴力”。在C919冻结方案之后，2010年和2012年空中客车公司、波音公司先后启动A320Neo（new engine option，新选引擎）和B737Max项目，目标直指C919的领先之处，对A320和B737这两个成功且成熟的机型进行改进（集中于换发和采用翼梢小翼），以提高燃油效率，抵消C919的优势。

但我同时认为，从空中客车公司和波音公司的反应中可以印证，C919的设计及飞机预期性能，包括构型配套，都是世界水平的，即使交付运营晚几年，届时尚不落后。重要的是，保持定力，把自己的事情做好，把预期飞机性能百分之百地实现，如期适航取证，严格控制成本，保住价格优势，着手建立售后服务体系，并谋划未来的发展与改进。同时，快速实现计划产能，尽力占据多一点的市场份额。

波音公司和空中客车公司的成绩单

从2016年年末至今，A320Neo和B737Max已经先后交付我国多家航空公司，如中国国际航空股份有限公司、海航集团有限公司、上海航空股份有限公司、中国南方航空股份有限公司等。空中客车公司天津总装线在2017年10月完成首架A320Neo装配，交付马来西亚的亚洲航空；此后，将逐步增产，到2020年的产能目标是年产72架。

目前，全球正在发展50座级以上喷气客机的公司共有7家。波音公司、空中客车公司处于行业领先地位，主要产品集中在100座级以上的干线飞机。巴西航空工业公司、加拿大庞巴迪公司主攻支线飞机市场。2017年10月，空中客车公司收购庞巴迪公司C系列50.01%股权。俄罗斯联合航空制造集团公司的SSJ-100支线飞机已经交付客户，MS-21单通道干线飞机正在研制。日本三菱公司的MRJ支线飞机也处于研制中。

2017年，对于波音公司和空中客车公司是双赢的一年，波音公司实现创纪录的交付量，空中客车公司则首度突破700架（703架还不是正式公布数，但必定超过700架）交付量。交付产品中包括与C919直接竞争的B737Max和A320Neo。波音公司、空中客车公司手中还各自握有5864架和6847架储备订单，按目前生产速率，大约10年无忧；按目录价格，分别有万亿美元的营销规模。为了加快提交，两家不约而同地开展技术与组织的创新，进一步谋划全球布局，波音公司计划在3～5年内把年产量提高到890架。支线飞机方面，巴西航空公司交付108架，庞巴迪公司交付48架，占据领先地位。

表1来自波音民用飞机集团市场营销副总裁兰迪·廷塞斯的“兰迪手记”。在这则手记里，兰迪自豪满满地说：“我们在2017年取得的销售成功，再次印证了提升737项目和787项目产能的成功战略。你们一定听我说过——交付才有意义。这是成功的真正标志，我们在2017年再次取得成功，同时提升了737的产能并开始交付MAX。”他的致辞里，让人印象最为深刻的单词，就是“产能”。

表1　波音公司2017年年末客机分机型交付数和待交付数

机型	总订单/份	净订单/份	交付/架	待交付/架
737	865	745	529	4668
747	6	−2	14	12
767	15	15	10	98
777	60	60	74	428
787	107	94	136	658
合计	1053	912	763	5864

关于民机产能的匡算

面对这样的态势，我们的民机产能到底应该要提升多大呢？以干线飞机和其中的单通道客机为例，可以做一个简单的匡算。

根据《中国商飞公司 2017 ～ 2036 年民用飞机市场预测年报》，未来 20 年，基于全球经济保持约 2.8% 的增长速度，全球旅客周转量（revenue passenger kilometres，RPK）将以平均每年 4.4% 的速度递增，各座级喷气客机的交付量将达到 43 013 架，价值约 57 877 亿美元（以 2016 年目录价格为基础），用于替代退役客机和支持机队的发展。其中，涡扇支线客机的交付量约为 5255 架，价值超过 2423 亿美元；单通道喷气客机的交付量将达到 28 718 架，价值达 2.83 万亿美元；双通道喷气客机的交付量将达 9040 架，总价值约 2.72 万亿美元。我国航空公司将接收其中的 8575 架新机，市场价值共计约 12 104 亿美元，折合人民币近 8 万亿元。

波音公司也做出了类似的市场预测，称未来 20 年（2017 ～ 2036 年），全球需要各座级喷气客机 41 030 架。这个数字与中国商飞公司的预测数十分接近。其中 C919 级别的单通道飞机总需求 29 530 架，这个数字也与中国商飞公司的预测数近似。波音公司还预测，未来交付中国市场的单通道客机将超过 5000 架。以波音公司、空中客车公司的储备订单总数 12 738 架来匡算，也大体如此。按现在的产能，以 10 年分摊，平均每年可交付 1280 架，其中单通道大约 1000 架。

使用趋势外推法，可以得出更长年份的预测结果。1970～2017 年的 48 年间，全球干线飞机的年实际交付量在总趋势上是持续提升的，年平均增长率为 2.85%。按此数据，对今后若干年进行趋势外推，可以得出：2025 年全球交付量为 2019 架，2035 年 2674 架，2050 年 4077 架；其中单通道客机 2025 年 1615 架，2035 年 2140 架，2050 年 3260 架。

在不考虑由于技术陈旧丧失市场的因素，以及单通道和宽体的市场使用比例变化，维持 C919 级别单通道客机的状态和市场稳定性的前提下，我们可以在 2025 年、2035 年和 2050 年这三个时间节点上进行产能规划：第一，如果我们在 2025 年实现原计划的产能 150 架，将占当年全球预测交付数的 9%；第二，如果期望在 2035 年使 C919 在当年全球交付量中占比 20%，就应达到 428 架的产能；第三，如果我们期望在中华人民共和国成立 100 周年之际，实现三分天下居其一的伟大理想，即在当年全球总交付量中占比 30%，那么我们的产能就应该超过 1000 架。

上述单通道客机的产能设计，虽然只是基于预测，但可看到一条清晰的脉络。我们要想实现 A+B+C 三足鼎立的新世界格局，在实现强国梦的伟大事业中做出航空工业应有的贡献，就必须完成这样一个艰巨任务，走完这样一个艰辛征程：2025 年务必实现年 150 架产能，或者把这个指标再提高一点，比如达到 200 ～ 250 架，从而奠定继续发展的坚实基础；经过十年奋斗，到 2035 年，使产能翻一番，冲上 400 架以上的高地。再经过 15 年，到 2050 年，再翻一番，实现 1000 架的产能。其他型别的民用飞机，也可按此思路与方法，制定明确的发展计划，并通过坚定实施而实现。到那时，我们将成为比肩强者的世界民机制造强国。

关于民用直升机

我国民用直升机的产能问题也很突出。在《军用飞机产能探秘》中谈到军航产能的军用直升机问题时，我引了来自“科罗廖夫的军事客厅”的一段话，虽然内容说的是军用直升机，重点又在于运输直升机，但运输直升机同民用直升机是高度兼容的。因此，对军用直升机产能不足的急切呼吁，实际上也是民用直升机产能不足的真实写照。而且，在民用领域，特别是通航领域、通航里的航空应急救援体系的建设中，更急需适用的国产民用直升机。

“十二五”期间，以 AC311、AC312、AC313 系列为代表的民用直升机研制不断取得新成果，形成了参与市场竞争的基础产品，市场销售初见成效。到 2016 年 12 月，AC 系列民用直升机机队规模已超过 50 架。但适用的国产直升机还是太少，国产直升机机队规模太小。

目前，全球直升机制造企业约有60家，构成了一个非常有竞争力、产业相对集中的工业领域。空中客车直升机公司、莱昂纳多公司、波音公司、贝尔直升机德事隆公司、西科斯基飞机公司和俄罗斯直升机公司是其中最重要的6家企业。这6家企业占全球军用、民用直升机的交付量分别为80%和90%以上。

在全国各地的通航发展浪潮中，民用直升机领域正形成如当年国外汽车涌入时“万国号”那样的局面。近年来，国外直升机企业直接销售或在中国建厂装配和销售的产品，占我国采购量的90%以上。过高的比例，过多的型别，这是我们所不愿看到的，但似乎通航企业并无更好的选择。

2009年中国航空学会曾组织了一项建言活动。鉴于四川汶川地震中暴露出的航空应急救援能力严重不足的问题，建议中央决策加快建设航空应急救援体系。27位院士联合签署的建议书，得到了中央领导的肯定，国务院专门组织编制了规划，其中对“十二五”的国产直升机采购有明确要求。从国产民用直升机的实际状况来看，相应的目标和要求并未实现。时至今日，我们眼见，民用直升机这个巨大市场的“金山”正被国外供应商瓜分，而我们却鲜有建树。迄今，仍未见到国内的直升机主体企业、国字号的主供应商做出强有力的正面回应，这也是我建议设立和实施“国产直升机产能和质量双提升专项”的初衷。

航空制造的再认识、再设计、再规划①

航空产能不足，尤其是民机产能问题突出，那么，如何提高民机产能呢？

由于我国民机产业在过去的几十年里历尽坎坷，近十年来才走上正常发展的道路，因而要建立起完整的生产和服务体系，需要假以时日，不能过于急躁。但形势逼人，使命催人，我们又必须加快发展。当前，在以下三方面应该有所思考、有所谋划、有所作为。简言之为：再认识、再设计、再规划。

对于形势和任务的再认识

目前，世界航空工业格局正在发生一些新的变化，航空先进国家继续引领创新发展，实力强大的龙头企业不断丰富和完善他们的产品线。在干线客机领域，两霸平分天下，产业高度集中；要以 A+B+C 三足鼎立的局面取代，前路维艰，任重道远。我们需要对当今的世界民用航空格局的现状与发展前景有清醒的再认识。进而升级和迭代战略，确定新的目标和实现目标的举措；对原有的产能计划进行调整，并举全国之力，以时不我待的精神，加快实施和实现。

在分析如何使我国航空制造产业拥有国际竞争力时，波特钻石模型和 SWOT 分析方法（strengths weaknesses opportunities threats，态势分析法）都是有用的工具。波特钻石模型是按决定产业竞争力的四个因素（生产要素、需求条件、市场需求、企业表现）逐项分析状况，提出目标。而 SWOT 分析方法则是把与目标直接关联的优

① 本文写于 2018 年 2 月 2 日。

势、劣势、机会和威胁列举出来，经调查、排列和分析，得出决策性结论。

首先，我们需要分析，已确立的2025年前的产能计划可否如期实现，存在哪些困难和障碍，为了如期实现，我们应该做些什么工作。其次，为了应对国际巨头咄咄逼人的竞争（如前面引用的兰迪的宣示），实现我们宏伟的航空强国梦想，我们是否可以把产能提升得再高一些、再快一点。

如果我国的大型客机能够如期达到一定的产能，如我在《民机产能亟待提升》一文中所述的三步走计划，在2025年、2035年和2050年三个时间节点上达到200～250架、400～500架和1000架产能，不仅可以供应国内的大部分订货，还可部分出口。加上国产支线、民用直升机和直升机以外的通航飞机，民机制造业将创造出每年数千亿元规模的产值。按直接贡献与间接贡献比值1∶3计算，创造的年度总产值应能接近或超过万亿元。

当我们满世界寻找商机，欲拉动需求特别是内需时，不可忘记，国产航空器制造本身含有巨大的商机和内需。正如《中国商飞公司2017～2036年民用飞机市场预测年报》里所说，未来20年，中国航空公司将接收国外供应商的8575架新机，市场价值约12 104亿美元，折合人民币近8万亿元；仅此一项，平均每年就是4000亿元人民币。若能把国产航空器的供应状况改善，部分取代或逐步全部取代进口，进而在国际市场上有所作为，使其占有的国内外总份额有所提高，其经济价值将是直接和巨大的，更不要说它的巨大而深远的政治意义了。

当然，我们深知，前进的道路充满困难，先行者、巨头们等竞争对手一定会以各种方式予以封堵。在这一点上，来不得半点天真。

最近，世界航空界发生了一件很大的事，就是波音公司和加拿大庞巴迪公司之间的官司。这场官司始于2017年4月，原因是波音公司认为庞巴迪公司接受了政府的高额补贴，向美国倾销C系列客机，便要求对庞巴迪公司征收240%的高额关税。2018年1月26日，美国国际贸易委员会（U.S. International Trade Commission，ITC）认定，C系列飞机并未对美国航空工业造成实质性威胁，因此驳回波音公司的指控和美国商务部先前的裁定。这一反转性结果，将对整个民用航空业产生重大影响。而这个官司的一波三折，把航空业界的激烈竞争演绎到极致。

在该事件进程中，当庞巴迪公司遭到打压，感到胜算不大时，为渡过难关，把C系列客机的50.01%股份卖给空中客车公司，我认为它们是不得已而为之，但客观上结成了欧、加战略联盟。其实，在历史上，波音公司和空中客车公司之间也是如此：对空中客车公司的横空出世，波音公司先是傲慢地认为不足为惧，随后千方百计争夺或限制，而后双方相互指责，不惜诉诸法律。资本的趋利性是影响市场秩序的根本因素，这本不足怪，但重要的是，我们要有清醒的认识，采取正确的对策，方能一步步到达胜利的彼岸。

为此，除了我们自已胸怀远大理想，脚踏实地苦干外，还应该积极地向中央进言，请求中央进一步重视航空，像当年民主革命先驱孙中山提出“航空救国”那样，在新时代里响亮提出“航空强国”的口号和任务，加快发展中国航空制造业，尽早实现中国民机制造同波音公司和空中客车公司等世界巨人比肩的目标，并把航空业的发展列为国民经济转轨变型的核心内容之一，以航空业的特殊禀赋带动相关基础工业发展，促进国民经济发展和科技创新。

对于产业模式和协作机制的再设计

民机制造需要全球化，但其基础是独立自主的研发和集成能力，而集成的最重要体现就是系统总成与飞机总装。其配套虽应具备国际视野，可以立足全球采购，但鉴于我国所处政治态势，也应重视自主的配套与保障能力的建设。

政府、主制造商、骨干配套企业等各方应通力协作，发挥项目牵引作用，逐步建成以我为主，涵盖集成、协作、配套与保障各环节能力的完整体系，这既是航空制造对国民经济直接贡献的基本内容，又是间接贡献的题中之意。

首先，COMAC的全机总成和总装能力必须大大加强。从披露的信息看，ARJ21和C919各自要在“十四五”期间达到年产150架规模；隶属COMAC、负责总装的上海飞机制造厂的总师姜丽萍（几天前到中国商飞总部履新职）也曾介绍说，现在的厂房是按照年产100架飞机的生产能力设计的，总装线先按20架起步规划和建设。

在这些初始规划完成后，还将继续进行大规模递进建设。例如，现厂房内从20～100架的能力扩充，建设新的厂房和更多生产线等。同样，AVIC的新舟系列也需要扩充产能，而民用直升机更需要进行产能、质量双提升的运作。

看看波音公司管理者是怎么做的吧。以下仅举他们为提高产能、不断扩建总装线的两例：20世纪60年代，为满足B747的总装要求，他们冒着极大的型号风险，部分使用订货预付款，在埃弗雷特建成了迄今仍为世界最大单体建筑的总装厂房。这个甚至会出现小气候的厂房内，可同时容纳2条747生产线、1条767生产线和2条777生产线；最多时，每月生产3个品种的飞机达19架；这里已累计生产大型客机超过3600架。为应对B787的旺盛市场需求，2011年波音公司在南卡罗来纳州北查尔斯顿开设第二条787总装线。自此，查尔斯顿工厂和西雅图工厂同时总装787系列飞机，一举使年产能超百架。

现在，波音公司又在全球布点，包括在中国浙江舟山建立总装线，以实现更高更快的生产提速。从中得出的启示是，为要占据市场，必须扩大总装的产能。因为，不同于其他工业产品，飞机的总装具有显著的特点，难度大、精度高、占用土地资源和其他资源多，其工时在整个生产链条中占比很高。总装是提高产能的牛鼻子，总装能力不足往往成为制约产能的瓶颈。

部件和舱段生产也是影响产能的重大问题。在目前的格局下，COMAC与主供应商AVIC之间的密切合作至关重要。这种关系很像空中客车公司在全欧洲生产部件，再运到图卢兹进行总装。这种针对机体的分工协作，必须在实现更高产能的进程中得以强化。

在COMAC主力从AVIC中剥离而出，中国航空发动机公司（Aero Engine Corporation of China，AECC）也从AVIC主体中分离之后，AVIC在承担繁重的军品任务、呈现多样化经营的同时，主机研发、军航总装集成和民机机体制造的分量不断提升，就作业内容与产业链特点，同 COMAC 同质化趋势明显。

但由于是两个独立企业，AVIC 在完成自身承担的繁重任务的同时，如何确保扩充民机产能的行动与 COMAC 的要求完全适应，使 COMAC 直接掌控的总装能力与 AVIC 承担的大部件 / 舱段生产的能力高度同步协调，这是很大的难题。依照目前的国内产业布局和协作机制，COMAC 不能掌控的内容和环节太多；把达成或扩充产能的重任全部压给 COMAC，不够公平，也不现实。

如果以军民融合的国家战略来对这一难题求解，可能会引出新的思维、新的方略。凡天下大局，分合顺势。十年前，是“分”；十年后，能否再“合”？从当今中国的实际来看，中国航空产业最大的军民融合，莫过于 COMAC 和 AVIC 的实体整合。像波音公司那样军民航兼营，军民机统筹发展，充分发挥存量的作用，补充和扩充增量能力，有可能是一个更好的机制。

如果我们能组建起一个军民兼营的巨型航空制造企业，不仅可解眼下之忧，经过若干年的发展，还可成长为一个匹敌波音公司的世界巨人。如是，我们将有真正意义上的相关多元化。东方不亮西方亮，堤内损失堤外补，就像波音公司几年前经历的那样：因军费压缩，造成 C-17 运输机停产，而 B787 的大上恰好化解了军品减少带来的经营压力，并消融了军品线的过剩劳动力。

再有三个多月，COMAC 这个单一民机业务经营主体就要成立 10 年了。10 年不盈利，国人理解。但什么时候能盈利呢？如上分析，有可能还要再等待一个 10 年。中央政府和国人能有足够的耐心等待吗？ COMAC 自身有足够的抗压能力吗？依靠单一的财政来源，中国民机能够进入良性发展轨道，在奋力赢取商业成功的同时，又对未来创新发展做好足够的准备吗？

军民航飞机技术，70% 本是相通或相同的，在总体、构型、系统集成、材料制造等方面尤甚。我在前面还分析了从研发和总装集成角度看，AVIC 和 COMAC 作业内容与方式悄然发生的同质化趋势。这些特点和变化，说明了今天提出整合的想法不是梦人呓语，不是天方夜谭，而是合理可行、与时俱进的好主意。

按此主意重组的、实现军民机兼营的巨型航空制造企业，将获得更大的发展空间，形成应对变化的更大弹性和鲁棒性，科技设施与成果将能更好地军民共享共用，资源效率将得到最大程度的发挥，有可能以较少的投入和较短的进程，既保证军品产能稳中有升，又大幅提升民机产能，而商业成功也有可能较早实现。

市场化在不断深入，军民融合在不断推进，所有制改革在不断出新，这是发展的大势。在这种大势之下，要想成为比肩世界先进者、具有国际竞争力的现代企业，应该俯下身子，认真研究波音公司等西方先进企业的成功经验，力争在相关多元、均衡发展、军民结合、空天一体的发展道路上，在合纵连横、共享分享、分割兼并、产业扩展等发展方式上，以及组织变革、科技创新、战略推进、团队建设等发展实践上，做更多探索与尝试，以取得更大的、无愧于时代的成就。

对于配套保障与技术能力的再规划

批产是科研试制的延续，改进改型和新项目是永不止息的研发活动，这些都需要在主制造商、供应商和国家基础工业这三个层面上具备先进而强大的技术与管理能力，以及稳定、适用的配套能力做支撑。

主制造商的技术与管理能力要有新的提高。以ARJ21为例，目前处于批生产初期，作为我国首款按国际适航标准研制的喷气式飞机，仍面临大量设计优化导致的构型更改，制造过程存在较多返工，加之工位工装不足，技能工人数量不能满足速率提升要求，制造熟练曲线仍处于爬升阶段。在生产管控、质量与适航管理、供应链管理等方面经验不足，亟待提升。同时，还要十分重视与系统性提升产能直接相关的先进制造与管理技术的研究与应用。

说到配套，主要是发动机、机载设备和基础材料与制造装备。

针对发动机这一最大瓶颈，要充分依靠AECC，以配装C919的国产首型大涵道比商用航空发动机“长江1000（CJ-1000A）”及其他重点项目为牵引，集力集智攻关，尽早形成配套能力。

在机载系统方面，通过C919的项目带动，国内企业与国际一流供应商成立了16家合资企业，所承担的项目工作份额占到了总份额的31%左右，但是航空电子的大部分核心功能依旧掌握在国外供应商的手中。国内企业及合资企业只是在航电综合、控制板组件、飞控等部分系统取得一些突破，其余方面的技术能力与国际先进水平还存在较大差距。

需要做的工作是，以COMAC为主导，共商AVIC，制定确保机载系统供应链安全的目标与路线图。在信任和支持现有合资企业发展的过程中，通过与国际供应商深度合作，通过技术研究与攻关，以逐项适航取证为目标，逐步建立并增强自主保障能力。

航空器制造高度依赖国家基础工业的支撑，突出体现在材料、装备等方面。目前，国产材料与标准件满足民用飞机适航审定要求的，在总重量中占比不足10%。材料稳定性差，直接导致制造过程的控制水平低，国产材料装机使用率低。高档数控机床、专用制造装备严重依赖进口，用于数字化装配生产线、物流系统、专用装备的工业机器人（如用于焊接或危险工况的机器人等）研制能力落后。

在机体结构件方面，一般的金属机体结构件已实现国产化，但高性能金属和复合材料构件，受国外材料供应制约，国产化水平较低。以C919为例，复合材料占结构重量的11.5%，未来CR929复材应用将达51%，国内复材能力不足的问题将极大限制未来我国民机产能提升，应未雨绸缪，早做准备。

研制主体还应主动识别产业链的薄弱环节，积极引导社会各方，通过多种形式参与民机产业链建设，在基础原材料、元器件、标准件和关键专业化工艺等方面，发挥作用，提升自主保障能力，打造具备国际竞争力的产业体系。

为了提升民机产能，还需要调整组织与流程，实施更高水准的流水作业和自动化生产。应大力推进智能制造、精益生产，实现制造技术水平与效率的显著提升。当前，我国民机生产中的智能加工与装配，以及面向智能制造的设计与管理技术储备十分薄弱，仅在单点和较低层级上有少量突破，尚未构成智能制造技术集群，相当部分技术甚至处于空白状态。通用制造装备智能化、成套化程度低，缺乏智能制造装备的自主保障能力。智能制造所需的配套元器件、传感器、仪器仪表、工业控制器等，也都严重不足，难以满足需求。

为解决制造中存在的困难和问题，除了自身努力外，还要靠国家统筹。航空工业需提出明确需求，列出影响产能稳定和提升的问题清单，根据国家相应专项，如《中国制造 2025》《智能制造发展规划（2016—2020 年）》等文件，予以规划和解决。航空工业则要积极参与规划中涉及制造能力与水平的项目研究，积极开展成果在航空工业中的工程应用。

同时，还需增强面向未来的新技术储备。针对未来发展的新构型、新能源及声速 / 超声速客机等项目需求，开展技术研究。建议国家设立类似欧盟飞机制造业“2050 战略研发创新议程”（*The 2050 Strategic Research and Innovation Agenda*）那样的国家级科技研究专项，并对成果应用、促进民机新项目研发提出明确目标和路径。

结语

在结束此文时，我不禁再次憧憬美好的“航空强国”梦。谓之航空强国，就是以世界标准，把中国航空做大做强，与美欧比肩，立于强者之列。2025 年左右，当我国成为世界第一大经济体的时候，我们应该完成航空产业强国的准备。到 21 世纪中，在中华人民共和国成立 100 周年时，我们将建成真正的航空强国。

为了这一天的到来，当下我们需要研究航空产能这个重大问题，扎实推进产能提升，这是向航空强国进军的基础。中国航空产能大提升之日，就是产业发展大提速之时。

提升航空产能，需要抱有远大理想、富有远见而睿智的规划，更需要果敢地行动和坚定地执行。但首先，需要有共识。希望更多有识之士关心这个问题，做出自己的思考，付出不懈的努力。

波音的启示①

2016年，当今世界航空航天“大哥大”波音公司成立100周年。读拉斯·班纳姆（Russ Banham）编著，由航空工业出版社发行的《波音100年》，感触良多。每个成功企业的基本面都相同，但一定各具特色。

波音的两个结合——军民结合、空天结合，就是它突出的特色。

波音真面目

许多人都坐过波音系列的客机，知道耳熟能详的B系列型号——B707、B727、B737、B747、B757、B767、B777、B787等。但实际上，波音是以军机起家的，而且至今在占据世界民机第一大供应商地位的同时，还是美国第二大军机和航天产品供应商，在军事航空领域同样有如雷贯耳的名机和试验机：B-17、B-29、B-47、B-52、X-51、X-37B等，而在空天领域也有担任过阿波罗工程“技术与评估”合同商、LGM-30洲际弹道导弹研发、卫星制造与任务控制系统设计等耀眼的功勋。

波音军事航空的初创

20世纪初，波音的创始人比尔·波音还是一个“木业大亨”。他未能亲眼看到1903年莱特兄弟的惊世一飞，但他不安分，酷爱机械，钟情蓝天，对航空发展前景有独到的认识。1916年，他在西雅图——这个美国西北一隅、太平洋岸边的偏僻小镇，创建了自己的飞

① 本文写于2017年1月13日。

机制造公司。公司的第一桶金来自海军的两单合同，并诞生了为波音公司发展行奠基礼的C型水上飞机。在完成合同中，毕业于麻省理工学院的中国人王助发挥了重要作用。1919年，波音公司又接到陆军合同，改装298架英制哈维兰战斗机。波音公司的起家源于军事。

波音民用航空的初创

20世纪20年代，在美国发生了一个重要事件，就是美国政府于1919年批准开展定期邮政航班服务业务，并在6年后颁布《美国航空邮件法案》。波音公司以第一款设计制造、大胆使用钢材和焊接技术的BB-L6飞机和随后的量产飞机40A型，以及制造运输兼营的垂直模式跻身邮政航运业，并与同时期的道格拉斯、诺思罗普等几家水平相当的航空公司共同推动了邮航运输的兴盛，也带来第一波美国民机发展潮。在美国遭遇经济大萧条冲击时，航空制造业却逆势而上，迅速成为人们普遍接受的一种出行方式。就如同汽车大亨福特预言的那样：飞机会像汽车一样走进家家户户，并称之为未来的“廉价空中小汽车”。一个悄然来临的航空时代，把波音公司的发展带到与人们日常生活息息相关的民机领域。

波音军事航空的发展

在波音公司研制出自己的第一款真正意义上的现代客机247型时，道格拉斯的DC-3军民通用运输机已在商业上取得巨大成功。从20世纪三四十年代，DC-3生产了15 000架，而247型只卖出了可怜的74架。第二次世界大战的爆发，给了波音公司一个难得的自救与发展机会。利用XB-15大型飞机和C型水上飞机的技术储备，波音公司研发了著名的轰炸机B-17“空中堡垒”（后发展出B-29“超级空中堡垒”重型轰炸机）、314型“快帆号”水上飞机和首款带增压舱的307型平流层客机。在第二次世界大战中，整个美国航空界精诚合作，竟然创造了一个年份内生产出各种军机共计96 000架的惊人纪录，波音的B-17累计生产了12 000架。其时还涌现出如“野马”P-51（北美航空公司产品）和“鬼怪”FH-1（麦克唐纳公司产品）等驰名战斗机。

军事航空把波音公司又一次带到发展的高地。

波音军事航空的杰作

第二次世界大战后，在整体转向民机领域时，波音又一次遇到挫败，道格拉斯的 DC-6 赢得民机市场的绝大部分订单，此时波音公司不得不把自己的员工从战时的 70 000 人狂减到 9000 人。波音公司在新领导人比尔·艾伦的领导下，冷静判断，分析大势，在埋头准备民机领域的同时，把注意力再次聚焦到军机。B-47“同温层”喷气轰炸机问世于此时，并生产了 1000 架，这是第一款多台发动机后掠翼式轰炸机。1955 年服役的 B-52“同温层堡垒”后掠翼远程重型轰炸机更是经典之作，服役期长达半个多世纪。

波音民用客机的崛起

尽管第二次世界大战前后波音公司的民机都败给了道格拉斯公司，但波音公司在蛰伏中蓄势待发。当全世界都因英国哈维兰公司的 106“彗星”商用客机舷窗四角应力引发金属疲劳，造成结构解体重大事故而大哗，怀疑喷气化道路时，波音以无与伦比的勇气，承受着巨大的商业风险，做出了公司成立以来“最正确的一件事”——研发 B707 喷气客机（第一款后掠翼喷气客机），且一举取得成功，将 1950 年波音公司在商用飞机市场占比不足 1% 的颓势彻底扭转，由此建立起喷气客机发展的优势地位。而后，一发而不可收，继 B727 的成功后，又开发出堪称传奇的 B737（至 2014 年 4 月产量突破 80 000 架）、巨型喷气客机“空中女王”B747（1968 年首飞）和 B757、B767、B777 等一系列型号。进入 21 世纪后，又研发出 B787“梦想”飞机，发展出 B747-8、B737MAX 和 B777X 等改进型，最大限度地满足市场需要，占据民机世界第一的地位。

波音的空天一体格局

冷战结束后，世界开始进入空天一体的新时代。波音公司敏锐地察觉并正确地把握这一趋势，制定了多样化均衡发展的战略。在坚持军民航空结合的同时，向太空进军，进入火箭、导弹、空间飞行器、卫星和电子通信等新领域。波音在航天领域最具历史意义的贡献是，在阿波罗工程中，被美国国家航空航天局授予“技术集成与评估”合同；艾伦派出 2000 人参与工程，为 1969 年“阿波罗 11 号”登月成功立下殊勋。波音公司开发的洲际弹道导弹“民兵”LGM-30 是规模最大、耗时最长、复杂度最高的项目（35 000 家供应商），大获成功；1962 年进入作战序列，并在 4 年间部署 1000 枚。20 世纪 70 年代以来，卫星逐步成为波音公司的主营业务之一；在 GPS 项目开始后，空军自 1979 年发射的 62 颗卫星中由波音公司制造的有 40 颗，旨在提高地球上的导航与定位精度的新卫星和任务控制系统也不断取得新的进步。此外，20 世纪 80 年代获得的 40 亿美元收益的空射巡航导弹 ALCM 开发项目、2014 年由美国国家航空航天局授予的 CTS-100 宇宙飞船研发项目等，都表明波音公司在航天领域已拥有大量优势技术，成为举足轻重的供应商，也为公司发展注入新的活力。

波音的市场多元化

波音公司在百年历程中屡受磨难，遇到过多次危机，在逐步形成与实施市场多元化战略后，发展步入相对平稳。形成对比的是，原来足以同波音公司抗衡、甚至屡占上风的麦克唐纳公司与道格拉斯公司的业务发展未能做到均衡与兼顾，而陷入困境。即使在两家于 1967 年合并后，仍未逃脱业务相对单一、抵御风险能力弱等弊端，终于在 1996 年被波音公司收购（当然这一收购，还有釜底抽薪的搅局之嫌，摧毁了当时麦道与中国的民机合作，使我们蒙受了巨大损失）。而在 1997 年收购罗克韦尔国际公司的航空航天与防务分部、2000 年收购休斯的空间与通信分部后，波音的多样化更加均衡，综合实力有了新的提升。

如今的波音，正在全球化浪潮中谋求更高水平的多元化发展。为了确保在空天领域、军民航领域的绝对技术优势，波音公司以年销售额的 7% ～ 8% 经费投入研发，并不断壮大它的世界闻名的创新团队“鬼怪工作队”。波音公司的“鬼怪眼”高空长航时无人机、X-51“乘波者”验证机、X-37B“轨道测试飞行器”、B797超大型客机概念设计，以及虽在1971年下马但技术储备犹在的超声速运输机等项目，让人们对波音公司的未来不能小视，未来的多样化色彩会更丰富，水平也一定会更高。

结语

阅读《波音100年》之后，我在感慨这个百年老店曲折的发展历程和辉煌成就的同时，也在思索对我们的启示。每个国家都有自己的国情，中美国家禀赋有很大差别。中国航空工业三大集团公司和中国航天两大集团均为国有企业，肩负着崇高的国家责任，有与生俱来的业务定位。但是，放眼天下，全球化不可逆转，对航空航天这样的高科技领域，驰骋的舞台早已扩展到全世界。正像波音公司董事会主席兼首席执行官（CEO）吉姆·麦克纳尼所说：“过去，你在美国赢了，就意味着你赢得了世界。如今，你必须赢得世界，才能赢得美国。”

市场化在不断深入，军民融合在不断推进，所有制改革在不断出新，这是发展的大势。在这种大势之下，要想成为比肩世界先进者、具有国际竞争力的现代企业，应该俯下身子、认真研究波音公司等西方先进企业的成功经验，力争在相关多元、均衡发展、军民结合、空天一体的发展道路上，在合纵连横、共享分享、分割兼并、产业扩展等发展方式上，以及组织变革、科技创新、战略推进、团队建设等发展实践上，做更多探索与尝试，以取得更大的、无愧于时代的成就。

模式或难复制，道路可资借鉴。

中国对美国：贸易摩擦与航空关切[①]

2018年4月9日，我接受了《航空知识》资深编辑吴佩新的采访，访谈录刊于2018年第6期的《航空知识》上。我乐于就此热门重大问题，同大家进行各种形式的讨论。当然，更为重要的是，我们每个人都应做好自己的工作，让坚定的国家意志成为我们共同的行动。

吴：美国针对《中国制造2025》，发起对华贸易战，中国航空工业显然是其重要目标之一。为什么它要在这个时候下手？

张：改革开放40年来，中国航空工业在当代国际经济秩序的框架下，已经开始融入全球分工体系。中国航空工业在国际合作中所获取的利益，或者叫收益，要比任何时候更加真实可靠，这为下一步的发展奠定了坚实的基础。在研发环境、管理理念、业务流程、使能工具等方面，我们已经迅速地跟世界同步，并且通过全球采购的形式，推出大飞机C919等自主的重大航空制造项目，由此走上以我为主、独立研发的道路。

这时候，航空强国肯定要维护其既得利益，加上资本本身强烈的逐利性，它们绝不会默许在目前的全球分工体系中生长出一个足以与他们匹敌的竞争者，更不要说去主动培育出这样的对手了。我觉得，我们应该对当前的严峻局面及其变化有非常清醒的认识。

吴：就航空工业而言，全世界都在购买美国的飞机，同时美国航空企业的分包商遍及世界，甚至就包括中国。如此说来，经济全球化过程中，受益最多的难道不是美国自己吗？

---

① 本文写于2018年5月15日。

张：是这样的，但美国不这样看。换一个角度来说，美国在现有的全球化进程中奉行的是一种强者逻辑。它已经把自己传统的那些制造商（manufacturer），变成系统的集成者（integrator），布局全球，谋求最大程度的利益。全球化这个概念对不同发展阶段、不同国力的参与者而言，并不意味着平起平坐。

航空制造国际化本质上需要跨越国界，实现在世界范围内，或者至少是在多国范围内的设计、生产、销售，并提供世界性的服务。游戏规则的制定者，基本来自人类进入航空时代后那些有能力制造飞机全机的国家。后来经过第二次世界大战后数轮资本并购，其中的佼佼者转变成系统集成商。强者、先进者肯定要竭力谋求、维护对自己有利的格局。而弱者、后来者的国际化是很不充分的，但是如果闭关自守，又毫无出路。

如果后来者抓住机会，找到生存缝隙，抓紧竞争力和地位的提升，那自然会引起注意。如果双方贸易摩擦加剧，经过谈判也找不到妥协的路径，则先进者很有可能宁可牺牲自己的部分贸易利益，也必须要维持大格局的稳定。对后来者而言，面临的局面有可能是被围堵，而且不排除来自其他先进者（如欧洲）的围堵。

吴：如果像第二次世界大战前那样，飞机规规矩矩在家造，理论上还可以规避竞争对手。为什么第二次世界大战后，特别是到现在，美欧航空强国要把飞机拿出去造？只有降低制造成本这一个原因吗？

张：肯定不只降低成本这一个原因。我觉得主要原因首先是第二次世界大战后航空技术形态的改变，使得现代航空制造越来越复杂、越来越难了，特别是航空发动机技术。不管是军航还是民航，技术飞速提高，需要不断获得新突破。就一国而言，很难拿到实现这个目标的所有配套技术。

比如航空发动机。恰好是在第二次世界大战前，欧洲以英国、德国牵头，研制了喷气式航空发动机，一些战斗机装备了这些早期喷气式发动机，开始试飞。第二次世界大战后期，随着相关技术的工程化，德国人把尤莫004（JUMO-004）喷气式发动机装备到Me-262战斗机上。英国人惠特尔发明喷气式发动机之后，其技术经转手，最终演化出罗尔斯·罗伊斯公司的“韦兰”“德文”喷气式发动机，装备到了格洛斯特“流星”战斗机上。20世纪50年代朝鲜战争时期，分别基于英国、德国喷气发动机技术的美、苏战斗机正式开启人类喷气空战时代。与此基本同时，民机方面，1952年，英国德·哈维兰公司的“彗星”成为世界第一款投入商业运营的喷气式客机。

之后，经过了10多年，成熟的涡扇发动机才运用到民用航空运输领域，这方面的经典代表作如第一种量产的涡扇发动机——英国罗尔斯·罗伊斯RB.80发动机，曾为美国的波音707-420飞机、道格拉斯DC-8-40飞机提供动力。人类从20世纪30年代就发明了涡喷发动机，到40年代才研制涡扇发动机，之后再到实用化又是一二十年的光阴。研发难度之高，产生了让欧美航空强国都不得不合作的全新局面。那个时候，航空列强已经意识到现代航空科学技术的获取、突破，势必要超越国界。

民机要用涡扇发动机，主要是为了降低油耗，要赚钱，同时要追求几乎是绝对的安全性和可靠性。现代民用航空发动机的首翻期（机上平均寿命）已经达到2万小时，对航空产品要求之高和航空制造之难已到了这个程度，需要成体系的先进技术来支撑，任何国家都不能靠“单打独斗”占天下了。即便航空工业强大的美国，走的也是国际化、技术集成的路线。

其实，美国从第一次世界大战起，就开始用别人家的人，拿别人家的技术和设备，到了第二次世界大战后，收获就更大了，利用来自德国和其他国家的技术、人才储备等，使自己的技术综合水平到达巅峰，最典型的例证莫过于大型火箭技术。

第二个原因是资金。航空器的生产制造已经是高风险级别，高风险需要高投入，实现技术的突破也需要大量资金。比如波音747投入研制的时候，资金问题就已经很突出了。当时波音747的研发任务基本完成，要做出产品、开始量产的时候，整个波音公司的经营形势非常差，波音747上马就是赌命的一搏。所以从20世纪60年代开始，世界大型航空制造项目的形态就变了，多拉几个伙伴一起来，大家来分担巨额投入。法英、法德、英法，很多航空项目都是这么合作的。其中比较著名的就是大家都比较了解的空中客车公司。空中客车公司是从法国、英国、德国、西班牙四国合作发展起来的，从A300客机开始商用飞机的研制，共担风险。再往后到20世纪90年代还有一个典型例子，那就是以上四国研发的大型涡桨运输机A400M。

要搞航空产业，要把飞机变成量产商品，要把航空产业变成国民经济的一个组成部分，就必须要以极高投入买地、建厂、招人、研发，甚至还要新建基础设施。一国不行，就要联合。美国也一样，其军品项目F-35战斗机，一开始就动员了10个国家，国外分担的费用占到了整个研发费用的20%以上。

第三个原因就是市场提前进入、提前占有。市场要利益分沾，需要你的项目在发起的时候就要早早地做出承诺。从研发者、生产者角度说，没有量产规模就没有经济效益，经济学把这称为规模效应。比如波音777，生产100架的时候单机价格是多少，200架的时候单机价格多少，各有成本分摊的计算方法。曾有计算，飞机从100架增产到500架时，单机成本就能够从1.3亿降到0.9亿。

吴：巴西、加拿大等国的航空工业在20世纪后期也发展起来了。他们是不是也像美国指责我们的那样，是搭了美国的便车？

张：用美国的逻辑，似乎也可以这样认为。但巴西、加拿大的航空工业以支线客机为主，走出了自己的道路。最近，美国波音公司和加拿大庞巴迪公司打起了官司。这场官司始于2017年4月，原因是波音公司认为庞巴迪公司接受了政府的高额补贴，向美国倾销C系列客机，要求对庞巴迪公司征收高额关税。诉讼进程中，庞巴迪公司感到胜算不大，为渡过难关，把C系列客机的50.01%股份卖给空中客车公司，结成了欧、加战略联盟。

结果2018年1月26日，美国国际贸易委员会认定，C系列飞机并未对美国航空工业造成实质性威胁，因此驳回波音公司的指控和美国商务部先前的裁定。但波音公司并没有收手，现在正和巴西航空工业公司谈判并购事宜，结果很可能是美巴双方达成协议，联合打造对抗欧、加联盟。世界航空产业的合纵连横，新格局正在形成，将对整个世界航空业产生重大影响。

航空产业是一个宏大的综合体，在技术上我们是后来者，我们一步一步通过自己的奋斗，也通过向先进者的学习，力争最终能和他们同台竞技。但是我们也是推车的，甚至还是拉车的。无论对于波音公司还是空中客车公司而言，中国都是巨大的销售市场，年度销售额占到了各自销售总额的近1/3，甚至还要高。所以从这个意义上来说，是谁搭谁的便车呢？实际上是他们搭了中国经济快速发展的便车。

人类科学技术是在一种碰撞、交互、迭代、互补的过程中不断提升的；达到一定水准之后，认知一定是趋同化的。在基本原理没有新的、颠覆性的突破之前，航空科技的认知与进步一定是殊途同归。20世纪50年代之后，随着航空技术形态的日益复杂化，航空产品本身多样化、定制化，带给单一制造商的难题越来越多，所以，国际合作俱乐部里的成员就开始多起来了。加拿大、巴西的航空工业能成长起来，借助的是这个机会，在全球化过程中找到了自己相应的位置。这也告诉我们，我们一定要坚持自己的战略定力，像C919这样认准的事要坚定地干下去。

吴：中国航空工业应该怎样看待核心技术自主与“拥有全部知识产权”的联系？

张：在航空工业这个高科技，或者叫高科技含量密集的一个特殊产业中，追求拥有所谓全部知识产权是不明智的，也不现实，但是一定要拥有自己的核心能力。

首先是总体设计能力，要满足市场需要，特别是针对多样化、定制化的市场需要。开展设计，包括产品定义、总体布局、结构设计、系统配置等，其中设计的数据体系必须要牢牢地掌控在自己的手里。

其次就是系统集成能力，要有能力把各种功能、系统、分系统组合在一起。不管是波音公司还是空中客车公司，这两部分核心能力都在自己手里牢牢地抓着。

如果还要延伸，可能还包括航空新产品的研发能力，要不断地去突破自己对于航空科学技术问题的认识，找到对重大问题的解决方案。研发能力涵盖领域很广，从基础性科学研究，到应用科学研究，再到技术的研究和实现，另外还包括研发队伍建设。

关键、核心器件和部件的研制与生产能力也不容忽视。我本人感到最突出的首先是航空发动机。中国必须实现航空发动机，特别是民用航空发动机的突破。此外，还要特别关注基于全新的电子信息技术所产生的新元器件、新部组件的需求。

最重要的材料，尤其是飞速发展的新材料，我们不能只把眼睛盯在国外，不能幻想别人有了新材料，我们买过来就能用，坐享其成，必须要下功夫，抓新材料。

除此以外，我们还要呼吁国家关注与航空关键配套相关的工业能力的建设与增强，它们是我们的核心技术与能力的基础。

吴：关键时刻，美国来了这一下子。如果欧洲也来这么一下子，中国航空工业能扛住吗？

张：现在看来，欧洲的做法会有别于美国；但从现在国际局势的变化来看，我们可能会遭遇一个非常严峻的时期。如果出现美欧联手，扛不住也要扛。但目前看来，情况还不至于恶化到这种程度。重要的是，我们要把自己的事情干好。在C919和ARJ21等新机型成功研制的基础上，我们应尽快形成批产能力，突破国际巨头在相似机型上的围堵，占据一定的国内外市场份额，最终实现商业成功，在这一点上，我们面临的挑战尤为紧迫。

在航空工业国际化进程中，强者、先进者是现有规则的制定者，他们是早期的整机制造者，后来转成系统集成商。他们规定的几种贸易投资方式，无论是全资、合资、补偿贸易，姿态都是居高临下的。

当年，中国航空工业曾规划了“三步走”战略。第一步是通过国际合作，装配和制造干支线飞机的部件、大部件；第二步是与国外联合设计制造100座级飞机；第三步是自行设计、制造180座级大型飞机。结果是，我们基本实现了第一步。而第二步，无论是与麦道合作还是与空客的合作，均以失败告终。试图用市场换技术，进而快速提升研发水平，这个路子已经被证明走不通。我们希望通过市场换技术，换较平等地建立合作关系，这个目标没有实现，或者说没有完全实现，所以我们才推出完全自主的大飞机项目C919。到了我们也试图充当系统集成商的时候，却发现暗流涌动。C919不是要全球配套、全球采购吗？总体机身设计他们拦不住我们，结构设计拦不住我们，但核心配套还是得靠他们提供，比如发动机和大部分机载设备。

切不可小看在航空领域先进者对后来者封堵的决心和“暴力”。在C919冻结方案之后，2010年和2012年空中客车公司、波音公司先后启动A320neo（new engine option，新选引擎）和737Max项目，对A320和B737这两个成功且成熟的机型进行改进（集中于换发和采用翼梢小翼），以提高燃油效率，抵消C919的优势。但我同时认为，从空中客车公司和波音公司的反应中，可以印证，C919的设计及飞机预期性能，包括构型配套，都是世界水平的。重要的是，保持定力，把自己的事情做好，把预期飞机性能百分之百地实现，如期适航取证，严格控制成本，保住价格优势，着手建立售后服务体系，并谋划未来的发展与改进。同时，快速实现计划产能，尽力占据多一点的市场份额。

现阶段我国军、民用航空器产能都有所不足，但民用航空器的产能问题更为突出。我依据各种资料进行过估算，中国大飞机C919必须走完这样一个艰辛征程，即：2025年务必实现年150架产能，或者把这个指标再提高一点，比如达到200～250架，从而奠定继续发展的坚实基础。经过10年奋斗，到2035年，使产能翻一番，冲上400架以上的高地；再经过15年，到2050年再翻一番，实现1000架产能，这其中也可能包括届时投产的其他型号。其他型别的民用飞机，特别是民用直升机，也可按此思路与方法，制定明确的发展计划，并通过坚定实施而实现之。那时，我们将成为比肩强者的世界民用航空器制造强国。

吴：值此契机，我们需要总结哪些经验教训？

张：目前世界航空工业格局正在发生巨变，航空先进国家继续引领创新发展，实力强大的龙头企业不断丰富和完善他们的产品线，在干线客机领域，两霸平分天下，产业高度集中。当年借助国际化，美国、欧洲航空贸易额迅速膨胀，两者只留下5%左右的份额给其他国家，包括俄罗斯，也包括我们中国。

前路维艰，任重道远，我们需要对当今的世界民用航空格局，以及发展前景有清醒的认识，进而升级和迭代战略。我国航空产业，特别是民机产业在过去几十年历经坎坷，近十年来才走上正常发展的道路，而要建立起完整的生产和服务体系，需要假以时日，不能操之过急，但形势逼人、使命催人，我们又必须加快发展。

更重要的是，我们要在当今的历史关头有清醒的认识，要有自己经得住推敲、经得起历史检验的战略规划，并且要有和这个战略与规划相适应、相配套的政策与举措。

应对国际局势变化形成的挑战，需要形成国家层面的认识与决策。发展航空工业应是国家意志的集中体现。我们亟须在新时代响亮提出“航空强国”的口号和任务，把中国航空工业的发展列为国民经济转型的核心内容之一，带动相关基础工业发展，促进国民经济发展和科技创新。

二、历史回眸

古之先哲，今之大师，
筚路蓝缕，开辟伟业。

永载史册的10位世界航空巨匠[①]

回顾人类航空史，特别是近现代航空事业的发展历程，无数前辈和先驱们前仆后继，奉献出他们的聪明才智，甚至宝贵生命，才奠定了现代航空的基业。不同民族、不同国家和地区的先知先觉者，在各自不同的时代和境遇里，探究航空科学，制作各式航空器，涌现出一批伟大的巨匠。他们或在理论上有所建树，或在技术上取得突破，或在研发和试验航空器中表现出非凡的才华和勇气。

阿基米德、达·芬奇、丹尼尔·伯努利、乔治·凯利、亚历山大·费奥多罗维奇·莫扎伊斯基、奥托·李林塔尔、塞缪尔·皮尔庞特·兰利、阿尔贝托·桑托斯·杜蒙和莱特兄弟两人，是我心目中的十位航空巨匠。

现在，让我们以虔诚膜拜的心境，逐一地再次认识他们。其中有几位全才、奇才，他们的主业甚至不是航空，而他们对人类航空事业的卓越贡献世所罕见。

阿基米德（公元前287—前212）

古希腊伟大学者，数学家兼力学家，流体静力学创始人。他对航空的贡献是间接的。他以液体中的浮体为研究对象，定量分析浮体的平衡规律。该定律适用于空气中的浮体，预兆和揭示了轻于空气的一类航空器如气球、飞艇等的原理。不幸的是，公元前212年，正在聚精会神研究几何问题的阿基米德，被攻陷叙拉古的罗马士兵野蛮杀害。

① 本文写于2017年2月19日。

达·芬奇（1452—1519）

意大利人，欧洲文艺复兴的杰出代表，思想深邃、学识渊博、多才多艺的世界艺术巨匠和科学巨匠。除了艺术贡献外，他对自然科学也有深入研究，其众多研究和发明中涉及滑翔机、扑翼机、直升机、降落伞等航空器具。19世纪末，人们在清理他的遗物时，发现了大量与航空有关的文稿和草图。2008年4月26日，在瑞士西部城市帕耶讷，瑞士人奥利维耶·维耶提-特帕使用按达·芬奇设计图制作的金字塔型降落伞，从距地面600米高的直升机上成功跳下，表明达·芬奇设计的合理性。文艺大家和科学大家，这两种特质在达·芬奇身上奇妙地结合为一体。

遗憾的是，达·芬奇生活在漫长而黑暗的中世纪末期，他的众多有才华的发明都被埋没了，几乎都没能转变为实际应用。但他在那样的悲惨年代，仍坚信科学，力倡人们应该像读《圣经》一样地学习科学知识，并通过实践去探索科学奥秘。他说，“理论脱离实践是最大的不幸”“实践应以好的理论为基础”。达·芬奇提出并掌握了这种实验工作法，后经伽利略的发展，并由英国哲学家培根从理论上总结，成为近代自然科学的最基本方法，为后人的科学研究开辟了新的道路。

丹尼尔·伯努利（1700—1782）

伯努利是瑞士的一个辉煌的科学家族，3代人中产生了多位世界级的科学家，其中物理学家兼数学家的丹尼尔·伯努利，是现代航空科学理论的奠基人之一，被尊为流体动力学之父。

1738年，伯努利的《流体动力学》出版。书中用能量守恒定律解决流体的流动问题，写出了被称为“伯努利方程”的流体动力学基本方程，提出了“流速增加、压强降低”的伯努利原理。这个科学定律解释了看似透明的空气能够托起庞大飞机的奥秘，并解决了有条件的升力计算问题。

乔治·凯利（1773—1857）

乔治·凯利是一位博学而勤奋的英国学者。从小就对航空有浓厚兴趣，曾着迷于“中国飞陀螺”（竹蜻蜓）。他进行了大量开拓性研究和试验，于1804年发表第一篇有关飞行原理的论文；5年后的1809年，发表创世杰作《论空中航行》。

凯利提出，现代飞机不应模仿鸟类振翼而飞，而应采取固定翼飞机加推进器的模式。据此，他详尽描绘现代飞机的轮廓，提出流线型外形、安定性与舵面等概念，还对速度与升力的关系、翼负荷、减轻飞行器重量的途径、采用内燃机作动力等问题进行了研究。

由于没有找到合适的动力，凯利转向载人无动力滑翔机的研究。1849年，已届76岁高龄的凯利造了一架三翼滑翔机，实现了人类有史以来第一次载人滑翔机飞行。1853年又进行了第二次试飞。当年，他撰写了论文《改良型1853年有舵滑翔机》。1971年，英国飞行员史泼劳中校，依照凯利此文，制作了一架与当年完全一样的滑翔机，成功飞行，足见118年前凯利设计的正确性。

凯利的著作和他的航空试验，奠定了空气动力学的基础，确立了现代飞机的基本布局，为后来的飞行器研制提供了重要基础。莱特兄弟中的弟弟奥维尔曾说：“我们的成功完全要感谢那位英国绅士乔治·凯利，他写的有关航空的原理，他出版的著作，可以说毫无错误，实在是科学上最伟大的文献。”

乔治·凯利的伟大之处正在于，在他那个时代，满世界都沿着一条路子——研制仿鸟飞行器时，他告诉人们：此路不通。是乔治·凯利拨正了航船，指明了方向，从仿鸟转向固定翼，堪称现代航空史上最伟大的转折。

亚历山大·费奥多罗维奇·莫扎伊斯基（1825—1890）

莫扎伊斯基在俄罗斯有着崇高的地位，俄罗斯人称他是“俄罗斯航空之父”，甚至声称他才是世界航空第一人。他做了很多了不起的事情，他全面研究了鸟翼的结构及飞行能力，研究过螺旋桨性能和飞行动力学。经过研究和辨析，坚定地转向研制固定翼飞行器的道路，并在研制重于空气的固定翼飞行器领域多有建树，是俄罗斯第一架飞机的设计者。在这一方面，他同英国的乔治·凯利殊途同归，做出了贡献。

1881年，他的空中飞行器获得俄罗斯专利。1876年，他做了单翼飞行器模型稳定性表演，这也是为什么俄罗斯人说他是航空第一人。但是这次早于莱特兄弟22年的飞行，没有载人，也未能稳定飞行。

俄罗斯以各种形式肯定他的功绩，发行纪念他的邮票，并以他的名字命名在1941年成立、为空军培养人才的列宁格勒军事工程学院。而他最伟大的贡献是他用自己的学识和远见，为现代航空强国之一的俄罗斯做好了精神和文化的准备。

奥托·李林塔尔（1848—1896）

德国的奥托·李林塔尔是一位为航空献身的伟大先驱，被尊为“世界实验飞机之父”。他自幼酷爱飞行，少年时曾进行飞人试验，长期观察研究鸟的飞行规律。1889年写成著名的《鸟类飞行——航空的基础》一书，论述了鸟类飞行的特点，指出机翼也要像鸟翼那样具有弓形截面才能获得更大的升力。1891年，他制成一架蝙蝠状的弓形翼滑翔机，成功地进行了滑翔飞行，验证了曲面翼的合理形式。此后，又制造了多架不同型别的单翼和双翼滑翔机。李林塔尔的滑翔机在中部装设吊架，飞行员悬吊在架上，靠移动身体和调整姿态来掌握重心位置，控制滑翔方向和速度。1891～1896年，他先后进行了2000次以上的滑翔试验，积累了丰富的资料，编制成空气压力数据表，还著有《飞翔中的实际试验》等书。

他原本计划在充分掌握稳定操纵后，在滑翔机上安装蒸汽机实现动力飞行，但在1896年的一次飞行试验中失事牺牲而壮志未酬。李林塔尔虽未实现飞机动力飞行，但他进行的大量飞行实践和研究为后来的飞机研究者提供了宝贵的经验。莱特兄弟不仅从他的经验中获得许多教益，还从李林塔尔勇于探索的实践中学习和继承了他的崇高品格与奋斗精神。

塞缪尔·皮尔庞特·兰利（1834—1906）

美国的塞缪尔·皮尔庞特·兰利是天文学家、物理学家、测热辐射计的发明者，同时也是一位航空先驱，在可操纵、有动力飞机的研究事业上成果颇丰，并有一系列著述。

兰利早期试图从鸟类飞行中获得启发研制飞机，后转向研制固定翼飞机。1896年5月，兰利研制的固定翼飞机成功地进行了无人飞行试验，该模型飞机从船上弹射起飞，飞行了大约半英里①。这次飞行在航空史上具有重要历史地位。同年11月，他的另一架飞机模型又成功飞行了五千多英尺②。随后，兰利试图建造有人驾驶飞机。

1902年，兰利制造的有人驾驶飞机进行了初次试验。1903年10月7日和12月8日，又进行了两次有人驾驶飞行试验，均告失败。他最后一次失败离莱特兄弟的成功只相隔9天。但他是一个伟大的“失败者”，他的试验证明了设计原理和方案基本正确，败因在于发动机功率稍小。

兰利失败后，遭到了猛烈的批评和嘲讽。有人说，如果上帝想让人类飞翔，为什么不给人类翅膀。甚至预言，再有一千年人也飞不起来。但仅仅9天后，莱特兄弟就以他们的成功回击了这些短视者。好在历史是公正的，并不只以成败论英雄，美国科学技术界给了兰利公正的评价，美国的第一艘航母以他的名字命名，美国空军的一所著名实验室也以他的名字命名。

阿尔贝托·桑托斯·杜蒙（1873—1932）

杜蒙是巴西的民族英雄，伟大的航空先驱，当之无愧的“世界轻型航空器之父”。杜蒙的大量航空实践活动都是在法国巴黎进行的，他家境优渥，但他矢志航空、献身航空，做出了卓越的贡献。他是欧洲第一位制造出能转弯飞行飞艇的人，第一位驾驶飞艇绕埃菲尔铁塔

① 1英里=1609.344米。——编者注
② 1英尺=0.3048米。——编者注

飞行一周的人，第一位在欧洲实现动力飞机飞行的人，也是世界上第一架超轻型飞机的设计制造者。

杜蒙先后设计制造了 14 艘飞艇，为飞艇的实用化做出了划时代的贡献。1899 年，他研制成功一架有前翼的盒型双翼风筝式飞机，这是欧洲的第一架动力飞机（2016 年里约奥运会开幕式体育场上空飞翔的飞行器就是这件杰作的再现）。1906 年 9 月至 11 月完成了多次飞行，创造留空 21.2 秒、飞行距离 220 米的纪录，轰动欧洲。之后，杜蒙转向研制超轻型飞机，成为现代超轻型飞机的“始祖”。

在取得如此大的成就之后，这位大半辈子生活在法国的巴西人于 1928 年回到祖国，继续从事发明创造。在目睹飞机用于战争、显示巨大杀伤威力后，这位和平主义者决定不再从事飞行器设计，并因深受刺激，而于 1932 年 7 月 23 日自杀身亡，之后巴西为他们的民族英雄举行了隆重的国葬。一位伟大航空先驱以这种形式献身，令我们唏嘘不已。

直到今天，巴西人还认为杜蒙才是有动力载人飞行的世界第一人。他们认为，杜蒙是在平地上起飞的，且起飞后的飞行稳定；而莱特兄弟是在一个斜坡上、借助一定的上升气流才起飞的。

杜蒙的另一可贵之处在于他不把自己在航空方面的成就视为个人秘密和致富手段，他的全部飞行试验和技术细节都向世人公开，并正式宣布，他的设计不申请专利，可向所有人免费提供。

威尔伯·莱特（1867—1912）、奥维尔·莱特（1871—1948）

美国莱特兄弟的贡献已是耳熟能详了，他们共同谱写了人类首次有动力、载人、可控飞行的壮丽篇章。我的第 121 篇微文《纪念 113 年前的今天莱特兄弟的惊天一飞》讴歌了他们的丰功伟绩。

在此，我对他们的成功再做一点简单的回顾。莱特兄弟是自行车修理工，以此养家糊口，但他们酷爱航空，如饥似渴地学习航空科学。他们从凯利的科学著述和李林塔尔的滑翔笔记中获取经验和知识，不惧困难，反复实践，经历了常人难以想象的艰辛，最终在 1903 年成就了伟业。

作为“草根英雄”，莱特兄弟起初并未得到足够肯定，兄弟二人不得不远赴欧洲。

他们的祖国最终给了他们公正的评价，承认他们的历史地位，制作了褒奖他们的金质奖章，举办了隆重的颁奖仪式。时任美国总统塔夫特在仪式上说：“许多伟大的发现都是偶然诞生的。人们在某一个领域的工作有时确实会自发演变成伟大发现，但你们二位证明了另一种途径，一种更值得称道的方法。你们首先规划你们要实现的目标，然后努力工作直到最终实现。”“我祝贺你们此前在欧洲所获得的来自几乎所有王室首脑的嘉奖，我更祝贺你们在获得这些荣誉的同时，仍然保持着美国公民所应有的谦逊和沉稳。”确定目标，矢志奋斗，坚定不移，直至成功，这是对莱特兄弟的肯定，也是一切有志于为人类社会做出贡献的人们所应坚守的成功之道。

以上是我心目中为航空事业做出卓越贡献的十位巨匠。他们分别来自古希腊、意大利、瑞士、英国、俄罗斯、德国、美国和巴西 8 个国家。让我们永远记住这些巨匠的英名。在享用他们的科技遗产的同时，也要学习他们的奋斗精神。只有从他们留下的科技与精神宝库中汲取营养，才能使自己更丰满、更高尚。

让我们在为航空事业的奋斗中，在如歌的人生道路上，去收获更大的成功，也品味更多的幸福吧！

值得铭记的12位中国航空先驱[①]

中国航空事业今天的辉煌成就，离不开先驱们的重要贡献。我心目中最值得铭记的12位中国航空伟大先驱都出生于19世纪，他们的业绩与贡献都集中在19世纪末到20世纪初这段时间。根据中国社会科学领域的历史阶段划分，1840年鸦片战争到1919年五四运动为近代，1919年到1949年为现代，1949年以后为当代。这12位先驱有所作为的年代基本对应近代，个别人如王助延伸至现代。而到了现代，由于战乱频仍、国事艰辛，航空事业的发展反倒没有了之前的群体性推进。

中国近代又可分成清王朝晚期、中华民国临时政府时期、北洋军阀时期和国民政府时期，是中国半殖民地、半封建社会形成到瓦解的一段时间。这段历史时期中华民族虽饱经动荡与苦难，但由于与世界现代航空的发轫同期，许多中华志士仁人，从政治家到科学家，从政府到民间，都以难得的、敏锐的战略洞察力注意到航空的重要性，从而掀起早期发展的浪潮，那时我们的绝对水平与世界基本比肩。而其中，矢志报国、不惧时蹇、开拓和献身航空事业、立下丰功伟绩的航空先驱尤其值得我们尊崇，他们的精神和业绩令我们这些后来人肃然起敬。

我们今天的事业是先驱们奋斗征程的继续，让我们永远记住他们的名字，发扬光大他们的奋斗精神，为新时代的航空报国、航空强国做出我们应有的历史贡献。

以出生年份排序，他们是华蘅芳、谢缵泰、秦国镛、冯如、刘佐

---

① 本文写于2017年8月27日。

成、李宝焌、厉汝燕、潘世忠、谭根、杨仙逸、巴玉藻、王助。

华蘅芳（1833—1902）

江苏无锡人，近代中国著名数学家和自然科学家。1862 年，他同另一位科学先驱徐寿一起从事机械制作的研究，合作制成蒸汽机；1866 年，又合作制成了我国第一艘轮船“黄鹄号”。1887 年，时任天津武备学堂数学教师的华蘅芳亲手设计并制作了中国第一个氢气球，直径 5 尺（约 1.7 米），成功试飞。

谢缵泰（1871—1938）

广东开平人，生于澳大利亚悉尼，其母是旅居澳大利亚的第一位中国妇女。1899 年独立完成飞艇设计，设计方案献给清政府，却受冷遇。后在英国友人的资助下试制成功，并命名为“中国号”。该飞艇以铝合金作支架与艇身，以电动机带动螺旋桨，推动飞艇前进，达到很高的技术水准。谢缵泰为中国飞艇第一人。

秦国镛（1876—1940）

湖北咸丰人。1901 年公派出国留学，先后就读于巴黎陆军大学和比利时航空学院，1905 年应召回国任陆军部参事。秦国镛受西方先进科学思想的影响，深感要巩固国防，与列强抗衡，必须建立本国空军。

1912 年，他提出建议购置飞机，开办航空学校。1913 年中国第一所航空学校——南苑航空学校成立，秦国镛为第一任校长。他亲自驾机试飞，成为第一个在国内驾机升空的中国人。该校培养飞行员 83 名，以他们为基础组成中国第一支航空队，秦国镛实为民国空军创始人。1919 年 7 月 7 日，秦国镛率机轰击清宫，震慑复辟势力。之后，秦国镛第一个驾机飞越秦岭，开中国远航之先声。1920 年春，南苑航空学校划归航空处管辖，改组为航空教练所。秦国镛回陆军部，升任陆军中将。

值得一提的是，秦国镛的次子秦家柱，受父亲鼓励，投笔从戎，抗日振国。1937 年 8 月 14 日，在同日寇的空战中，秦家柱与高志航一道首开歼灭敌机的纪录，成为我国第一个空中击落敌机的飞行员。国民政府把这一天定为“航空节”。8 月 18 日在出击日舰“出云号”时秦国柱壮烈牺牲，年仅 26 岁。噩耗传来，秦国镛一病不起，1940 年病故。父子忠烈，举国赞颂。

冯如（1884—1912）

广东恩平人。12 岁随舅父到美国谋生，6 年后到纽约攻读机器制造专业，掌握了广博的机械制造知识。1903 年，当得知美国莱特兄弟发明了飞机后，冯如决心研制飞机，在当地华侨赞助下，于 1907 年在奥克兰创立飞机制造厂。1909 年，“冯如一号”首飞成功。1910 年，又研制了“冯如二号”，当年 10～12 月，冯如驾驶它在奥克兰进行飞行表演，大获成功。

1911 年 2 月，冯如谢绝美国多方聘任，和他的助手朱竹泉、朱兆槐和司徒璧如一起，携带自制的两架飞机及制造设备回到祖国。辛亥革命后，冯如被广东革命军政府委任为飞行队长。1912 年 8 月 25 日，冯如驾驶自制飞机在广州燕塘飞行表演中，不幸失事牺牲，年仅 29 岁。在冯如蒙难处召开的追悼大会上，文学家何淡如的挽联道出了众人心声：殉社会者则甚易，殉工艺者则尤难，一霎坠飞机，青冢那堪埋伟士；论事之成固可嘉，论事之败亦可喜，千秋留实学，黄花又见泣秋风。

冯如把航空事业和航空救国紧紧相连，他的一段自白永远激励着后人，“日俄战争大不利于中国，当此竞争时代，飞机为军事上万不可缺之物”“吾闻军用利器莫飞机若。誓必身为之倡，成一绝艺，以归飨祖国。苟无成，毋宁死。”

冯如逝世后被追授为陆军少将，被尊为“中国首创飞行大家”。当今中国航空界也以“冯如一号”首飞成功的 1909 年为中国航空元年。2009 年是中国航空百年暨中华人民共和国空军建军 60 周年，在

5月25日的纪念大会上，时任空军司令员许其亮称冯如为“中国航空之父”。

刘佐成（1886—1943）与李宝焌（1886—1912）[①]

二人都是福建永安人，且同龄。1906年被清政府选送赴日本留学。在当地爱国华侨的资助下，二人合作研制飞机。1910年8月，两人回国后在北京南苑建厂，主持飞机制造，并利用南苑驻军操场修建了中国第一个机场。1910年11月19日，李宝焌、刘佐成发起成立中国航空研究会，他们在《大公报》发表《航空研究会发起及简章》，极有远见地提出：世界航空事业刚刚起步，中国要抓住机遇，“勿再事事落人之后”。1911年3月飞机制造和试飞成功，这是中国国内制成的第一架飞机。但在一次试飞中，刘佐成身负重伤。

李宝焌于1912年1月中华民国临时政府成立后，应召到南京担任飞机营营长，即发表《创建北伐飞军队，征求革命同志书》，组建革命空军，开展飞行训练，成绩斐然。同时，与刘佐成再次合作研制的飞机也在南京试飞成功。不幸的是李宝焌积劳成疾，于1912年10月6日逝世，年仅25岁。李宝焌不仅痴心于飞机研制与使用实践，而且对航空理论有独到的研究，1910年12月，李宝焌在上海《东方杂志》发表《研究飞行机报告》，是我国第一篇航空科技论文。文中提出，“向后焚烧而推前（喷气推进）”，显示了他对将近30年后才实用化的喷气推进原理的卓越见地。

刘佐成于1913年赴北京南苑，担任飞行教练班教官。后赴日参与孙中山创办的中华革命党飞行学校准备工作。1920年刘佐成担任北洋政府航空大队长，后兼任保定航空学校教官。1921年，刘佐成在天津创办出版《飞行杂志》。1924～1926年担任多项航空军职，

① 关于刘佐成和李宝焌事迹的记录较少，此处资料得益于2009年我与同事在中国航空博物馆筹办“飞翔的文明——中国航空百年展”时所搜集的史料，由于二位先驱的早期经历和主要业绩紧密相连，故予以一同介绍。

1826年6月任保定航空工厂厂长。他撰写的《中国航空沿革纪略》是研究中国航空史的重要史料。1943年9月，刘佐成病逝。

厉汝燕（1888—1944）

浙江定海人。早年随父在英国读书，1909年毕业于伦敦纳生布敦工业学校。1910年入英国布里斯托尔飞行学校学习，取得飞行员执照。时值航空萌芽时期，他立志从事航空事业，曾多次吁请清朝政府重视航空。辛亥革命后，1911年受革命军政府委托，在奥地利选购两架“鸽式”单翼机回国，被委任为沪军都督府航空队队长。1912年4月在上海江湾跑马场进行飞行表演并散发传单，受到热烈欢迎。1913年3月将飞机转交北京南苑陆军第三师管理，该师附设随营飞行训练班，厉汝燕任飞行主任兼修理厂厂长。同年9月北京南苑航校成立，他任主任教官。1914年3月10～11日，他与另外两名飞行员完成北京至保定之间的航线飞行，这是中国国内的第一次长途飞行。同年曾试制水上飞机。与航校修理厂厂长潘世忠同为中国早期的飞机设计师。1924年4月21日，中华民国北京政府授予厉汝燕陆军少将。他的主要著作有《航空学大意》《世界航空之进化》等。

厉汝燕在中国近代航空史上具有传奇地位，他是第一个官派军事航空留学生，参加了中国最早的一次长途飞行、最早的轰炸行动，并在中国第一所航空学校——南苑航空学校任主任教官，后任校长，他的学生在北伐和抗日战争中起到了重要而积极的作用。

潘世忠（1889—1930）

江苏青浦人。中学毕业后，以勤工俭学赴法国深造，在飞行学校学习，成绩优秀，获得法兰西国际航空联合会证书。辛亥革命后，学成回国，任南苑航空学校教官，兼任学校工厂厂长。他潜心研制飞机，并驾机进行飞行表演；1914年10月12日驾驶自己设计制造的飞机飞行高度达1500米，是我国航空史上第一位使用本土自制飞机的飞行家。1915年，他研究设计的航空炸弹获得成功。1917年张勋复辟时，潘世忠毅然驾机讨伐，在故宫上空盘旋投掷石块，震慑反动势力。1930 年夏病逝，年仅 41 岁。

谭根（1889—？）

广东开平人。生于美国旧金山，1910 年，从美国希敦飞机实验学校毕业后，在檀香山中华飞行器公司任设计师，精心制造水上飞机，成为世界早期水上飞机事业开拓者之一。1910 年 7 月，谭根驾驶自己设计和制造的水上飞机，参加芝加哥万国飞机制造大会，并夺得水上飞机组冠军。1911 年辛亥革命前夕，谭根夫妇奉孙中山之命由美国返广州，以马戏杂技表演为掩护，施放载人气球，配合暗杀清朝将领孚琦。1912 年，中华民国飞船公司聘请谭根任总教练并主持公司业务，谭根为这个公司设计制造了 3 架适合飞行表演的水上飞机，培养了一批飞行人才。次年，先后到夏威夷群岛、日本进行飞行表演，通过数百次飞行，普及航空知识，宣传中国革命；其间，曾飞越菲律宾著名的 2416 米高的马荣火山，创造了当时水上飞机飞行高度世界纪录。1915 年在孙中山发动二次革命后，谭根受命在广东航空学校筹备处任飞行部主任。1916 年参加广东护国军，任讨袁航空队队长。后来，谭根因故脱离航空界，转而经商，竟至无法确认其卒年，令人嗟叹。

杨仙逸（1891—1923）

广东香山（今中山市）人。1909 年赴美国就读大学，因家族与孙中山交谊深厚，受“航空救国”思想影响，而选择学习航空专业。1918 年其家族在夏威夷创办图强飞机公司。同年，杨仙逸受孙中山电召回国，担任援闽粤军飞机队总指挥，率飞机队轰炸叛军，立下殊勋。之后他去日本、美国等地向华侨募捐，其父也捐出大量资金，购回飞机 12 架，组建了我国第一支空军队伍。1923 年孙中山在广州成立大元帅府，杨仙逸担任航空局局长，并创办广东飞机制造厂，亲任厂长。1923 年 6 月，杨仙逸制造了中国第一架双翼双座侦察/教练机，试飞成功后，孙中山以夫人宋庆龄的英文名字将此机命名为“乐士文一号”。广东飞机制造厂后改为空军第一飞机制造厂，共装配、生产教练机、歼击机和轰炸机 60 余架，为我国近代航空事业与中国的民主革命做出了宝贵贡献。孙中山为表彰他的卓越功勋，亲笔书写“志在冲天”的横幅赠送给他。1923 年 9 月，杨仙逸参加孙中山对军阀陈炯明的讨伐，壮烈牺牲。孙中山追授其为陆军中将，并将其誉为“中国革命空军之父”。杨仙逸被安葬于广州黄花岗之东，墓碑上镌刻着孙中山手书的“杨仙逸先生之墓”七个大字，墓道拱门上放着一架飞机模型，寓意烈士一生的航空业绩和冲天壮志。

巴玉藻（1892—1929）

祖籍内蒙古克什克腾旗，生于江苏镇江。1909 年被清政府选派赴英留学，1915 年转赴美国麻省理工学院航空工程系求学。巴玉藻刻苦攻读，仅用 6 个月时间，即于 1916 年获航空工程学硕士学位，两家美国飞机厂聘他为工程师。1917 年冬，巴玉藻辞去两家飞机厂的职务，放弃优厚待遇，毅然回国开创我国飞机制造业。在巴玉藻的要求下，海军部拨款在福建马尾创办了一个小规模飞机制造厂，他被委以主任职务，负责制造飞机和培养人才。1919 年 8 月，巴玉藻和王助、曾诒经等一起，制造出中国第一架水上飞机“甲型一号”，第二年又制成“甲型二号”。时任航空局长的杨仙逸曾亲驾此款飞机，进行飞行表演。从建厂到 1928 年夏，马尾飞机厂共制造生产出达到当时国际标准的飞机 11 架。1928 年，巴玉藻代表中国到德国参加万国航空展览会，会后赴英国、法国考察。不幸于归途中遭日本特务暗算，脑部中毒，1929 年 6 月 30 日遗恨身亡，年仅 37 岁。

王助（1893—1965）

生于北平，后随家人迁至河北南宫。1910 年由清政府派往英国学习。1915 年 6 月获机械工程学士学位后，转赴美国麻省理工学院（MIT）学习航空工程。1916 年 6 月，王助与巴玉藻、王孝丰、卢维溥同获 MIT 航空工程硕士学位。王助毕业后，经 MIT 的同学、海军军官韦斯特维尔特推荐，受聘于太平洋航空产品公司（由威廉·波音和韦斯特维尔特共同创办，1917年改为波音飞机公司），为公司的第一位也是那时唯一的航空工程师。王助在波音公司的任职时间为1916年7月到1917年4月。在短短10个月时间内，他自主设计了C型双筒双翼水上飞机，性能优良，取得军方信任，获得了海军50架C型飞机、50.5万美元的大订单。这份订单成为波音公司赚得的“第一桶金”。在C型机研制中，王助全新设计了上下机翼纵向错开的新布局，采用整体升降舵，解决了飞机操控的稳定性问题。对于这款新飞机，在波音公司的史册里有高度评价，称其为第一个全波音设计，也是公司第一个财务成功的项目，先后共生产56架。在此期间，王助还为华盛顿大学设置了有关航空工程课程，为学校兴建了一座试验风洞（该风洞至今犹在）。王助的卓越贡献，永远被记载在波音公司和美国航空教育的发展史上。

1917年，国内计划筹建海军航空力量，自制飞机与潜艇，并设专门学校培养航空人才。王助、巴玉藻、王孝丰等认为回国制造飞机、开创事业的时机已经成熟，三人遂于1917年11月一同回国，成为最早一批留学归国的高级航空工程人员。王助在4月离开波音公司后，从4月至11月，转赴旧金山，在一家发动机工厂继续工作，以拓展知识与能力，并等待回国的时机。

王助等回国后，即开始筹款创办飞机制造厂。1918年2月，中国首家正规的飞机制造厂——马尾船政局海军飞机工程处成立，王助任副处长。1919年8月，王助与巴玉藻、王孝丰、曾诒经为海军设计制造成功中国第一架水上飞机——“甲型一号”，后发展出乙、丙、丁、戊、己等多型；到1930年，海军飞机工程处陆续设计制造出教练机、海岸巡逻机、鱼雷轰炸机等飞机15架，并培养出我国第一代航空工程技术人才，马尾也成为中国初期航空工业的摇篮。

1922年8月，王助与巴玉藻合作，在上海江南造船所设计制造了世界上第一个水上飞机浮动机库，也称浮坞，成功解决了水上飞行停置和维修的难题。

1931年2月，王助转任中国航空公司总工程师，后担任军政部航空署上校参事。1934年出任与美国合资经营、建在杭州笕桥的杭州飞机制造厂第一任监理，为中方最高负责人。在任 3 年期间，该厂共修理、组装和制造飞机 235 架，成为当时中国历史上修造飞机最多和最著名的飞机制造厂。

1939 年，王助出任创建于成都的中国航空研究所副所长。1941 年 8 月该所扩充为航空研究院，王助任副院长，分管院务与科研，兼任理工系主任。航空研究院在王助的领导和直接参与下，利用国产材料研制出大批急需的航空器材和备件，还研制出多架独特的飞机，如研教 1、2、3 式教练机和滑翔运输机等。1955 年，王助任中国台湾成功大学航空工程教授。1963 年著述《航空工程讲义》。1965 年病逝于台南。

还有一件事也值得书写，就是王助与我国科学泰斗钱学森的交集。1931 年，日本侵略中国东北，国家亟须发展空军，急需航空工程人才。其时，钱学森考取了清华大学留美公费生。时任中国航空委员会委员的钱昌祚先生给清华大学梅贻琦校长致信："欲指派钱赴麻省理工学院学习航空专业。"为使钱学森在赴美前更深入地理解此次留学任务，清华大学指示他到南昌面见钱昌祚，并安排他到杭州飞机制造厂、南昌第二航空修理厂和南京第一航空修理厂等工厂参观学习，补修航空专业知识。特为他安排了两位导师，一位是清华大学航空专业教授王士倬，另一位就是王助。不知是幸是憾，学成归国后的钱学森并未从事飞机设计与制造，而成了中国的航天与火箭之父。此是后话，不在这里多写了。而钱学森之于王助，终生敬仰，他曾亲笔写下一份珍贵文件，尽举在他的一生中给予他深刻影响的 17 人，包括父亲、母亲和毛泽东、周恩来、聂荣臻，10 位老师（从小学、中学到大学），再就是王助和冯・卡门了。

贡献卓著的12位中国当代飞机设计大师①

中华人民共和国成立后，航空事业获得历史性发展与进步，涌现出一大批航空科学技术的领军人物，首先是一批引领技术进步的飞机设计师。在我心目中，黄志千、徐舜寿、陆孝彭、屠基达、马凤山、顾诵芬、宋文骢、陈一坚、石屏、唐长红、孙聪、杨伟是最杰出的12位，他们堪称中国当代飞机设计大师。

我并不在意他们获得的荣誉等级、得奖几许，我看重的是，他们均担纲重要飞机型号设计，且品格高尚、学养深厚。他们的功勋已融入强国强军的伟业，他们的丰碑立在亿万国人的心头。

我心目中的这12位飞机设计大师，同时也是他们所领导、所献身的型号“之父”。或许，有人还不太习惯对相对年轻的总师们冠以如此称谓，但我要说，型号“之父”的称号于他们受之无愧。他们是伟大事业的光荣代表，发挥了不可替代的作用，做出了杰出的个人贡献，何况他们已不再年轻，最小的一位也年满54岁。

由于各种原因，过去对他们宣传不多，国人对他们知之甚少。他们不图扬名传世，但求报国图强；他们习惯于隐姓埋名，默默奉献；“什么也不说，祖国知道我”，便是这种心态和境界的生动写照。但现在，是时候让人们知道他们的名字和贡献了。

当我们迎来中国航空进入21世纪以来的井喷式发展，当航空事业的飞速发展正在助推中华民族向伟大复兴进军，国人理应更多地了解他们，知晓他们的功绩和贡献，以此提升民族自豪感和自信心，并用他们的精神感召和激励我们，去为实现强国梦而奋斗。

请记住他们吧！他们，以及像他们一样为国家强盛、民族复兴而

① 本文写于2017年9月17日。

埋头实干的人，才是民族之希望。我们的年青一代应该把他们当作榜样、明星和偶像，而他们也该有更多的拥趸、粉丝和追星族。如此，则大道通天，正气浩荡，能量爆棚，实业振兴、强国富民才不会只是一场美梦。

作为一名老航空科技工作者，我有幸认识他们中的 8 位，同其中 6 位有直接工作交集，包括至今还在引领我们奋斗的五位——两位同为 87 岁、老而弥坚的前辈和三位风华正茂的“知天命”的总师。在与他们的共事中，我收获多多——情怀的熏陶和学识的滋养，以及为共同事业结下的情谊，我深感有责任记录他们的事迹。本文素材虽大多来自公开资料和部分院士丛书，但我把他们作为一个群体一起写，用自己的眼睛看他们，文中浸满我对他们的爱戴和尊敬。

遗憾的是，12 位中有 7 位已经永远地离开了我们，按卒年，他们是黄志千、徐舜寿、马凤山、陆孝彭、屠基达、宋文骢、石屏，我们要永远学习和缅怀他们。

现在依旧站立在奋斗行列的排头，带领我们砥砺前行的 5 位是顾诵芬、陈一坚、唐长红、孙聪、杨伟。我们更要认识他们，并祝愿他们健康，为祖国的航空事业做出更多新的贡献。

以下，按出生年月（宋文骢、顾诵芬、陈一坚出生在同年，按月份排列，其他各位则只记年了），依次介绍这 12 位飞机设计大师的高尚人格和不朽伟绩，同时，也当是对我国当代飞机发展历程的一个共同回望。

黄志千（1914—1965）

江苏淮阴人。1947 年自上海交通大学毕业后，怀着抗日救国的志愿参加南京国民政府空军，在航空机械学校受训。1948 年结业后，辗转于多家飞机制造厂，参与和负责多型飞机的修理及机场服务工作。1944 年 10 月，赴美国康维尔飞机制造公司任雇员。1945 年 8 月抗日战争胜利，进入密歇根大学航空研究院攻读力学。1946 年 9 月，赴英国格洛斯特飞机制造公司工作，参与“流星号”先进战斗机和 EI44 型喷气式战斗机的设计。

1949 年归国后，即投身航空工业建厂计划工作。1951 年 7 月，调任沈阳飞机制造厂设计科代理科长。1954 年 9 月，担任航空工业局第一技术科设计组组长。1956 年年初，参加了《1956—1967 年科学技术发展远景规划》的制定。同年 8 月，我国在沈阳组建第一个飞机设计研究室，黄志千被任命为该室的副主任设计师。他与徐舜寿等共同领导了设计室的创建工作，成功设计了歼教 -1 型喷气式教练机，并参与组织领导了初教 -6 型初级教练机和强 -5 型强击机的总体方案设计。1961 年 8 月，被任命为沈阳飞机设计研究所总设计师。他同其他领导人一起，组织领导了我国第一个飞机设计研究所的创建工作，并为"歼 -8"型高空高速歼击机的研制成功奠定了技术基础。

黄志千热爱社会主义祖国，求实进取，不图名利，勤恳工作，为我国航空设计事业贡献了一生。不幸的是，1965 年 5 月 20 日，黄志千赴西欧考察，途经开罗上空因飞机失事不幸罹难，享年 51 岁。

徐舜寿（1917—1968）

浙江吴兴人。1937 年从清华大学机械系航空工程专业毕业后到杭州笕桥飞机制造厂工作。1944 ～ 1946 年在美国实习。回国后，以满腔热情投身中华人民共和国航空工业的发展和建设。曾被授予中国人民解放军技术上校军衔。

1956 年 8 月在沈阳创建了我国第一个飞机设计室，研制成功了中国第一架喷气式歼击教练机——歼教 -1；随后，又主持了初教 -6 型教练机和强 -5 型强击机的总体设计。1961 年 8 月任新成立的沈阳飞机设计研究所技术副所长，组织专业建设，领导开展对苏制米格 -21 飞机的"摸透"工作和高空高速歼击机——歼 -8 的设计方案论证和技术准备。1964 年 7 月，调往西安飞机设计研究所任技术副所长兼首任总设计师，组织领导了轰 -6 飞机改进改型设计，为运 -7 和歼轰 -7 的研制做出奠基性贡献。

徐舜寿为"两弹一星"也做出了重要贡献，他接受并领导了核爆炸试验用的取样器的设计任务和用飞机投放氢弹的可行性研究，为中央最终决策采用飞机投放氢弹提供了重要依据。

他把毕生心血献给了我国的航空事业，他的英名写进中国战机发展的史册，歼教-1、初教-6、强-5、歼-8、轰-6、运-7……中华人民共和国成立初期的几乎全部飞机型号都与他的名字直接相连。他的身影定格在那些彪炳史册的“第一”里：中国第一架自行设计的喷气式飞机，第一个飞机设计室，第一座跨/超声速风洞，第一部《英汉航空工程名词词典》，以及编译出版的大量著述，如《飞机性能捷算法》《飞机构造学》《飞机强度学》《飞机寿命》等。

他学养深厚，诲人不倦，思维清晰，作风正派；在技术上有远见卓识，富有创造性和开拓精神。他以自己的学识修养与言传身教，培养了一大批优秀人才，造就了一批中国航空工业的栋梁之材，如中国科学院、中国工程院院士顾诵芬，中国工程院院士陆孝彭、屠基达、陈一坚、管德等；还有诸多著名专家，如程不时、陈嵩禄、郭松林、黄德森、高忠社、钟定逵、陈绍猷、吴克明、龚国政、付大卫等。他的伟大奋斗精神，支撑几代航空人薪火相传、披荆斩棘，使中国航空工业从望尘莫及到望其项背，从总体跟跑到主体并跑，且正准备结束技不如人和器不如人的时代，向航空强国进军。

让人痛心的是，在十年浩劫中，徐舜寿遭到迫害，1968年1月6日悲惨离世，终年51岁。这是中华人民共和国航空事业的莫大损失。1978年，徐舜寿得以平反。

徐舜寿的名字和他做出的巨大贡献被镌刻在中华人民共和国航空事业的丰碑上，为国人和后人永世怀念。也但愿政治清平，国泰民安，让徐舜寿的悲剧永不重演。

陆孝彭（1920—2000）

江苏常州人。1941年自重庆中央大学航空工程系毕业后，在两家飞机制造厂任制图员和设计员。自1944年12月起，赴美国麦克唐纳公司、英国格洛斯特公司实习飞机设计。1949年8月经香港回到北京，后投身于中华人民共和国的航空事业。

他先在北京南苑飞机修理厂任工程师，负责飞机大修。1956年，调入沈阳飞机厂任喷气式教练机歼教-1的主管设计师；凭着科学态度和拼搏精神，创造了在 100 天内完成生产图设计、原型机生产和首飞上天的奇迹。

1958 年调入南昌飞机厂，领导了中国第一款超声速强击机——强 -5 的设计与研制。1965 年首飞成功。此后，经多次改进改型，成为空军的主力机种，并外销亚、非。陆孝彭被誉为“强 5 之父”。

他还领导了轻型先进战斗机——歼 -12 的研制，于 1970 年 12 月 26 日首飞上天。虽未列装，但成为重要技术储备。晚年仍致力把歼 -12 技术储备用于中国第四代战斗机研究。逝世后，还留下了 40 万字的《第四代轻型歼击机研究报告》。

在他带领下形成的“自强自立，求实创新，百折不挠，团结奋进，献身航空，勇攀高峰”的强 -5 精神，成为航空工业的宝贵精神财富，也是他光辉人格的写照。人们赞扬他：“科学报国，百折不挠，无愧航空巨擘；治学严谨，淡泊名利，堪称世人楷模”。

屠基达（1927—2011）

浙江绍兴人。1951 年自上海交通大学航空系毕业后，即投身初创的航空工业，历任哈尔滨飞机厂设计员、设计科长，沈阳飞机厂“初教 -6”“东风 -107”飞机主管设计师和成都飞机厂设计所所长、总工程师及“歼 -5 甲”飞机主任设计师、“歼 -7IIA”“歼 -7M”飞机总设计师。

1956 年，调往沈阳飞机厂飞机设计室，担任机身组组长。承担歼教 -1 的机身设计；1958 年 7 月 26 日，歼教 -1 首飞成功。1958 年年初，受命担任初教 -6 飞机主管设计师，从设计第一张图纸到原型机上天，只用了 72 天。初教 -6 成为新中国第一个自行设计并投入生产的机种，此后连续生产 30 余年、累计交付 2000 余架。

1960 年，调入成都飞机厂，担任全天候歼击机——歼 -5 甲主任设计师，1964 年首飞成功。1966 年 5 月 8 日，在歼 -5 甲基础上发展的歼教 -5 研制成功，随后连续生产 20 余年，共生产了 1000 多架，成为中国空海军、航校的主要教练机，成为空军八一表演队专用机，成为中国主要出口机，先后出口 10 个国家。

自1969年开始，他主持歼-7飞机的改进，从I型、II型到出口的M型，前后共达30多项改进。其中，歼-7M是当时中国唯一在国际军机市场上具有竞争力的飞机。1984～1993年，还主持了歼-7CP、佩刀Ⅱ的国际合作设计，还为超七项目（即后来的“枭龙”）的发展奠定了基础。历史将屠基达的名字永远和歼-7系列飞机连在了一起。

屠基达献身祖国航空事业，百折不挠，目光敏锐，他既是科技进步的推动者，又是面向用户、面向市场的产品研发功臣，他所主持开发的机型，至今保持着生产时间最长、累计产量最大的纪录，他的功勋被永远地写进中国航空工业发展的史册。

马凤山（1929—1990）

江苏无锡人。1952年9月根据国家需要，他提前从上海交通大学航空系毕业，投身祖国航空工业建设，先后参加三种型号民机的方案设计，主要负责气动布局、性能计算、操纵稳定性计算等工作，做出了贡献。1964年，调任西安飞机制造厂设计科副科长、设计所副所长。先后参加轰-6飞机的仿制工作，飞机投放原子弹、氢弹冲击波和光辐射等对母机影响的分析工作；担任运-8飞机设计的技术总负责人，组织领导飞机的测绘设计工作，确定了重大更改项目，为运-8飞机的发展打下了基础。

1970年8月，奉调至上海708设计组（后改称上海飞机研究所）参加运-10飞机的设计工作。运-10飞机研制，是我国的飞机设计首次从10吨级向100吨级飞机目标的冲刺，他在极其困难的历史环境里，做了大量卓有成效的开拓性工作；1979年10月被正式任命为运-10总设计师。他团结和带领工程技术人员，用10年时间，将运-10飞机送上祖国蓝天，实现了我国航空史上大型喷气飞机零的突破。之后运-10飞机又转场试飞至北京、乌鲁木齐等地，并7次飞抵西藏拉萨，证明运-10飞机基本性能良好。

马凤山是中华人民共和国培养的第一代飞机总设计师，是杰出的技术领导和科技专家。他热爱航空事业，矢志航空报国，把一生献给了祖国的航空事业，为发展中国大型民用飞机，鞠躬尽瘁，迎难负重，无私奉献，建立了不朽功绩。他所领导的运 -10 研制计划虽被迫终止，令人嗟叹，但历史将永远记住博采众长、大胆创新的民机设计大师马凤山。1990 年 4 月 24 日，马凤山病逝于上海，享年 61 岁。

顾诵芬（1930— ）

江苏苏州人。1951 年毕业于交通大学（上海交通大学与西安交通大学的前身）航空工程系，历任沈阳飞机设计所副总设计师、副所长、所长兼总设计师，沈阳飞机制造公司总设计师。自 1954 年起，顾诵芬先后承担歼教 -1 和歼教 -6 喷气式教练机的气动设计工作，在国内首创两侧进气方案。1964 年，领导歼 -8 飞机的气动设计工作，并解决了方向安定性和排除抖振等重大技术关键，确保了飞机定型。1976 年，参与歼 -8 Ⅰ型飞机的设计工作，该机于 1985 年定型。1981 年，出任歼 -8 Ⅱ飞机总设计师；1984 年 6 月，歼 -8 Ⅱ飞机试飞成功，不久投入生产。由于对歼 -8 系列飞机的重大贡献，被誉为“歼 -8 之父”。自 1988 年起，他领导飞机主动控制技术研究，在国内首次实现不稳定飞机的飞行。自 1990 年起，领导高性能远景飞机的概念研究，为当今我国具有世界水平的新一代战机奠定重要技术基础。曾组织编写过多部航空科技专著和工具书，发表过《设计超音速高性能飞机中的一些气动力问题》《关于航天飞机研制和发展的综述》《2000 年前后歼击机的发展趋向》等论文。

顾诵芬学养深厚，作风严谨，在航空科技领域具有很高的权威。至今，他仍以米寿高龄，孜孜学习，抱病工作，组织和领导高层次的航空战略规划研究和重大项目论证咨询，为谋划中国航空事业的今世未来而殚精竭虑，且成就斐然。我有幸在顾老先生身边工作多年，高山仰止，泰斗若云；衷心祝愿顾总幸福长寿，成就新功！

宋文骢（1930—2016）

云南大理人。中学时代，加入中国共产党外围组织，17 岁参加革命，成为游击队员。1949年，19岁的他成为人民解放军滇桂黔边纵队的一名侦察员。在云南和平解放过程中，他冒险传送情报，立下战功。

1954～1960年，宋文骢在哈尔滨军事工程学院学习，毕业后走上了飞机设计的岗位。20世纪60年代初，宋文骢和同志们一同首创中国飞机设计第一个气动布局专业组，并担任组长，开始了对飞机新式气动布局的深入研究。

他在航空工业战线奋斗了50载，先后参加过东风113战斗机、歼-7、歼-8、歼-9等多个型号研制。1984年4月，由他担任总设计师的歼-7C首飞成功。其后，他担任歼-10总设计师，带领科研队伍，历经十数年奋斗，成功完成研制任务，为我国战斗机实现跨代升级做出卓越贡献，被尊为"歼-10之父"。

宋文骢经历传奇，魅力独特，淡泊名利，作风民主，提携后辈，风趣幽默，深受大家的爱戴。宋总虽然离开了我们，但他的音容笑貌永远活在我们心中，他的丰功伟绩永存。

陈一坚（1930—　）

福建福州人。1948年考入厦门大学航空系，后随院系调整，进入清华大学学习。1952年毕业后，即赴哈尔滨飞机厂投身飞机修理工作，后调沈阳加入以徐舜寿为主任的飞机设计室，参与歼教-1和初教-6的设计研究、米格-21的"技术摸透"工作和歼-8的早期总体设计。1964年8月，陈一坚奉调，随徐舜寿赴西安飞机设计所；协助徐舜寿先后进行了伊尔-28飞机改装设计、运-7飞机设计等工作。

1980年8月，陈一坚被任命为西安飞机设计所副所长兼总设计师，1982年担任"飞豹"（即歼轰-7）型号总设计师。1988年12月14日，"飞豹"首飞成功。后设计定型，装备部队使用。在"飞豹"研制中，上马下马，几经曲折，他始终坚持、不屈不挠。而在项目研发中，他更是呕心沥血，为该项目的成功付出巨大精力，被誉为"中国飞豹"之父。

"飞豹"是我国第一型拥有完全知识产权的军用飞机，对地、对海、中远程精确突击能力令人耳目一新，该机的服役显著提升了我军的歼击、轰炸综合作战能力。2008 年，新一代“飞豹”在陈一坚培养出来的接班人唐长红手中腾空而起，增强了打击海面舰船、滩涂阵地和对地精确打击能力，再次提升了作战能力，也使陈一坚和他的团队 20 余年的坚持有了延续，也就此铸就了著名的“飞豹精神”。

陈一坚专业造诣深厚，技术作风民主，深受爱戴。他虚怀若谷、谦和待人，自称为“一介书生”。对于自己的院士称号，他多次说，是机遇使然，从不把自己看作权威。虽耄耋之年，还坚持学习，虽 87 岁高龄，仍参与战略和项目谋划，指导提携后人，继续为祖国航空事业发挥重要作用。

石屏（1934—2016）

江西鄱阳人。1956 年从南京航空航天大学毕业后，赴江西南昌，在洪都飞机制造厂飞机设计研究所从事设计工作，历任设计员、设计组长、副所长、副总设计师，参加过初教 -6、强 -5、东风 -103 等 10 多个型号的研制，为初教 -6、强 -5 的研制做出过突出贡献。

为解决我军喷气初级教练机所需，1982 年洪都成立 K-8 教练机研发方案组，石屏出任方案组组长，提出适应不同国家需要的两种训练体制要求的研制思路。1986 年，负责与巴基斯坦合作研制 JL-8 教练机的设计工作，该机于 1990 年 11 月 26 日首飞成功。

而后，石屏出任 K-8、JL-8 型号总设计师。在主持两型教练机设计中，领导开展翼型优化和全机可靠性维修性设计，实现了 8000 飞行小时机体结构寿命，使飞机综合性能优于同类飞机，不仅填补了我国基础教练机的空白，而且批量销售国外。

他为中国教练机发展做出了杰出贡献，被尊为“教 -8 之父”；他也是我国飞行员训练新体制的倡导者和推进者之一，并以现代视野开创了走国际合作之路研制先进飞机的先例，创造了中国航空工业外贸出口的神话。

石屏谦逊忠厚，德高望重，终生致力我国航空事业的发展。我们深切缅怀他，并要以他为榜样，树立大视野，开拓新思路，学习他的奉献精神和优良作风，为实现航空强国梦矢志奋斗。

唐长红（1959— ）

陕西蓝田人。1982年毕业于西北工业大学空气动力学专业，遂入位于阎良的第一飞机设计研究院工作。先后参加“飞豹”、运7-200A等型号研制和MPC-75、AE-100等民机项目研发，积累了丰富的工作经验和领导才能。

1999年，新“飞豹”即JH7A立项。2000年，他受命型号总设计师。当年9月26日，完成国内第一架全机电子样机设计。接着，在国内首次实现飞机三维设计和电子预装配，从传统设计方法一步跨越到数字化、并行化国际水平。随后，组织领导86个参研单位，仅用常规研制周期的一半时间完成飞机研制，并批量装备部队。

2007年2月26日，中央决策批准大飞机重大科技专项，含军民两型，即Y-20大型运输机和C919干线客机。唐长红被任命为Y-20总设计师。经6年研发，到2013年首飞成功；2015年，转场南北，试飞定型；2016年6月，交付使用；再到2017年7月6日，授装接装，正式服役。经历9年奋斗，“鲲鹏”（Y-20的绰号）展翅，“胖妞”（国人对Y-20的昵称）“出阁”，中国拥有了自己的“大运”，跻身世界上少数几个能自主研制200吨级大型飞机的国家之列。

列装喜讯传来后，我曾在7月11日激情写下第66篇微文《我看Y-20的成功之道》（即本书中的《改写历史的Y-20大型运输机》），作为一名老航空人，畅谈了6个方面的感受：英明的战略部署、准确的装备定位、出色的组织管理、卓绝的大运精神、增强的工业能力和正确的技术路径。其中，有一段专写唐长红的文字：

> 唐长红——深孚众望的总设计师，他质朴而坚韧，忠厚而睿智，热情而谦逊；他既有学者风范，又有人文情怀。在院士里，他是小字辈；在Y-20团队里，他是老大哥……

当年，在“飞豹”改进型研制中，以唐长红为首的技术线，就以决断的勇气和非凡的魄力，力推全机级数字化设计，成为CATIA V5（Computer Aided Tri-Dimensional Interface Application，世界主流的计算机辅助一体化软件）的领先使用者及其功能扩充与完善的实践开拓者，获得巨大成功，赢得CATIA创始人弗朗西斯·博纳那先生的尊敬。

如今，在“大运”项目中，更把数字化、信息化的深度和广度提到全新水平；对保证设计质量、缩短研制周期，以至在更大规模上实现设计制造一体化、改进组织、优化流程，产生了决定性的作用。此外，他身先士卒攻克伺服颤振难关，带领团队研制出世界水准的大型“铁鸟”试验台，组织突破多项核心与关键技术，可谓成就卓著，功勋赫赫，被记入中国新军机的研制史册。

祝愿这位关中汉子在更艰巨的新项目中再立殊勋。

孙聪（1961—　）

辽宁沈阳人。1983年毕业于北京航空学院（1988年更名为北京航空航天大学）电子工程系，赴沈阳飞机设计研究所工作，先后参与组织了多个飞机的研制任务，担任多型号和制造业数字化工程的总设计师。其间在职攻读北京航空航天大学的飞机设计专业，获硕士、博士学位。

他长期奋斗在战斗机设计和试制一线，在航空电子综合化专业组建、歼-8 Ⅱ、歼-8 Ⅱ M型等飞机研制中，做出了突出贡献。后担任歼-11系列飞机总设计师，带领研制团队攻坚克难，使J-11系列迅速成为新的主战装备。他组织了新一代攻击型战斗机J-16的研制，使之列装，成为攻防兼备转型的重要装备。他还先后组织领导了火力/飞行/推力综合控制与系统设计、先进航空电子综合化系统构型、飞机总体综合设计、隐身技术等重大预研及型号攻关研究，在飞机设计和航空电子等领域显露出极高的技术素养和专业能力。

中国的航空母舰工程在2005年开始后，舰载战斗机的研发同步提出。孙聪以出色的战略预判和决断，抓住难得机遇，提出中国化首款舰载机方案，并被中央接受，立项后命名为歼-15舰载战斗机（绰号“飞鲨”），孙聪被任命为总设计师。经5年研制，2010年5月6日，歼-15进行了首次滑跃起飞。2016年年底开始，歼-15随航母开展远海训练，进行了多批次空中加受油、空中对抗等训练任务。2012年9月25日，被命名为“辽宁号”的我国首艘航母，交付海军使用，J-15

亦形成初步战斗力。

在我国五代机 J-20 立项研制后，为进一步增强整体实力，为军方提供更多的武器选择，实现主战装备轻重搭配，发展下一代隐身舰载机，孙聪又以巨大的勇气和魄力，提出和领导了 FC-31（代号“鹘鹰”）战斗机的研制，并确定以外销为突破的发展道路。2012 年 10 月 31 日，成功首飞，标志着中国成为世界上第二个同时研发两款五代机的国家。

孙聪曾经在一次接受采访时寄语年轻人要有“三心二义”：“三心”即雄心、耐心和责任心，“二义”即情义和侠义。而他正是“三心二义”的好汉子。他以跨航空电子和飞机总体设计两个领域的深厚学识、宽阔的国际视野，支撑起不甘人后的雄心；他忍得住寂寞、经得起挫折，总能有足够的耐心，时刻做好准备，在困难压顶之时，找到突围路径，抓住稍纵即逝的机缘；他的责任心、使命感，化作领军胆魄，凝聚起一支情深义厚、侠肝忠魂的队伍，做出了“骑鲨捍海、倚舰卫国”的惊世业绩。

祝聪慧过人的孙聪再立新功！

杨伟（1963— ）

四川资中人。1985 年毕业于西北工业大学空气动力学与飞行力学专业，获工学硕士学位，同年被分配到成都飞机设计研究所工作。他 22 岁研究生毕业，34 岁晋升为研究员。1998 年，受命担任成都飞机设计研究所副所长、副总设计师，兼任飞控系统总设计师。2001 年 1 月，被提拔为总设计师，几年后又兼任所长。

32 年来，他胸怀大志，勇于创新，在航空高科技研究和国家重大型号研制的工程实践中脱颖而出，成为我国最年轻的飞机总设计师。曾先后担任歼 -10 双座型飞机总设计师、外贸军机超七 /FC-1 型（绰号“枭龙”）飞机总设计师。在我国新一代战斗机（J-20）定点成都飞机设计研究所之后，又出任 J-20（名号“威龙”）总设计师。这些型号先后研制成功，特别是 J-20，为我军武库增添了具有世界先进水平的新战机品种。

他作为我国新一代歼击机电传飞控系统的组织者和开拓者，带领团队矢志攻关，突破和掌握了数字电传飞控技术，使我国在该领域一举登临世界最高水平。这项技术难度大、风险高，世界多国曾在该领域遭遇过机毁人亡等严重挫折。在国外封锁极严的情况下，从飞控系统总体方案确定到全系统数字仿真和原理试验，从应用软件开发到独特的自动测试体系，他都深入一线，亲力亲为，团结和组织大家，终于设计出一流的系统，研制出一流的综合试验设施，确保了采用静不安定技术的新机首飞安全，进而确保新机稳定性和各项性能指标，实现了在该领域从“必然王国”向“自由王国”的跨越，创造了国际新机试飞史和同类新机研制史的奇迹。

杨伟专业造诣深厚，学术作风严谨；他朝气勃勃，敬业奉献，目光敏锐，统揽全局，既是战斗在第一线的“拼命三郎”，又是一名出色的组织者、指挥者，赢得了各方高度评价和充分认同。2017 年 3 月 23 日，杨伟因在“枭龙”项目上的贡献，在巴基斯坦总统府接受了马姆努思·侯赛因总统授予的“卓越之星”国家荣誉奖章。

杨伟曾深情诠释支撑自己奋斗的情怀，源于对事业的热爱、对取得进步的成就感和对于这份工作的自豪。他说道：“这份工作真的很酷，即使外人不知道。在产品中见证创新发展，在成果中实现自我价值。”

祝愿杨伟在更大的舞台上更酷、更靓，做出更大的成就。

这 12 位大师的业绩，串起了当代中国航空发展的足迹。69 年的奋斗，大体分为两个阶段：前50年，拼命跟跑，奠定基础；后19年，缩小差距，力图并跑。再后来呢，当然是要领跑，借用一个流体力学术语，我们正处在“转捩点”。在军机领域，从歼-5、歼-6，到歼-7、歼-8，再到歼-10、歼-11，直至歼-15、Y-20、歼-20 和 FC-31；在民机领域，从 Y-10，到 ARJ21，再到 C919，我国航空事业取得了令世界瞩目、令国人自豪的历史性进步，我们飞入了一个崭新的时代。而这些进步，离不开上述名家大师，他们是我们最宝贵的财富，他们更是令竞争对手胆寒的战斗力。

我们的事业呼唤大师，呼唤大家，我们要尊崇大师、尊崇大家。承认和尊重杰出人物的不凡劳动与独特贡献，就是尊重科学、尊重技术、尊重创见、尊重创新。我们要为中国航空科技领域已经和正在成长着的、比肩世界的设计大师、专业名家和型号“之父”喝彩，期待他们取得更大成就，也希望这样的人多些、再多些！

作为这篇严肃文章的结尾，给大家“抖”一点轻松有趣的“料”：唐长红和杨伟是本科同班同学，共同就读于西北工业大学5381班（5代表5系——飞机系，3代表第3专业——空气动力学，8代表78级——即1978年入学，1代表班号——当年该专业只此一班），该班还有沈阳飞机设计研究所的赵霞副总师，女中英杰，鼎鼎大名。更有趣的是，唐长红、杨伟二人住同一宿舍，先在11舍140室，一年后搬到二楼的213室。可惜，11舍已经被拆掉了。一班一舍，竟出两位航空大师！

莱特兄弟的惊世一飞①

1903年12月17日清晨，美国北卡罗来纳的基蒂霍克海滩上，观者寥寥，晨风阴冷。就在这样的氛围里，那个热力四射、穿透世纪、改变历史的惊世一飞成功了！莱特兄弟制造的“飞行者1号”作为世界上第一架带动力、可操控的载人航空器被光荣载入人类文明史册。莱特兄弟研制的“飞行者1号”是翼展13.2米、翼面积47.4平方米、机长6.43米的双翼机，连同驾驶员在内总重约360千克，两个推进式螺旋桨分别安装在驾驶员位置的两侧，由单台发动机链式传动；采用一台功率8.8千瓦、自重70千克的四缸内燃机为发动机；采用升降舵在前、方向舵在后的操纵系统；着陆装置为滑橇式。

1903年12月17日开启了一个飞翔文明的新纪元。从那时到现在，113年过去了。在宇宙进化的历程中，这段时间太短，以致无法比喻；在人类文明的长河里，也不过是眨眼的瞬间。可是从这一天起，人类“插上了翅膀”，就此打开了遨游天空的征程。

于是，此后的世界、人类的社会经济活动，变得大不一样。

所有预言家都未曾料到，航空的发展如此之快，航空对人类社会的影响如此巨大而深刻。无数航空先驱和薪火相传的奋斗者，仅仅用了一百余年，就打造出一个恢宏伟大的世界航空业。飞机越飞越快，地球“越来越小”。如今，人们在尽情潇洒地享用着航空带来的福祉。以致很难想象，没有了航空，这个世界会变成什么样。

在这个特殊的日子里，活在现代社会的我们，应该以顶礼膜拜的虔诚，一起向莱特兄弟，以及无数有名和默默无闻的航空先驱者与创

① 本文写于2016年12月19日。

业者们致以崇高敬意和深深的感激。

为什么成功的是莱特兄弟?

莱特兄弟的成功绝不是偶然的，不是幸运之神敲开了他们的门，而是他们用科学精神和奋斗精神锻造了打开胜利之门的钥匙。他们的成功有人文、精神层面的因素，但更多的是科学和技术的胜利。

我把莱特兄弟的成功归为三组词汇：兴趣与志向，学习与继承，勤奋与实践。这是我们最应该向莱特兄弟学习之处，也是莱特兄弟的成功给予我们最重要的启示。

兴趣与志向

兴趣是一切创造、创新的原动力。父亲送给莱特兄弟的橡筋模型飞机，激发了哥俩儿对航空的初始兴趣；在一个虽不富裕但氛围民主的家庭里，他们的兴趣受到了保护，渐渐变为清晰的志向——献身航空的鸿鹄之志，而后，则是穷其一生的坚持。

莱特兄弟的科学实践，从开始直到成功，没有得到一分钱的政府和企业资助。他们是家庭这个小社会孕育的、带着强烈个人奋斗色彩的“草根英雄”。以至于多年后，在谈到他们的成功时，弟弟奥维尔深情地说：“我们幸运地生活在这样一个家庭环境里。在家里，大人们总是热情鼓励孩子们去追求知识，去调查研究一切奇特的现象。换了另一个家庭环境，我们的好奇心也许早在它结出果实之前就被扼杀了。”

作为对他们立定志向的一个佐证，1909 年，当美国政府终于把至高荣誉颁给他们时，时任总统塔夫特说了这样一段深富哲理的话：“许多伟大的发现都是偶然诞生的。人们在某一个领域的工作有时确实会自发演变成伟大发现，但你们二位证明了另一种途径，一种更值得称道的方法。你们首先规划你们要实现的目标，然后努力工作直到最终实现。”

学习与继承

由于家境并不优裕，莱特兄弟没能接受高等教育，甚至连高中毕业文凭都没有，但他们在维持自行车铺的生意、养家糊口的同时，如饥似渴地学习航空知识。他们熟读英国乔治·凯利的论著，对凯利其人和他的科学论述有极深的理解和极高的评价；他们悉心研究德国李林塔尔的著述和滑翔笔记，在人格上也以李林塔尔为榜样，为李林塔尔的成功而高兴，更为1896年李林塔尔的牺牲而悲伤，但他们没有选择退却，而是从先驱们身上得到强烈的激励与启发，更坚定了继承和献身的志向。

他们不仅用自己的试验，修正了李林塔尔的部分错误数据，更重要的是在研究李林塔尔失败的原因之后，认识到像李林塔尔那样，在飞行中靠人的躯体蜷曲伸展和重心调整来抵御不利气流，以维持飞机的平稳是行不通的（李林塔尔正是因此而失速献身）。于是，他们悉心研究和设计用机械装置来操控飞行的新方法新系统，完成了他们独创的操纵系统，这是他们对人类航空的创新性技术贡献，也是促成日后可控飞行成功的主要原因。

就这样，他们潜心学习前辈的成果与经验，找准了奋斗之路，开启了成功之门。

勤奋与实践

勤奋精神和自己动手（do it yourself，DIY）的实践能力，更是莱特兄弟突出的品质。他们从小就拆解父亲送的“飞螺旋”，探究其科学原理。他们分析李林塔尔及与他们同时代的本国航空学家塞缪尔·皮尔庞特·兰利的经验与失败的教训，废寝忘食地研制他们自己的飞机。在成功前的几年里，他们进行了一千余次滑翔试飞、上千次的风洞试验，自制了两百多个不同的机翼，多次改进四冲程内燃机，创造性地研制了平衡操纵系统与高效螺旋桨。

在那个生产力还不发达的时代，这些惊人的数字，代表着兄弟二人巨大的投入和难以想象的工作负荷，也浸透了他们勤奋探索、不辞辛苦的劳动汗水，这种物质和精神的双重付出，绝非一般人可以承受和能够完成的。

当他们把影响动力飞行的三大障碍一一扫除，制作了足够面积的升力机翼，获得了驱动飞机飞行的适用动力，找到了飞机升空后平衡与操纵飞机的方法后，所有这些日积月累的实践，化作石破天惊的突破，终于成就了他们非凡的成功，也就顺理成章了。

写到这里，我有一点激动，想用如下这段话表明我的一点看法，但愿这些担心是多余的：

> 现代人切不可轻视动手，这是一个人最基本的生存与工作能力，不管智能化如何发展，不愿动手不会动手，如何品味生活的乐趣？动手能力可以进化，但使用工具、从事劳作的基本能力不能退化和摈弃。

航空人绝不能鄙薄工艺，好的设计师一定要懂制造、懂工艺。现代工业分工虽日益精细，已不是莱特兄弟那个事必躬亲、亲力亲为、个人奋斗的年代了，但航空工业的目标是造出有使用价值、好看好用且价格合理的实物航空产品，所有人都应该理所当然地关心“下游”和“终端”（如果可以这样称呼制造和使用环节的话）。

设计所和制造企业分立的体制已经很糟了，如果再没有认识制造与工艺技术的重要性及其真谛的自觉，如果没有学习交流、联合工作，没有诸如集成产品团队（integrated product team，IPT）、并行工程（concurrent engineering，CE）和基于模型的系统工程（model-based system engineering，MBSE）等制度、流程和方法的保证，制造技术在航空科技体系中的地位与发展就难以确保，重设计（狭义的设计）轻工艺的倾向将对业务发展与队伍建设带来不可小视的负面影响。

如果再回到产品设计的固有含义，它本应包含三大任务，即生产什么样的航空器，怎样生产和怎样使用。其中的第二项任务，怎样生产就涉及工艺设计。工艺设计也是设计的题中之义，故而，绝不能鄙薄和轻视工艺。

航空发展需要的社会环境

1903年12月17日清晨，不仅海风冷飕飕，世人对莱特兄弟的试验也冷若冰霜，现场的目击者只有三五人（确切数字未能考证）。与成功之后欣喜若狂的莱特兄弟形成鲜明对照的是媒体的冷漠，他们拒绝相信，拒绝报道。这也难怪，就在9天前，世人目睹了一场官办色彩的载人动力飞行（与莱特兄弟同时代的科学大家塞缪尔·皮尔庞特·兰利主持的、获得美国政府5万美元、史密松研究所2万美元资助的载人动力航空器研制项目）的失败。

1903年12月8日，在精心准备后，兰利的又一次飞行试验开始了。遗憾的是，从试验平台起飞的飞机，仅仅飞出十数米，就折戟沉沙，再次失败。失败的原因可以归为三点：发动机的功率偏小、机身主料的强度不够、弹射起飞造成的不利姿态。但不论确切原因是什么，这次失败成了映衬几天后莱特兄弟成功的背景。

兰利遭受媒体的刻薄嘲讽，莱特受冷落，官办色彩和“草根英雄”的门户之争让人心寒，那个时候北美创新的社会环境竟如此糟糕，以至于莱特兄弟不得不远走欧洲，在那里，特别是法国那个浪漫的国度，他们受到热烈欢迎，他们的成果获得高度赞誉。

随着飞机科学和商业价值被逐步认识，美国对于莱特兄弟伟大发明的态度也在改变。1906年，他们在美国本土申请“飞行机器”（flying machine）的专利成功。1908年美国官方正式承认了他们的成功，还制作和发行了镌刻兄弟俩头像的纪念金币；1909年美国总统接见莱特兄弟，发布感言。他们创建了自己的飞机公司，获得了美国陆军部的正式订货。历史终于给了莱特兄弟的奉献以崇高的历史地位。

所幸的是，历史也给了塞缪尔·皮尔庞特·兰利以公允的评价。人们怀念这位在诸多领域颇有建树而在动力飞行中虽败犹荣的先驱。美国第一艘航母、美国国家航空航天局的研究中心和空军的实验室，均以兰利的名字命名。史密松研究所还于 1908 年设立了兰利奖，用以褒奖在航空领域做出贡献的英杰。首个奖项即颁给了莱特兄弟。

莱特兄弟的成功，首先在欧洲掀起航空巨浪。而后才是北美，继而是远东。全世界都澎湃起航空探索和航空演示的热潮。一架架新机被研制出来，一个个记录被打破，一场接一场的飞行表演，就像狂欢节的马戏团，此起彼伏；仅 1908 年 8 月，莱特兄弟在法国就进行了约百场飞行表演。其结果不仅令航空在欧美成为产业和事业，更一步步发展成为一种文化。其时，中国也不落后，冯如自制的飞机飞行成功只比莱特兄弟晚 6 年，而在 1910 年，清政府即在北京南苑建立飞机制造厂，1911 年辛亥革命后，孙中山倡导“航空救国”，国民政府成立了多个航空队。冯如就是在 1912 年为宣传航空的飞行表演中失事而殉难的。

我的好友、前空军教官王旭东写了一本书，洋洋洒洒，专论航空文化。书中追根寻源，说文化就是“文治教化”“文化者，人化也”，而航空文化是具有航空特色的意识形态和行为模式的总和，其精神特质是自由、科学、人本、创新、牺牲和法制。我深以为然，并深感所谓航空文化，就是发展航空的社会与人文环境。处在这样的环境里，你会受感染，受熏陶，于潜移默化中建立航空素养，即所谓“人化也”。

我想用以下 16 个字概括航空发展所需要的社会环境：探索创新，宽容失败，不怕牺牲，崇尚英雄。

当全社会关注航空，无数年轻人把兴趣与志向紧紧相连，愿用毕生精力奉献于航空事业时，航空就有希望了。因为这是航空创新的力量之源。

航空事业需要精深奥妙的科技，而科技攻关是千折百回的奋斗战场，失败在所难免，愿兰利被讥讽的悲剧永不再现。

拥抱蓝天、探索飞行是勇敢者的事业，甚至要付出生命的代价，正如李林塔尔的遗言“飞翔是需要牺牲的”。让更多人知道布莱里奥（1909 年首飞英吉利海峡）、林白（1927 年飞越大西洋）、耶格尔

（1947年驾驶X-1突破声障）等勇士，也让更多的人知道我们的李中华（获得八一奖章的英雄试飞员）、余旭（为国捐躯的J-10表演机驾驶员）、张超（为舰载机事业牺牲的“逐梦海天强军先锋”）、王伟（壮烈献身的海空卫士）等英雄的名字。

我们还要向数万中国航空科技工作者和数十万拼搏苦干的中国航空人表达敬意。他们的光荣代表当属活跃于当下、同我们共同奋斗的6位院士级飞机设计大师：顾诵芬、陈一坚、唐长红、孙聪、杨伟、吴光辉。当人们把试飞员、舰载机驾驶员、飞机设计师等航空英杰当作心中的偶像，向他们致敬和学习时，当更多的年轻人学习和传承不怕牺牲、前赴后继的拼搏献身精神时，航空事业一定会有光明灿烂的未来。

向前辈致敬，憧憬航空新世纪

从小我便向往神秘的星空，到老了，感到星空的神秘感有增无减，至今我还是难以构建对“宇宙”的认知（平行、膨胀、无边无际）。可要是没有航空，星空和宇宙对于我而言只是一种虚无缥缈的概念。是航空，让我感到这个距离可以“缩短”；是航空，让我感到星空和宇宙是可以触摸的存在。

现在，我们终于可以有条件地离开地面，但航空器还只能在具有一定密度的空气里才能获取升力，相较于大气层的1200千米之厚，相较于6400千米的地球半径，我们几乎贴地飞行，可这已经足够伟大。

为我们带来这一切的，除了莱特兄弟和兰利外，我们还要记住下面这些星光灿烂的航空巨匠与先驱：奠定静浮力科学基础的阿基米德，“流体动力学之父”丹尼尔·伯努利（他的优美的伯努利方程奠定了流体动力学的基础，揭示了航空器升力的本质），“航空科学之父”乔治·凯利（他是驱散仿鸟飞行的迷雾，拨正船头，开启现代飞机应该走“机身加推进器”道路的第一人），“俄罗斯航空之父”亚历山大·费奥多罗维奇·莫扎伊斯基，“实验飞机之父”奥托·李林塔尔，巴西民族英雄、航空先驱阿尔贝托·桑托斯·杜蒙（他的高尚之处还在于放弃专利，宣称他的一切成果归全人类)，“中国航空之父”冯如。每次读冯如的这段豪言：“日俄战争大不利于中国，当此竞争时代，飞机为军事上万不可缺之物”“吾闻军用利器莫飞机若。誓必身为之倡，成一绝艺，以归飨祖国。苟无成，毋宁死。”每念及他28岁就为航空事业捐躯于广州黄花岗的英雄壮举，就禁不住泪满衣襟。还有中国航空先驱王助，他的才华和他在波音公司不足一年的殊勋，成就了波音公司的第一款产品，为这家百年老店赚得了“第一桶金”。而他随后毅然归国，为祖国航空事业的创立奉献毕生心血。

……

有了飞机，人类可以不再坐地观天，而是变换一个视角去巡天观地。飞去来兮，俯瞰大地，天上人间，如梦如幻。这世界不能没有航空，航空不能不继续发展，人类一定会飞得更高、更快、更远。

在我们所处的21世纪，除军事航空以外，直接造福人类的、可以预见的航空发展令人兴奋而神往：点对点/长航程大型客机与个性化/定制化的个人飞行器在两个不同的方向并进，相映齐辉。高超声速和空天一体的融合发展，将开辟人类飞行新边界，太空旅行平民化将变为现实；那时，飞出大气层的人们，将能够回眸蓝色家园，拥抱无垠的星海。无人化航空系统的发展迅疾而多彩，民用无人机的应用将无所不在。新的超声速民用飞机将在21世纪大放光彩（在2003年莱特兄弟飞行百年之际，“协和号”这个航空旷世杰作却黯然退出历史舞台，现在，新一代超音速客机将闪亮归来）。无缝的、足够智能的空管系统不仅在技术上至臻至善，也将为防范各类人为事故发挥无懈可击的作用，空运将更安全、更绿色、更经济、更快捷、更准时、更舒适。仿生飞行器将获得实质性突破，像鸟儿一样自由飞翔不再是梦……

高歌猛进的中国航空

进入21世纪以来，国有体制内外的全体航空人不断给世人带来震惊，给国人带来欣喜，平均一年就有超过一个的新型号新产品问世或取得重大进展，昭示中国航空振兴的新纪元的到来。

与新航空器发展同时，以“太行”WS-10系列发动机的批产和持续改进、性能提升为标志，我国航发事业奋起直追、突破在即；我们对国产航空动力既饱含期待，又满怀信心。机载设备的发展更是日新月异，在不少领域已经跨入世界先进行列。中国航空的高歌猛进，已成不可阻挡之势；砥砺奋进，我们终将实现航空强国的梦想！

谨以此文纪念1903年12月17日的伟大事件，纪念莱特兄弟及无数航空先驱，向万千创业者和奋斗的人们致敬。

怀瑾佩瑜，两种传奇①

已是清明时分。

春之将尽，乍暖还寒，可人们的情怀炽热！

大家以各种方式追思前辈，缅怀伟人，表达对他们永远的感念和无边的爱。

4月4日下午，中国航空学会一行十数人，在副理事长吴松、秘书长姚俊臣的带领下，走进中国科学院力学研究所和工程热物理研究所。两个研究所在同一个院子里，优雅精致，春花盛开，这里是中国科技的重要前沿阵地，也是我们神往的一块圣地。

这里，矗立着三位与中国航空学会息息相关、令后人永志难忘的伟人：钱学森（1911—2009），中国航空学会的倡导者，中国航空学会的命名人；郭永怀（1909—1968），中国航空学会发起者之一，第一届理事会副理事长；吴仲华（1917—1992），中国航空学会第一届理事会常务理事，第二届理事会副理事长。

钱学森和吴仲华的雕像分别耸立在中国科学院力学研究所大楼前和工程热物理研究所大楼前。他们都是我国功勋彪炳、具有国际影响的杰出科学家，一位是力学研究所首任所长、“中国航天与导弹事业之父”；另一位是工程热物理研究所首任所长、我国热物理学奠基人，对我国航空发动机事业曾做出卓越贡献。他们的英名流芳、殊勋永存。

在钱老雕像左旁，还有一座安放在黑色基座上的白色大理石半身雕像，庄严而大气，基座上镌刻着金色的碑文：

① 本文写于2018年清明节凌晨。

郭永怀（1909—1968），力学家，应用数学家，力学研究所原副所长，“两弹一星”烈士元勋

李佩（1917—2017），应用语言学家，教育家，中国科学院大学教授

一对伉俪，两种传奇

怀瑾佩瑜，师表后继

上为二位先生的生卒年月和业绩，下为后人对他们的褒奖与缅怀。“怀瑾佩瑜”源于《史记·屈原贾生列传》里的“怀瑾握瑜”，改“握”为“佩”，恰合二位先生名字里的“怀”“佩”二字，琴瑟和鸣，相得益彰，而“瑾”与“瑜”两种“玉”，虽不同，皆高贵；瑾瑜连用，则比喻美德贤才。

出生于山东荣成一个农民家庭的郭永怀以报国之志和非凡才华，出国留学，学成后谢绝挽留，毅然回国，为我国“两弹一星”事业做出了全面的巨大贡献，直至献出宝贵生命。他是我国“两弹一星”功勋奖章获得者中唯一以烈士身份获追授的科学家。

1968 年 12 月 5 日，从核导弹试验基地返京时，因飞机失事，郭永怀不幸牺牲，时年 59 岁。在飞机失事起火的刹那间，他同警卫员抱在一起，用他们的血肉之躯，紧紧护住文件包，在熊熊烈焰里保全了珍贵的文件。20 年后的 1988 年，力学研究所“接”回了他们的郭所长，制作了雕像，并将他的骨灰安葬于此。

郭永怀壮烈牺牲后，他的夫人李佩忍悲含泪，以常人难以企及的坚忍与拼搏精神，教书育人。即使唯一的女儿不幸于 1997 年先她而去，但已近 80 高龄的李佩仍全身心地工作，履行着神圣的使命，传播着爱与智慧，直至 2017 年年初，近百岁的李先生仙逝，去与她挚爱的“老郭”（她这样称呼长她 8 岁的丈夫）相会。

在各自书写了自己的传奇、别离 49 年后，2017 年的清明，他们终又相聚，合葬在这座美丽的小院、这座圣洁的墓碑之下。

我们是如此深深地为郭永怀的事迹感动——为他的与天地同辉、不可替代的卓越贡献，为他用血肉之躯保全文件，那惊天地、泣鬼神

的壮举。

我们是如此深深地为李佩的事迹感动——为她那无私忘我的大爱，为她那高贵而独特的奉献，为她那高尚、典雅、令人倾倒的气质。

我们向钱学森、吴仲华、郭永怀和李佩先生虔诚而庄重地行三鞠躬礼！

我们要把他们的名字、业绩和品格牢牢记在心中，经世相传！

祭拜当日，恰是郭永怀 109 岁诞辰日，虽为不意，却含深情。

似乎天地为他们动容，也为我们的情怀所动。祭拜过后，天空遂降下雨点，渐至雪花飘落，给世界带来一片清平。

鲜为人知的中国古代四大航空发明①

作为一个中国人，自然会知道享誉世界的中国古代四大发明——造纸术、指南针、火药和印刷术。可是，在灿烂的中华古代文明中，还诞生了伟大的四大航空发明，分别是风筝、竹蜻蜓、孔明灯和爆竹。对于这四项伟大发明，许多人并不知道。现在，且听我一一道来。

人类在摆脱蒙昧的过程中，就一直渴望像鸟儿一样在蓝天上自由飞翔。在远古和农耕时代，产生了早期的航空技艺和初始发明。到了工业时代，凭借日新月异的科学技术，人类的飞行梦想终于变成现实。

古代中国是飞行神话传说最丰富的地区之一。“天命玄鸟，降而生商”，商朝人自认为是玄鸟的后代，把玄鸟当作族群的图腾；牛郎织女、嫦娥奔月的美丽故事，寄托着人们的美好情感；《封神演义》里的雷震子，肋下生翅，能自由飞翔；《山海经》中的奇肱国人，能造飞车，乘风远行。

在古希腊和古罗马的神话中，众神或生双翅，或驾飞车，或驭苍鹰，呼啸于天地之间。《圣经》里详尽描述了耶和华乘坐飞行器的情景。长翅膀的小天使，更成为在基督教文化圈中随处可见的文化符号。巴比伦飞毯的传说，寄托了古阿拉伯人对飞行的神往。

风筝

据考证，中国在西汉之前发明了风筝。唐代之前，风筝被称为纸鸢，唐朝人把竹笛系在风筝上，在空中发出古筝一样的响声，“风筝”的名字由此而来。风筝大约在14世纪传到欧洲，许多航空先驱从风

① 本文写于2016年11月10日。

筝开始研究飞行原理，诞生了多体风筝、载人风筝等新的发明。风筝体现了航空器的诸多空气动力学要素，包括升力、牵引力、迎角、相对气流等概念，被普遍认为是现代飞机的始祖。

竹蜻蜓

公元前500年，中国人发明了竹蜻蜓，这个简单而神奇的玩具流传至今。其外形呈T字形，通体用竹子制作，横的一片像螺旋桨，中间开孔，插入一根竹棍，用两手搓转竹棍，竹蜻蜓就会旋飞上天。18世纪，竹蜻蜓传到欧洲，被称为“中国飞陀螺”，激发了螺旋桨和直升机的发明灵感。被誉为“航空科学之父”的乔治·凯利终生对竹蜻蜓着迷，它的第一项航空研究就是仿制改进“竹蜻蜓”，解析螺旋桨的工作原理。

孔明灯

在五代时期，有一个叫莘七娘的妇人随夫出征，用竹和纸做成一方形灯笼，底盘用松脂油点燃后，灯笼可扶摇直上，用作联络信号，称为“七娘灯”，亦称“松脂灯”。由于“七娘灯”的外形酷似诸葛亮的帽子，所以后人也将其称为“孔明灯”。孔明灯的升空原理与热气球完全一样，是现代浮空器的鼻祖。

爆竹

大约在晋代后期，中国人发明了黑色火药，是中国古代四大发明之一。到了隋代，人们将火药装到竹筒里制成爆竹，用来驱鬼辟邪。大约在唐代，中国人又在爆竹基础上制成了能在空中飞行的爆竹——“起花”。“起花”形如小纸炮，缀有长约二三尺苇杆，燃其芯即急起。“起花”是一种最原始的火药火箭，看似简单，但其工作原理与现代固体火箭别无二致。

除上述发明以外，中国古代还制作了走马灯、陀螺平衡环等航空器具。走马灯揭示了燃气涡轮的基本原理，陀螺平衡环可看作航空陀螺仪的雏形。

令人扼腕叹息的是，宋代之后，中国人活跃的创新思维与活动戛然而止，上述精巧绝伦的发明也被定格在技艺层次，而非提升到理性和理论的高度，以至世界现代航空发展史上鲜有中国人发明的记录。这一现象值得我们深思，在21世纪人类新的航空奋进中应当要有所转变。

为什么不是我们？①

人类在地球上出现伊始，就显示出远超其他生物的品性与智慧，充满好奇心，不安分，能走还想跑，能在地面上自由驰骋，还想像鸟儿一样凌空飞翔。古代中华民族亦然，而且在飞天的憧憬与奋斗中，展现出非凡的创造力。

很多人都知道传统的四大发明——造纸术、指南针、火药和印刷术。殊不知，在航空航天领域，也有四大发明——风筝、竹蜻蜓、孔明灯、爆竹（古代火箭）。而且这四大发明恰好映射着现代航空航天的四大类产品：固定翼飞行器、旋翼飞行器、浮空器和现代火箭。其中内在的学理对应关系，令人称奇。

此外，在与现代航空航天事业关系密切的天文学领域，古代中国也有辉煌的成就，集中体现在天象观察、仪器制作和编订历法三个方面。例如，对哈雷彗星的观测与记录，土圭（圭表）、浑仪、浑象、简仪、高表、仰仪等天文仪器的研制，郭守敬于1280年编订《授时历》，确定365.2425日作为一个回归年长度，与现今世界通用的格里高利公历值相同，但却早了300年。

遗憾的是，这些灿烂的中国科技，未能持续发展与进步，以至于在给人类生活带来巨大变革和福祉的现代航空航天事业的丰碑上，几乎没有中国人的名字。我们有着那么辉煌的过去，为什么创立航空航天科技体系和成为这个朝阳产业诞生发展主要驱动者的，却不是我们？

由此，联想到著名的“李约瑟之问”。英国学者李约瑟（Joseph Needham，1900—1995）曾提出：公元前2世纪至公元15世纪，在自然科学及其运用方面，中国远胜欧洲。但为什么近代科学不是从处

① 本文写于2018年6月13日。

于世界领先地位的中国文明中发展出来，而是在文明程度相对落后的15世纪的欧洲产生的呢?

在航空航天领域，“李约瑟之问”同样存在。究其原因，相通甚或相同。抛开战乱频仍、异族杀戮、封建专制、重农轻商、重文轻技等社会、文化原因与影响，在思维范式和方法论层面，缺乏科学逻辑与技术思维是基本原因。我们有了精妙的发现，制作出令人叹为观止的器具，却不去深究它们的原理，不去建立模型和寻求数学表达，不会或不屑于进行逻辑推理，使得这些发现发明的科学意义得不到提取和提升，而只能停留在经验和技艺的层次上。

譬如，由中国爆竹到古代火箭，再到成为航天事业最重要基础的现代火箭，从古至今，其物理形态几乎没有改变。我们虽占尽先机，却没有推演出“火箭推进原理”，没有建立“火箭推进公式”。作为古代火箭中推进剂的火药，我们也只停留在经验配方上，而未深入研究其组分的科学表征，以及精细地定量化各组分作用及其不同比例的影响。

再比如，我们始创的风筝、竹蜻蜓和孔明灯等，在长达千年的进程里，或作为玩具，或满足于十分有限的用途，却鲜见深入研究与扩展应用。但在传入西方后，却引发了一系列潜心探究与变革，如对升力面、翼型翼面的研究，从单体、平面发展出多体、载人风筝，从热气球到气艇，直至创制出大型商用飞艇。

一个不争的事实是，我们的文明发育与发展中，缺少演绎推理的严格框架与程序，科学逻辑与技术思维能力不足。那么，什么是科学逻辑？什么是技术思维呢?

让我们从科学说起。科学按其固有含义，包括自然科学（natural science)、社会科学（social science）和形式科学（formal science）三类。自然科学研究物质世界，社会科学研究人与社会，形式科学研究逻辑与数学等，通过提供用于描述世界的结构的信息及可能对其进行推论的方式，来帮助自然科学和社会科学。形式科学，作为一种既作用于自然科学又作用于社会科学的通用工具，因其不依赖于经验观察而独立存在。

形式逻辑（formal logic）是形式科学的核心。形式逻辑的任务是研究前提和结论之间的关系，研究演绎推理及其规律。它通过对人的思维形式的抽象，把人的认识和判断抽象成逻辑命题，然后研究这些命题可以有哪些形式，这些形式之间有怎样的关系，以及如何从现有命题推理出新的命题。

自然科学与形式科学特别是形式逻辑的联姻，就产生科学逻辑。在科学技术的漫长发展进程中，以可测试的解释和预测的形式构建与组织知识体系，通过推理和归纳而得到新知，强调实验和不同程度的量化，以及以实证法为核心的方法论，这些科学研究的一般性原则被广泛接受，使得自然科学研究的面貌为之大变。

关于科学逻辑与技术思维，以及培养和强化科学逻辑与技术思维能力，我的学习心得与基本认知如下。

第一，科学逻辑是指找到并识别称为科学知识及科学理论的方法体系，包括科学方法和科学精神。逻辑（logic）是在形象思维和直觉顿悟思维基础上对客观世界的进一步的抽象，抽象是舍弃非本质属性、抽出本质属性的过程，是形成概念的必要手段。

第二，技术思维是指思维主体按照实际需要，综合运用知识、信息和各种工具与方法，达成目标和解决问题的过程。其主要特征是目的性、程式性、实践性。技术思维的理论工具有系统论、信息论、控制论等；操作方法主要有假设与验证、建构与分解、分析与综合、权衡与优化等。

第三，科学素养的核心，是拥有并自觉应用科学逻辑与技术思维能力。科学逻辑与技术思维，应深深融入民族文化中。对于每个个体而言，这种能力不会自发产生，需要经过学习和接受教育。提高全民族的科学素养，需由此入手。

第四，科学精神在本质上是怀疑与批判、自由与创造之精神。批判性思维，就是凡事要问一个为什么，学会把问题从复杂的事物中抽取出来，设立和解释个中的不同假设，从不同的分析视角，去评估可能的方案及其真伪优劣，从而抓住问题的本质，解决问题。更为重要的是，这一切，要形成习惯。

第五，教育的目的之一，是强化人们的问题意识，鼓励大家观察与提问，并寻根究底，找到答案。长此以往，渐成自觉，则批判性思维能力必会建树，并得以不断提升。一般来说，若教育方法得当，受教育程度越高，在这方面的能力应该越强。

第六，鉴于在中国文明发展史上未曾形成对近现代科学的自发培育，科学方法论尚未广泛而深入地融入我们的文化中，高举五四运动倡导的“赛先生”（科学精神）大旗，在学校教育特别是高等教育中，切实加强科学逻辑与技术思维精神和方法的培养，使之成为终生自觉应用的工具，进而对全人类科学技术发展做出我们应有的民族贡献，是我们的神圣历史使命。

三、超级制造

惊心大事，动魄时分，
当思其深意，须举策应对。

改写历史的Y-20大型运输机①

从7月6日至今，庆“鲲鹏”振翅，贺“胖妞”“出阁”，全国人民都处在Y-20大型运输机正式列装空军航空兵的感奋和喜悦中。

“大运”总设计师、才气颇高的唐长红赋诗《为大运壮行》：

送君赴戎机，相惜不忍离。秦巴山虽小，或有风雨疾。
万千事如影，文君知琴意。钢铁铸国梦，长空唤鹏飞。
强国赖重器，鲲鹏振军威。展翅从兹去，蓝天任搏击。

中国航空工业第一集团公司原常务副总经理、大飞机项目前期准备工作的领导人杨育中填词浪淘沙《运-20服役有感》：

九载苦拼搏，一展巍峨，身躯魁梧护中国。矫健鲲鹏翔四海，处处欢歌。

回首路蹉跎，争论何多，今朝静气任评说。立志报国终不悔，人人英模。

中国航空工业集团公司副总经理、“大运”项目行政总指挥耿汝光如是说：

大型运输机列装，是形成我国战略投送能力的新起点，是国家大飞机工程建设新阶段的新起点。中国航空人将发扬“大情怀、大奉献、大跨越、大协同、大运载”的“大运”精神，铸国之重器，挺大国脊梁。

在经历了愈挫愈奋的漫长历程后，2007年2月26日，中国航空

① 本文写于2016年7月11日。

工业的发展迎来了历史性的一天。这一天，国务院总理温家宝主持国务院常务会议，听取大型飞机重大专项领导小组关于大型飞机方案论证工作汇报，原则批准大型飞机研制重大科技专项正式立项，同意组建大型客机股份公司。

会议认为，研制大型飞机是党中央、国务院做出的重大战略决策，也是全国人民多年的愿望。我国航空工业经过50多年的发展，已经具备发展大型飞机的技术和物质基础。自主研制大型飞机，发展有市场竞争力的航空产业，对于转变经济增长方式、带动科学技术发展、增强国家综合实力和国际竞争力，加快现代化步伐，具有重大意义。

会议指出，实施研制大型飞机的重大科技专项，是一项复杂的系统工程。必须充分认识这项任务的艰巨性，充分估计可能遇到的困难和风险，以百折不挠的决心和意志，坚持不懈地努力，完成这一光荣的历史使命。一要加强组织领导，集中力量，合力攻关。各方面要牢固树立全局观念，大力协同、密切配合，各种资源统筹安排、合理整合。二要坚持高标准、高水平、高质量。在研制、生产和服务的全过程确保飞机的安全性和经济性，提高产品的国际竞争力。三要坚持以我为主，积极开展国际合作。通过自主创新、集成创新和引进消化吸收再创新，突破关键技术。四要统筹协调大型客机与大型运输机的研制。做到分工合作，成果共享，避免重复建设，提高投资效益。五要坚持体制机制创新。遵循科学规律和经济规律，面向国内外市场，引入竞争机制，创新管理经营模式。六要充分利用我国航空工业的现有基础。调动地方、企业的积极性，特别要发挥科研人员的积极性，培养、吸引、凝聚大批优秀科技人才，为大型飞机研制建功立业。

从2007年2月26日开始，在中国大地上，多少人翘首企盼的、旨在为同时拥有我们自己的大型运输机与大型客机两款大飞机的世纪之战打响。该专项中的大型军民两用运输机按军事项目实行管理，即现在的Y-20；而大型客机就是现正实施的C919客机项目。

Y-20立项实施经6年研发，于2013年首飞成功；次年（2014年11月），在中国国际航空航天博览会（简称珠海航展）亮相；2015年，转场南北，试飞定型；2016年6月，交付使用；再到7月6日，在授装接装仪式上正式列装。经历9年奋斗历程，我们终于成功了。中国终于真正拥有了自己的大型运输机，成功跻身于世界上少数几个能自主研制200吨级大型飞机的国家之列。

在万民同贺这一伟大历史进步的浪潮时，我们航空人，应该有更多的理性思考，除了深刻认识大型运输机对我国航空武器装备体系发展和能力建设的巨大作用，从而进一步增强责任感与使命感以外，还应认真思考和探讨Y-20的成功之道。这本身也是一个内容宏大而意义深远的命题。作为一名老航空人，根据自己所知道的有限情况和自己的认识，我想，“大运”成功之道至少应该包括以下六个方面。

英明的战略部署

根据世界大势和国家社会、经济发展及国防建设需要，决策上马大飞机重大专项，并确定两型并举的方针，历史证明，这一部署完全正确。其时其势，抓住这一战略窗口，开辟航空工业和军民航装备发展的新机遇，对于我们国家和民族具有极为重大的意义。从此，AVIC和COMAC各司其职，东西两翼，一军一民，协调推进，演出了一幕威武雄壮的航空振兴的活剧。今天，重读上面所摘引的国务院常务会议决定，愈发感到中央决策的英明与及时。

重大专项需要国家的强力支持。今非昔比，国家以雄厚国力为支撑，全国一盘棋，集中力量干大事，彰显机制之优越。放眼全球，当今世界，像中国这样大气魄、大手笔、运筹帷幄、决胜千里的国家，还有哪个？

准确的装备定位

Y-20的装备定位准确，项目目标合理，战技指标高下适宜，进度安排疾徐有度，这是成功的重要原因。过急过高，做不到；太慢太低，则无用。我军历来实施需求牵引、技术推动的八字方针。在Y-20的宏观筹划中，以急迫的军事需求为牵引，充分考虑工业基础和技术现状，以军为主，兼顾民用，制订了一个很好的发展规划和计划。

作为一款首先满足我军战略投送能力之急需的装备，必须优先满足使用环境多样化、恶劣气候气象条件、可容纳我军现役大型车辆装载运输等基本要求，因此工程目标定为全面高于伊尔 -76，着力改进机舱容高和容宽，确保良好起降性能、飞行品质和人机工效等，这一装备定位清晰而准确。

出色的组织管理

航空工业有着良好的工程管理的基础与经验。在 Y-20 项目中，行政指挥与技术指挥两条线密切结合，运转高效。鉴于 Y-20 首先需满足军事需求，故按军事项目的组织与流程实施严格、高效的管理；同时考虑提高安全性、提高管理水平及未来的民用前景，在研制进程中又融入民机适航要求与程序。这是军机研制中的创举。

Y-20 的组织管理既继承传统，又有所发展。在工业部门与军方的协同、指挥线与技术线的密切结合、军品研制程序的恪守与融入民机适航要求等方面，都体现了系统工程的最新、最高水平，堪称典范。

卓绝的“大运”精神

进入 21 世纪以来，航空工业带给国人一个又一个惊喜。成就伟业的是充满航空报国豪情、奋发图强之志和顽强拼搏精神的 40 余万航空人。在 Y-20 的舞台上，一支忠于祖国、团结奋斗的研发团队铸就了“大情怀、大奉献、大跨越、大协同、大运载”的“大运”精神，书写了许多可歌可泣、催人泪下的感人事迹。这是今日成功的保证，也是明日辉煌的希望。

唐长红——深孚众望的总设计师，他质朴而坚韧，忠厚而睿智，热情而谦逊；他既有学者风范，又有人文情怀。在院士里，他是小字辈；在 Y-20 团队里，他是老大哥。以他为核心，由中航工业第一飞机设计研究院专业配套的设计师、西安飞机工业有限责任公司的众多工艺师，再加上配套供应商的工程技术人员，构建起一支能力卓越的研发工程师大军。

在航空器研发中，试飞队伍的作用举足轻重。而在“大运”项目中，他们更全面参与研发活动，以科学求实的态度和不怕牺牲的精神，高效完成3年科研试飞任务，为型号的成功做出特殊贡献。这个特殊岗位上的勇士们，他们做出的惊天动地的业绩，让人肃然起敬，永远不能忘记。

增强的工业能力

不久以前，人们对于工业基础能力的概念还十分陌生。现在，我们已经熟悉这个概念，并深知其重要性了。以设计、制造、试验为主的工业能力，不与特定型号相连，但却同每一个项目密切相关，支撑着每一个项目顺利进展，并全面反映一个行业的整体技术能力与水平。近年来实施的国防科技工业基础能力建设计划，大幅提升了航空工业能力，使我们在整体上跨过了“巧妇难为无米之炊”和“无具之炊”的初级阶段，从而步入适应创新活动需要、更有预见、难度更大的能力建设高级阶段。

在国家的统筹规划和强大的财力支持下，从设计所到工厂再到试飞院的物理空间，从设计到制造再到试验试飞的全链条全过程，航空工业建成、改善了一大批基础设施，明显短板基本补齐。正是这个基本建成的现代化研发生产能力体系，为我们的“大运”提供了坚实的物质基础，使我们的“大运”既能较快地设计出来，又能较快地制造出来，并用适当的手段试出来、飞出来。

正确的技术路径

针对“大运”的战略定位，确定了由基本型、循序发展的技术路径。在总体布局、高升力、起落架、大开门、大尺寸构件制造等一系列预研技术储备的基础上，针对项目需要，开展大规模的技术攻关，掌握了一大批先进技术，建成了以铁鸟试验台为代表的新设施。大胆而科学地采用新材料、新技术、新工艺，以及在总体指导下，合理确定配套设备和系统的新技术含量与供应周期，使“大运”的研制在总体上反复较少较小、风险较低且可控。

从“飞豹”到“鲲鹏”的研发历程中不断推行信息化，是技术路径上的又一突出特点。当年，在“飞豹”改进型研制中，以唐长红总师为首的技术线，就以决断的勇气和非凡的魄力，力推全机级数字化设计，成为 CATIA V5 领先使用者及其功能扩充与完善的实践开拓者，获得巨大成功，赢得 CATIA 创始人弗朗西斯·博纳那的尊敬。如今，在“大运”项目中，更把数字化、信息化的深度和广度提到更高的水平；对保证设计质量、缩短研制周期，为在更大规模上实现设计制造一体化、改进组织、优化流程产生了决定性的作用。

在我们欢庆胜利之时，还应充分认识前路漫漫、任务艰巨。正如耿汝光总指挥所言：大型运输机列装，是形成我国战略投送能力的新起点，是国家大飞机工程建设新阶段的新起点。既是“起点”，后面的路有多长，可想而知。今后面临的工作仍十分繁重，按计划优质提交后续产品，继续改进和完善产品性能，推动国产发动机研制及实现装机，务必脚踏实地、负重前行。

作为一名航空老兵，乐见“鲲鹏”翱翔，更期盼中国航空工业腾飞，期盼我国在不远的将来成为世界航空强国。任务未有穷期，同志仍需努力！

喜庆之声天上来：贺 C919 首飞成功[①]

2017 年 5 月 5 日是个好日子，喜庆之声天上来。

C919 干线客机成功首飞，国人激动不已，航空人为之振奋，数十年的奋争、十数年的艰辛，终于走出了关键的一步。

几天来，从公共媒体到朋友圈，庆贺之声不绝。我的大学同学张文成和高中同学李艾，专门打来电话，还有不少朋友发来短信或微信道喜，祝贺航空工业取得的新进步，把我和我们在航空系统工作的老同学们都当作功臣看待。

这“功”，于我是绝不敢贪的，但兴奋喜悦之情相融相通，我感谢他们的深情。让我们大家共同祝贺国之功臣——COMAC 在研发 C919 征程上取得的成就，也真心为 AVIC 和下属企事业单位、所有参研的院校和单位，以及为 C919 提供协作与支持、做出贡献的全国的科技人员、工人们和管理者点赞！

大飞机专项

历经半个世纪的曲折，积经验教训，在 21 世纪初，我国从上到下终于形成了必须要有自己的大飞机、再苦再难也要自主研制大飞机的共识与决策。2007 年 2 月，国务院正式批准大飞机国家重大专项立项实施。由此，“大飞机专项”成为一个含义特定的专用名词。这里，“大飞机”成了对起飞重量超过 100 吨的运输类飞机的专指，而大飞机专项里，包括大型军用运输机和大型干线客机两型飞机（简称“大运”和“大客”），分别按军品研制和按市场规律、适航标准开发两种模式，同步实施。

① 本文写于 2017 年 5 月 10 日。

大飞机的军民融合性最强、最典型。军用运输机和大型客机拥有共同的基因，都是战略性装备。前者除满足快速运送兵力与物资的需求外，还是多种特种飞机（如大型预警机）的平台，且可直接民用；后者除满足公共航空运输需要外，还可用于战争与非战争各式军事行动，以及社会经济活动中广泛的航空作业需求（如应急救援）。对于我国来说，在大飞机这类战略性装备的发展与保障上，绝不能仰人鼻息，当然，靠谁也靠不住。

大飞机专项的决策，是历史经验和现代意识的结合；既是国家意志，也是全国人民的意志；既是航空工业发展的需要，更是建设创新型国家的需要。

在大型军用运输机（Y-20）率先于2013年首飞、2016年服役后，大型干线客机C919克服种种困难，终于在2017年5月5日一飞冲天。

军民两型，东西同辉，珠联璧合，相得益彰。

由此，再次激发起国人的爱国热忱，再次彰显国家意志和民族精神的伟力。

客机研发之难

现代航空是一个宏大的产业体系，现代航空器研发是这个产业体系的物质基础，是基于航空科学技术的复杂系统工程，其中设计工作是最重要的、基础性、创造性劳动，具有创新性、集成性、复杂性。一般来说，设计的飞机越先进、越大型，就越难，上述特点也就越突出。按照科学、完整的概念，设计工作的内容应包括造一个什么样的飞机、怎样造出来，也包括告诉客户怎样正确使用。

民用飞行器的研制一般分为以下几个阶段：立项论证—初步设计—详细设计—工程发展和试生产—转入量产。

客机的设计是从市场需求开始的，在市场预测、竞争态势分析的基础上，确定研制总要求，包括基本技术方案和主要技术性能指标分析，产品研制能力和途径分析，投资估算、筹资方案和经济性初步分析，研制周期和里程碑计划分析及风险和规避措施初步分析，这是第一步，称为立项论证。

之后，要把研制总要求具体化，开展总体设计，确定布局和外形、主要性能参数、结构形式和重量，考虑发动机和主要机载设备的选型，称为初步设计。

进而，进入详细设计阶段，也称预发展阶段。此阶段的主要工作是，完成总体设计，确定工艺方案，落实先锋用户，提出适航申请，选择发动机、机载设备和系统及原材料供应商，启动长周期项目，确定试验、试飞项目等。在飞机构型方案冻结、先锋用户订单达到项目研制启动数量后，项目转入工程发展阶段。

工程发展阶段的任务是完成研制生产、试飞和取证。包括：发动机、设备和系统及原材料的采购，零件制造、部件装配和飞机总装，试验和试验结果评审，首飞和飞行试验，取得型号合格证（type certificate，TC）和生产许可证（production certificate，PC）等。之后，开始试生产，然后进到批量生产。

民机总体设计的基本任务是在已有经验和所积累工程数据的支持下，利用先进、适用的设计工具，完成气动设计和结构设计。气动设计，包含气动布局、机翼外形和翼型的选择与确定等；而结构设计，则要解决结构布局问题，需要确定结构分离面，确定承力和传力路线与形式，并开展结构元件与细节设计。同时，还要进行系统设计，开展多专业一体化综合，包括使飞机与发动机适配，消解冲突，平衡折中，求得总体最优；并构建任务与功能系统，通过硬件与软件的结合，把选定的电子与机电设备组成为一个协调一致的系统。

总体设计的主要难点是气动力问题、轻量化结构问题和飞行控制问题。

气动力是托举飞机的“看不见的手”，追求高的气动效率，是飞机设计师永恒的追求。如果把气动比作“神”的话，结构就是“形”，神形兼备才可能是好设计，才可能出好飞机。而满足强度要求的轻量化结构，同样是飞机设计师不懈的追求，为的是把省出的结构重量转化为有效载荷，以提高经济性，这一点对于商用飞机设计尤为重要。

飞行控制对于飞机的安全稳定飞行是决定性的。莱特兄弟的成功，第一是制作了一台合适的内燃机，第二就是用一个人造的控制系统实现了可控飞行。对于现代飞机，为了正确产生和执行控制指令，确保飞机的稳定性和操控性，改善飞行品质，进而实现飞行任务自动化，飞控系统已然成为一个由软硬件组合而成的、复杂而又高度可靠的系统。其中，揭示受控状态变量与系统输入信号间的关系、建立数学模型、定义指令形成算法的控制律，成为整个飞控系统的核心与基础。首飞后，吴光辉总设计师说，控制律是大难题，是国外严密封锁的技术。他亲任专业组长，终于攻下这一难关。至此，不仅我国军机的飞控技术跃上世界前列，民机控制律问题和飞控系统研制也取得如此令人瞩目的进步，可喜可贺！

工艺设计是设计的重要组成部分，是指导航空制造过程的依据，是总体设计和结构设计的物化过程。航空器制造是覆盖技术门类最全、要求最高的工业制造。它既不同于汽车一类流水线生产，又不同于航天器的单件科研型生产，而是在确保一致性和精准化前提下的小批量、变批量生产，需要高水平的工艺设计，确定正确的工艺路线，并采用先进、高效的制造技术，尤其是网络化、数字化、信息化技术和基于模型的系统工程理论与方法。

不同于军机的是，民机的设计从一开始就要考虑满足适航要求，符合相应安全等级，从详细设计阶段提出适航申请开始，适航管理和审定渗透所有环节。除了军民机设计的普适内容外，民机的特殊性问题还集中在结构完整性、系统完整性、使用完整性和抗坠毁性等方面，通过细致的设计工作，来满足极高的安全性、经济性、环保性和舒适性要求。这些都是高于军机的、近乎严苛的要求。

根据上述介绍与分析，C919 目前处于工程发展阶段中，在适航审定方面处于第四阶段（共 5 个阶段）。现在的形象进度是，制造了第一架原型机，进行了首飞，现正继续生产若干架原型机，后续将进行数千小时的试飞验证，完成第四、第五阶段适航审定，获取 TC 和 PC，并转入试生产。

首飞成功之意义

经过8年的工作，在完成了设计任务之后，按照构型与配套关系，经过数万人的协同，终于制造出“活生生”的实物产品，并且成功地飞上3000米高度的蓝天，整个首飞持续78分钟。首飞过程令人信服地展示了飞机的基本性能，起降正常，飞行姿态平稳，操稳性良好，动力与系统的功能正常，未发现任何危及正常飞行的问题。

机长蔡俊对首飞做出如下评价：“今天的首飞给我最大的意外，就是没有意外。C919太稳定了。完成的测试项目共十六七个，每个都很顺利。我飞过的飞机不少，C919的表现真是不错，飞机稳定性非常好，而且比较容易操作，虽然是第一次驾驶飞上天空，但没遇到任何问题。”

这是一个很高的评价。首飞一次成功，表现优异，是非常了不起的。

首飞成功标志着中华民族的“大飞机梦”取得历史突破，一款属于中国的、完全按照国际先进标准研制的大型客机，正向世界走来，假以时日，将比肩西方。

首飞成功标志着我国具备了研制现代干线飞机的核心能力（设计、集成与机体制造），一支与世界接轨的研发生产队伍正在快速成长。

首飞成功表明，C919的总体设计（气动、结构与系统设计及其综合等）是成功的，飞机大系统的基本功能接受了初步考核，组成系统的各部分无干涉、无冲突，工作协调正常。

首飞成功表明，工艺设计和制造工程能力通过初步考核；产品制造质量良好。据信，02架也在组装中，预计今年9月下线。我曾在西安飞机工业（集团）有限公司、成都飞机工业（集团）有限公司亲见制造中的舱段，也曾亲见中国商飞上海航空工业（集团）有限公司新的总装厂房里组装中的全机，生产线运转顺畅，现场井然有序。

首飞成功无疑是里程碑式的成就。但此刻，也许航空人更需要的是冷静和清醒。庆贺之声很快就会归于沉寂，极为繁重的后续任务等待我们一件件地去完成，一步步地走完后面漫长的道路。“行百里者半九十”，何况我们还只走了一小半，远未走到九十步。现在可不是歌功颂德、请功邀赏的时候，竞相制作成绩单、大晒功劳簿的做法，实不可取。应该沉下心来，团结在项目主体责任单位——中国商飞的旗下，精诚合作，一步一个脚印地继续埋头实干，直到取得完全的成功。

当然，对于首飞成功，更不可鄙薄与小视。说C919只是造一个飞机壳子，说C919只是把一堆外国的东西攒在一起，这种说法的始作俑者至少是无知和浅薄的，而轻信和抱有疑虑的人们则可能是不了解情况。

近两天，网上已经出现针对上述说法以事实和数据来解疑释惑，正面介绍C919构型与配套的文章和资讯，明确分析中国人在其中的地位和作用，进而帮助理解C919的确是中国人自己的项目，最重要也是最需要知道的是以下几点：①全机由COMAC独立设计完成；②全机是中国人自己制造的，COMAC、AVIC与航天一家企业协同完成；③目前的国产化率达到50%，部分航电设备、机电设备、机内设施由中国航空工业所属单位研制配套，部分高性能合金材料由国内提供，已能自主保障；④飞行控制系统由COMAC同美国霍尼韦尔国际公司联合完成，但作为飞控系统基础与核心的控制律是COMAC独立研发的；⑤航空电子系统由昂际航电公司承担，该公司由中国航空工业麾下的中航电子与美国通用电气公司合资组建，占股各50%；⑥燃油系统由伊顿上飞（上海）航空管路制造有限公司承担，该公司由COMAC（51%）和伊顿公司（49%）合资成立；⑦在C919项目中，成立了16家合资公司（包括上述3家），承担的任务覆盖了飞机航电与机电系统的各分系统；⑧研发中的各项地面试验，以及试飞的规划、组织与实施，由COMAC和AVIC合作完成。

以上8点，足以说明C919是中国人自己的产品，且由于COMAC掌握着两个最重要的合格证（TC和PC）的获取，而确定无疑地拥有完全自主知识产权，对此不应有任何怀疑。

至于国人普遍关注的大推力、大涵道比发动机，这的确是航空之痛、民族工业之痛。但不发展商飞，何以发展商发？现在商飞在奋进，商发也在奋起直追。目前选用的是斯奈克玛国际（CFMI，法国赛峰集团与美国通用电气公司各50%股份的合资公司）的LEAP-1C发动机。为加快解决航空发动机的瓶颈与制约，国家专门成立了中国航空发动机集团公司（AECC），下设商用发动机公司，正在研制为C919配套的CJ-1000A（长江-1000A）型发动机，几年后C919将装上“中国心”。

严苛的适航审查

庆贺固然需要，前路依然艰辛。

最大的困难来自严苛的适航审查和取证，以及惨烈的技术竞争。

首先来看适航。适航，即适航性（airworthiness），是民用航空器适于空中飞行的一种属性，指该航空器（包括其部件及子系统）整体性能和操纵性在预期运行环境与使用条件下的安全性及物理完整性的一种品质。

判定是否符合适航性，就需要适航标准。它是为保证实现适航性而制定的强制性最低安全标准，是通过长期的经验积累，吸取事故教训，经必要验证或论证而制定的。目前，影响最大的适航标准是美国联邦航空局（Federal Aviation Administration，FAA）的联邦航空条例（Federal Aviation Regulation，FAR）和欧洲联合航空局（European Aviation Safety Agency，EASA）的联合适航要求（joint airworthiness requirement，JAR）。中国民用航空局（Civil Aviation Administration of China，CAAC）主要参考FAR，结合国情，制定了中国的适航标准中国民航规章（China Civil Aviation Regulation，CCAR）。

依据适航标准，对民用航空器的设计、制造、使用和维修等环节进行科学统一的审查、鉴定、监督和管理，称为适航管理。

适航管理又分为初始适航管理（航空器交付使用前，适航部门经审定，向研制部门颁发TC和PC）及持续适航管理（航空器获得适航证、投入运行后，为保持其适航水平而进行的持续管理）。

适航性是为维护公众利益而形成的技术与管理概念，对民用航空器进行适航管理无疑是一件好事。问题在于，美欧作为民航领域的“先行者”，已经制定了适航标准，而且经不断修订，十分严苛和烦琐。但世界上多国认可美欧标准，只有按美欧标准获得适航证，才可进入国际市场。否则，就不能销售到认可美欧标准的国家，甚至其客机都不允许飞进美欧等国家领空。

我国的客机研制，从 ARJ21 到 C919，只能先聚焦于国内市场。但航空器是国际化产品，我们最终要进入的是国际市场。因此，我们又必须按美欧标准组织研发和生产活动，严格遵守国际标准，从详细设计阶段提出适航申请开始，就要接受他国的适航审查。要求飞机的每一个部件、每一项配套设备，甚至重要的原材料都要达标，这对于“稚嫩”的中国客机制造业，该是多么大的挑战。

我们的综合国力今非昔比，我们的军机研发举世瞩目，但在民机适航取证方面，我们几乎是一片处女地。以机载设备为例，军机国产化率非常之高，有些分系统或设备的技术水平也很高，但没有适航证，就不能装在面向国际市场的商用飞机上，何况民机适航标准在许多方面要严于军机。我们不少产品的性能与质量还的确达不到适航要求，也不可能在短时间内全部取证。怎么办？只能踏踏实实地苦干，只能探索切实可行的突破之路。现在，COMAC 在 C919 项目中的做法就很好，采取与国外技术先进、产品性能达标、具有适航经验的公司合作的办法，成立合资公司，联合开发产品，弱化取证阻力，缩短取证周期，一项一项地填补空白，为我们自主化的客机尽快问世，奠定坚实的基础。

这里，我还只是就适航谈适航，并未涉及更为复杂的非正常因素。实际上，适航标准与管理既是必须符合、不可违逆的民机安全性的门槛，同时也是先进者对后来者建起的杀机四伏的壁垒，只要看一看 ARJ21 面临的情况就知道了：ARJ21 是完全按国际适航标准研制的支线喷气式客机，其配置多为直接购买欧美供应商的子系统，5 架原型机历经 6 年 5000 多小时的试飞，如今也只取得了 CCAR 适航证。ARJ21 的国际适航取证尚且如此之难，国产化程度明显高出一筹的

C919，在未来取证的道路上一定会遇到更多的阻碍，我们必须做好长期、韧性战斗的准备。

同时，我们也要加快建立中国民航适航体系，经历完整的适航审查的实践，争当国际考官，逐步拥有话语权。如果能把我国的适航体系也立为世界标准，不获中国适航证不能进中国市场，甚至不能进世界市场，那时，我们就将真正登临世界商用飞机制造业的制高点。

惨烈的技术竞争

除了上述严苛的适航审查和取证外，技术竞争简直可以用“惨烈”来形容。

切不可小看在该领域先进者对后来者封堵的决心和“暴力”。

C919 在 2009 年确定方案、向世界发布时，最诱人的一大优势就是由于采用超临界机翼，精心设计气动布局，并首创性地选用先进发动机，而获得燃油效率较同类机型（A320 和 B737）降低 13% 的效果。这一点，在 5 月 5 日首飞成功后吴光辉总师接受中央电视台的访谈时再次被确认。不过吴总小心地加上了个附加词，说这个优势是与它们的基本型相比较。

为什么是这样呢？就是技术竞争在改变着态势。事实上，我们的这个优势正在丧失。在 C919 冻结方案之后，2010 年年底和 2012 年，空中客车公司和波音公司先后启动 A320neo 和 B737 MAX 项目，目标直指 C919 的领先之处，对 A320 和 B737 这两个成功且成熟的机型进行改进，以抵消 C919 的优势。

两个项目都不约而同地采取了两大技术措施，一是改发动机，都转而使用 C919 的选型——CFMI 的 LEAP；C919 是该型发动机的第一个用户（2009 年），配套产品称为 LEAP-1C，而在空中客车公司和波音公司也选用之后，出现了 LEAP-1A（2010 年）和 LEAP-1B（2011 年）。第二个措施就是改进气动布局，为了抢市场，不能大改，都在翼梢上做文章：空中客车公司在现布局的机翼翼端添加了“鲨鳍小翼”，波音公司则使用了“翼梢小翼”。两项措施实施的结果，扣除因加装增重等负面影响，分别获取了燃油效率提高 15% 和 13.5% 的净收益。

这样的净收益何其“神奇”，恰恰“吃”掉了我们引以为傲的优势。更令我们难以比拟的是，他们推出的是改进型，全机95%的部分没有变动，操作基本不变，维修保障方便，这使得用户很容易接受，且只要做有限度的适航审查。他们把首批交货期分别定在2016年和2017年，恰恰是C919项目工程发展关键节点。新机消息一发布，趋之若鹜，订单分别达数千架。2016年A320neo已经开始交付，波音737 MAX也即将交付。

这就是市场竞争，这就是强者逻辑。与其说是空中客车公司与波音公司激烈竞争，不如说是“哥俩”发力，“小弟”受伤。但我们没有别的路可走，只有坚持。我们不仅不应沮丧，反而可以从中得到更多自信——技术自信、能力自信、道路自信。从空中客车公司和波音公司的反应中，可以印证，C919的设计及飞机预期性能，包括构型配套，绝对是世界水平的，即使交付运营晚几年，到那时也不落后。我们现在能做的就是，保持定力，精益求精地把自己的事情做好，把预期的飞机性能百分之百地实现，如期实现适航取证，严格控制成本，保住价格优势，着手建立售后服务体系，并谋划未来的发展与改进。

“A+B+C”新格局

上苍似乎早有安排，在大型商用飞机领域，当空中客车公司（Airbus）和波音公司（Boeing）两霸平分天下之时，在世界的东方注定要长出新的一极，这一极就是中国商飞（COMAC），就是中国的民机研制生产大军，就是中国的商用发动机自主保障与配套能力。历史将书写新的一页，A+B（Airbus+Boeing）的既有局面一定会被打破，A+B+C（Airbus+Boeing+COMAC）的新格局定将出现。正如几何学里的三点决定一个平面，稳定的三极鼎立也许更合理、更稳定。

可是要把“A+B+C”格局的憧憬变成美好的现实，我们还需要做很多工作，还有很长的路要走。首先是继续拼搏奋斗，做好后续工作，完成现阶段任务，努力做到直面竞争，技术状态控制和产品质量不落下风，做好适航取证，先国内，再国际，渡过难关，进而尽早转入试生产。

大客说到底是一个市场化的商品，当用户订货后，你必须按时提交；而且，研制大客的责任单位也必须最终实现盈利。这就需要提升产能，尽早达到盈亏平衡点。ARJ21 和 C919 的盈亏平衡点应该都在 300 ～ 400 架。设想一下，我们该抢占多大的市场份额？我们又该形成多大的产能？这是严峻的挑战，又是现实的任务，我们要与同场竞技的对手作战，更要战胜自己，用坚定的意志和万众一心的行动，实现既定的规划与目标，抵达胜利的彼岸。

让我们对未来抱有充分信心的是中国快速发展的经济和飞速进步的科技。国力强，则航空需求旺盛，对航空的发展就能提供强有力的支撑；而航空强，则可助力国家富强，人民幸福。预测数据显示，未来 20 年，仅中国市场就需要 4000 架 50 座以上的飞机，价值超 3000 亿美元。大飞机是买是租还是造？习近平总书记已经明确回答："中国是最大的飞机市场，过去有人说造不如买，买不如租，这个逻辑要倒过来，要花更多资金来研发、制造自己的大飞机。"这就是我们的底气，这就是国家意志。我们应该制定产业发展的战略目标，提出切割这个"大蛋糕"的目标份额，进而朝着这个目标坚定前行。

几年前我们已是世界航空运输总量的世界第二大国，不出五年，就会成为第一，而且我们将会持续占据世界最大单一航空市场国的地位。中国的客机制造业兴盛之时，也将是真正的航空大国、航运大国建成之时。那时的中国航空工业和中国航空运输业，才不会是"跛脚"的巨人，而成为真正的巨人和强者。让我们也憧憬和热切期待这一天的到来。

在我们创造明天、构建新格局的不懈奋斗中，国人一定要有足够的耐心。想当年，英国、法国、德国、西班牙、荷兰等国为抗衡美国独霸大客世界市场，组建跨国的空中客车公司，从 1970 年成立开始，咬牙坚持了 20 余年，终于与波音公司平分天下。我们现在还刚刚起步，困难重重，前路漫漫，任重道远。我们的国人，我们的政府，都要耐心，耐心，再耐心！

有一篇文章说大型商用飞机是白人高度垄断的产业，这倒不确切，不是白种人、黄种人的问题，完全是资本逐利的嗜血本性决定的，白人和白人之间，也是一样争得你死我活。在空中客车公司和波音公司的几十年较量中，双方打了多少次仗，甚至诉诸法律，仍令世人历历在目，所以第三极的出现，也一定会发生同样的境况。只是中国的市场太大了，太诱人了，空中客车公司、波音公司以及所有明智的西方先进企业，在同中国打交道的时候，一定会三思而后行，一定会改变策略，"独霸""平分"既然都不可行，那么，就找一条让利、合作的新道路吧！这就是为什么波音公司、空中客车公司也在第一时间致电商飞，祝贺C919首飞成功的原因，而这也是我们中国民机产业在21世纪雄起的历史机遇。

我的群友、好友，曾任西安阎良国家航空高技术产业基地党工委书记的金乾生先生在微信上发了一段话，意义深长，我把它原文抄在这里：

> 早在十余年前，美国科特勒国际咨询公司总裁米尔顿·科特勒先生就说过："美国的航空市场造就了波音，欧洲的航空市场造就了空客，中国的航空市场应该造就第三强。"言下之意很明显，如果我们错失中国经济高速发展带来的市场机遇，将是历史性的遗憾！我高度认同老先生也是老朋友的话，至今记忆犹新。我们都应该有这样一份责任感、紧迫感、担当精神和家国情怀，航空人更应该记住和具备这一点。

我也高度认可科特勒先生的话，更高度认可金先生的观点，欣赏他的睿智与情怀。就让我们共同努力吧，把美好的憧憬变成现实。

结语

在结束本文时，我得知从今年起，中国将每年5月10日定为"中国品牌日"。

于是，我又添加了一个美好的憧憬——让中国的C9X9成为像A3XX和B7X7一样的世界级品牌，并希望有生之年能够看到这一天的到来。

战斗机如何划代？①

飞机是航空器中最大的一个家族，其数量巨大、种类繁多。飞机主要按用途来分类，可以分为军用飞机、民用飞机和研究机三大类。军用飞机又可分为作战飞机和作战支援飞机两大类。作战飞机指直接执行作战任务的军用飞机，主要有战斗机、战术攻击机、战略轰炸机和具有反辐射能力的电子战飞机。

其中，战斗机是军用飞机的核心装备，装备数量最多，应用最广，发展最快。其主要任务是消灭空中和地面敌机、夺取制空权，在我国和苏联又称之为歼击机。战斗机在反映军事航空综合技术水平方面有着鲜明的代表性。

按用途分，现代战斗机可分为制空战斗机和多用途战斗机两类。制空战斗机也称空中优势战斗机，主要任务是空战；多用途战斗机则既可执行空战任务，又可执行对地攻击任务。当代的战斗机大多兼有空战和对地作战的能力，多用途战斗机是战斗机发展的重要方向。

按重量分，战斗机可分为轻型和重型两种。通常，正常起飞重量在 15 吨以下的被认为是轻型战斗机，如美国的 F-16、俄罗斯的米格 -29、法国的“幻影”2000 和中国的 J-10 等；而接近或超过 20 吨的被认为是重型战斗机，如美国的 F-15、俄罗斯的苏 -27 和中国的 J-11 等。

战斗机经过第一次世界大战的双翼机时期、第二次世界大战的螺旋桨式时期，在第二次世界大战后进入了喷气式时代，又经过 20 世纪 40 年代末 50 年代初的高亚声速阶段，于 50 年代中期进入了超声速时代。

① 本文写于 2016 年 6 月 9 日。

自问世以来，战斗机已经历多种型别的发展，并逐渐形成“划代说”，即当新型号较原型号性能产生全面而重大提升时，称之为“新一代”。战斗机的划代同时也是对性能相近、配置相近、采用雷同战法的一个或几个飞机族系的归类。关于战斗机的划代，目前有“四代”和“五代”两种方法。“四代”法以世界上第一批实用的超声速战斗机（典型机型是美国的F-100和苏联的米格-19）为第一代，即“超声速战斗机”划代法，也是除俄罗斯以外各国普遍采用的划代法。俄罗斯把战斗机划为“五代”，区别在于把“四代”法中的第二代分成了两代，即把变后掠翼战斗机米格-23单独列为一代。

美国的“新五代说”最早由洛克希德·马丁公司在2006年提出，后经美国军事史专家、美国航空航天博物馆前馆长沃尔特·博伊恩的系统阐述（2008年发表于美国《空军》杂志），成为一种新划代法。这种划代法把最早出现的喷气式战斗机列为第一代，把高亚声速后掠翼战斗机列为第二代，把低超声速战斗机和马赫数为2一级的战斗机都列入第三代。这种划代法可以说是“喷气式战斗机”划代法。

自2008年以来，美国、俄罗斯都采用了“五代说”。形式上，美国和西方向俄罗斯“五代说”趋同，实际上各自的划代仍有较大差异。差异主要出现在对早期机型的“代”的认定上，而对现役先进机型的“代”的认定基本一致。

我国目前在正式场合和官方文件中继续使用“四代说”，但在科技界和媒体上，已经越来越多地使用“五代说”，特别是在描述当今先进机型和未来更新一代时，频繁出现第五代、第六代的字样。按航空界主流意见，我们似应与国际接轨，逐步采用“五代说”，但问题是用哪个“五代说”。

在战斗机发展史上，最早出现的亚声速、高亚声速战斗机具有重要地位，在战斗机的划代中，不应把这些机型（其中不乏名机）排除在外。但美国的“五代说”把这一部分早期机型分为两代，分别对应马赫数为0.65～0.80和马赫数为0.95～0.98两个速域；而把第三代的速域范围又定得太大，从低超声速直到马赫数为2。俄罗斯的“五代说”完全不考虑亚声速和高亚声速，只考虑超声速，且把变后掠翼的米格-23单列一代。

如果把两种“五代说”融合起来，以超声速战斗机划代为基础，将亚声速和高亚声速合并作为第一代，以此构成一种新的喷气式战斗机划代方法，相对更为合理，也更能科学地、较为完整地反映战斗机的发展历程。

如此划代，则各代战斗机的主要特征和典型机型可概述如下。

第一代战斗机——20世纪30～40年代发展的亚声速和高亚声速战斗机（马赫数为0.6～0.98）。代表机型：米格-15、F-86。

第二代战斗机（即第一代超声速战斗机）——20世纪50年代初开始服役的低超声速战斗机（马赫数为1.3～1.5）。代表机型：米格-19、F-100。

第三代战斗机（即第二代超声速战斗机）——20世纪60年代末开始服役的马赫数为2一级的战斗机。代表机型：米格-21、F-4、F-104。

第四代战斗机（即第三代超声速战斗机）——20世纪70年代中期开始服役的、以高机动性为主要特点的战斗机。速度不再是“代”的标志性指标。代表机型：米格-29、苏-27、F-14、F-15、F-16。这一代战斗机中，部分在20世纪末研制的机型如“台风”、“阵风”、苏-35、歼-10、歼-11、JAS-39等，具有更新一代的一些特点，信息化作战能力大幅度提高，因此也被称为“三代半”（就超声速战斗机而言）。

第五代战斗机（第四代超声速战斗机）——从21世纪开始服役的新一代战斗机。具备高信息化、高敏捷性、低可探测性、超声速巡航和短距起降能力，具有隐身或部分隐身能力的气动布局；部分复合材料的机体结构；装带推力可转向的推重比10一级的航空发动机，飞机起飞推重比超过1.0；机载火控系统采用可同时跟踪和攻击多个空中目标的多功能火控雷达；主要机载武器是具有大离轴角和发射后不管能力的空空导弹。代表机型有F-22、F-35、T-50。

根据上述设想，可融合美国、俄罗斯两种“五代说”的思路，逐步推行和使用，并应习惯于“五代说”。特别是对于当今研制、正在和即将服役的新型战斗机及酝酿提出更新一代战斗机时，用五代机和六代机的说法，显然在技术上更合理，也与国际主流相一致。当然，关于六代机发展，各界都有多种不同的意见，本文暂不探讨。

战斗机划代具有一定的积极意义，有助于表征航空装备的特征与特点，有助于比对和借鉴装备发展的规律。但它并非一个带根本性的重大事项，“代”的划分只是相对概念，只是宏观意义上的归类，并不能确切地表征作战能力，更不是一种技术标准。应以实际的战斗力来衡量装备水准。在武器装备的规划与研发中，最根本的还是依据国情军情，以需求牵引和技术推动相结合的原则，讲求独特性、创新性和适用性。

莫道黑丝带，当惊武士红：J-20横空出世！①

2016年11月1日，中国大地上最让人激动不已的事件莫过于在珠海航展上J-20的闪亮登场。惊世一瞥，绝尘而飞，让13亿国人振奋，数十万空军官兵和航空工业员工自豪。

几代人薪火相传，二十余年矢志奋斗，我们终于有了可以匹敌当今世界最先进战机的新一代战斗机。研制、试飞快马加鞭，列装、服役为时不远。

J-20是当之无愧的中国第五代战机的扛鼎之作，11月1日的惊世一飞，也正式向世界宣示：中国成了同时拥有两款五代机的国家。

网友们是如此喜爱J-20，早已给予它昵称“黑丝带”（黑色涂装的第四代战斗机）。可我要说：不，J-20在我们的心中分明是骁勇的“红（红色中国）武（第五代）士（空中斗士）”（英语的第五代战斗机为The fifth generation fighter，而这里的fighter同时有“斗士”之意）。

于是，我再次想到关于战斗机的划代问题，当着美国、俄罗斯都已采用五代战机划代法，我们不能让我们的J-20受“委屈”了。适逢《国际航空》杂志将我的第49篇微文编辑、改写成《关于战斗机的划代》，发表在最新一期刊物上。希望朋友们在所有场合（正式的和非正式的），把我们的J-20称为五代机，昵称“红武士”（红色中国的第五代空中斗士）。

转抄两则2011年的网上外电信息，这样的信息比比皆是。

Just ahead of the visit of the US defence secretary to Beijing,

① 本文写于2016年11月2日。

pictures of a fifth generation fighter plane of China appeared surfaced on the Internet.

在美国国防部长访问北京之前，中国第五代战斗机的图片就出现在互联网上。

Carlisle was referring to Russia's development of the Sukhoi T-50 PAK FA and China’s efforts to build the Chengdu J-20 fifth-generation fighters.

卡莱尔指的是，俄国的苏霍伊 T-50 和中国成都的第五代战机 J-20 的研发。

按我的建议，中国战机的划代简明易记，即：第一代——J-5，第二代——J-6，第三代——J-7、J-8，第四代——J-10、J-11，第五代——J-20、FC-31。

美国第三个抵消战略①

3 月 16 日，我参加了一个关于美国提出的第三个抵消战略的研讨会，听取了中国航空工业发展研究中心张洋同志所做的研究报告，以及多位专家颇有见地的发言，感到此次研讨很有意义，也颇有收获。值周末之际，将听取和知晓的有关资讯做简要梳理，也将自己的一点粗浅认识加以整理，写成此文，目的是让更多人了解和关心这一重要动向。其中有些见解，肯定会有不同意见，敬请指正。

第三个抵消战略的由来

2014 年 8 月 5 日，美国国防部常务副部长罗伯特·沃克在美国国防大学发表演讲时首次提出，美国需要制定第三个抵消战略（the Third Offset Strategy）以维持美国的不对称军事优势。9 月 3 日，美国国防部部长哈格尔宣布，他已指令有关人员制定该战略具体规划。10 月 20 日，美国政府宣布启动“超越抵消：美国如何保持其军事优势？”研究项目计划。一周后，美国智库战略与预算评估中心发布《迈向新抵消战略：利用美国的长期优势恢复美国全球力量投送能力》报告。

抵消战略，也称对消战略，是美国军事战略界创造的一个特定术语，专指利用和扩大自身优势战胜对手的战略。历史上，美国曾两次采取抵消战略。

第一个抵消战略是艾森豪威尔政府在 20 世纪 50 年代实施的，也称“新面貌”战略，旨在依靠核武器的数量与质量优势，对消苏联军队的数量优势。由于苏联核武器发展迅速，且美国核武器难以对苏实战使用，该战略实际无效果。

---

① 本文写于 2017 年 3 月 19 日。

第二个抵消战略在20世纪70年代后期，由时任美国国防部部长哈罗德·布朗和主管研究与工程的副部长威廉·佩里推动，当时苏联、美国两国形成核均势，华约组织的常规武器装备数量占明显优势。该战略的重心是将先进信息技术嵌入传统武器系统，大力发展精确制导武器与新型侦察系统，形成新的军事能力，取得常规军事优势。现在所见到的评判，多数认为第二个抵消战略是成功的。

当前，美国认为其军事优势再次面临挑战，因此需要制定和实施第三个“抵消战略”。美国认为，中国、俄罗斯军事能力的发展，以及先进技术和武器在全球扩散，正使美国的军事优势受到挑战。并认为，中国已经具备反介入/区域拒止（anti-access/area denial，A2[①]/AD）能力，直接威胁到美军的力量投送能力，这是所面临的最紧迫的军事挑战。同时，美国的国防预算正在经历削减，需在各种具有潜在颠覆性效果的国防科技之间进行权衡，而新“抵消战略”可为长期研发的投资规划提供指导。通过有选择地发展颠覆性科技，消解对手军事能力发展的挑战，特别是对消中国的所谓A2/AD能力。

第三个抵消战略力求三个方面的突破。

第一，技术创新突破。通过科技创新，推动定向能武器、电磁导轨炮、士兵效能增强、自动化无人系统、智能武器、高超声速武器等新装备发展。

第二，组织形态创新突破。以新技术、新作战概念与新作战样式牵引编制体制优化，建设更加精干、高效的联合部队，以科技装备创新催生更多的新型作战力量；支持军工企业改革创新，确保国防工业基础的可靠性和灵活性。

第三，作战概念创新突破。突出信息主导理论创新，推出“作战云”“无人水下作战”“全球监视和打击”概念等。

第三个抵消战略中的技术发展布局

在分析第三个抵消战略时，关于装备与技术发展的重点方向以及

① A2似应翻译为“反进入”为好，因为“介入”包括政治、军事等手段，而这里是指在军事上“阻止敌方战力进入”之意。

安排布局尤其值得我们注意。

对美国国防部在落实第三个抵消战略过程中制定的“长期研究与发展规划”内容，尚不得而知。综合各方资讯，所关注的主要方向和内容有：远程火力投送、智能化指挥决策、强电磁对抗下的精确打击、高超声速、无人系统及有人 / 无人协同和无人 / 无人协同、先进动力、智能 / 自主控制等。

第三个抵消战略提出的武器系统 5 个关键领域是：目标跟踪（这是最大的武器系统领域，占 2011 ～ 2015 财年的研发总支出的 44%）；导航和制导系统（第二大武器系统领域，占 28%）；传统远程导弹（占比 18%）；定向能（第四大领域，2015 财年支出水平相比前四个财年平均水平增长 23%）；高超声速（2015 财年支出增长 98%）。

为实现绝对领先的军事优势，在第三个抵消战略中，强调发展具有颠覆性作用的技术，以获得绝对领先的技术优势，促进具有有效威慑和实战尖兵双重作用的装备发展，以及整个武器装备体系的发展。美国国防部提出的第三个抵消战略的标准技术市场分类有：先进计算 / 网络技术，以支持网络战所需使能软硬件开发，含纳米电子、光电 / 红外（electro-optical，EO/infrared radiation，IR）部件、集成、射频（radio frequency，RF）部件、任务保障、弹性基础设施、授信基础等；电磁 / 射频（electro magnetic，EM/RF）优势技术，以确保争议环境下的作战，含认知 / 适应能力、协调 / 网络使能系统、先发制人 / 主导效用、宽带 / 多光谱组件和系统、电子保护等；计算机、通信、指挥、控制与情报（computer，communication，control，command，intelligence，C4I）分解，以支持分布式网络拥有足够的弹性，含综合 / 分析决策工具、信息收集 / 管理、网络与通信、光电 / 红外技术、射频技术、声学传感器、空间访问、空间控制与态势感知、情报 / 监视与侦察（intelligence，surveillance，reconnaissance，ISR）、定位 / 导航与计时、卫星作战、卫星通信等；自主能力，以支持人机合作与集成，含自主系统可扩展团队、人类 / 自主系统集成、机器感知推理与智能等；武器系统技术，以支持对抗环境下的武器开发，含高超声速武器、定向能武器、制导/导航与控制、传统远程导弹、目标跟踪等。

其中，智能/自主控制技术所受重视和做出的安排已得到佐证。2016 年 9 月 21 日，在美国空军协会举办的 2016 年度空、天、网大会上，美国国防部常务副部长沃克在演讲中指出：自主、人工智能和人机接口都在第三个“抵消战略”所识别的关键技术之中，该战略旨在重建美国针对其同级对手们的非对称优势。沃克还表示，这些技术除了用于指挥与控制网络之外，还将永久地“改变人类的观察-判断-决策-行动（observe，orient，decide，act，OODA）环”。2016 年 4 月美国国防部发布的自主性科技目标路线图也披露，自主技术发展与应用目标是：2020 年前实现更安全、高效的操作；2030 年实现机器辅助的作战行动；2030 年后实现人-机编组，包括实施异构平台间“蜂群”作战。

对美抵消战略的几点看法

抵消战略是冷战思维的产物

“冷战思维”这个概念是指 20 世纪美国、苏联两个超级大国争霸过程中，在处理国家间关系、解决国际争端时的一种思维模式。主要指基于指向对手的思维，而形成全面对抗的国家关系；追求本国绝对的国家安全，而不顾及别国安全诉求；实施强权政治，而强行推行自己的政治主张；为实现本国利益，遏制和挤压对方发展，不惜动用武力。美国前两个抵消战略都是冷战思维的产物。

冷战结束后，冷战思维还在大行其道。美国已成唯一的世界霸主，仍抱着冷战思维不放。在全球无对手的国际政治态势下，急于树立新的敌人，夸大来自别国的威胁，把别国对安全的追求甚至经济的发展视为对本国安全的威胁。急于输出政治，实施双重标准，挑起争端，从中渔利。

第三个抵消战略完全是冷战思维的变形和继续，是美国好战派制造敌手、赢取巨额军费投入的手段。我国从未提出过、也从未实际上推行过任何针对别国的所谓 A2/AD，这是美国军界为政治目的而强加于我国的，这个名词也是专设的。

无可争辩的现实是，冷战结束后发生和尚未完结的战争几乎全部是美国在别国领土上挑起和进行的，无良知、漠视国际政治秩序的美国领导人甚至制造出“大规模杀伤性武器存在”的惊世谎言，而对伊拉克动武，直至推翻政权、绞死萨达姆。这根本不是“进入（access）”和反进入（A2），分明是赤裸裸的“侵略（aggression）”。而萨达姆领导下的伊拉克毫无反侵略能力，只能束手待毙。现在类似的谎言又在制造，不过这次是把中国当成了靶子。

抵消战略的实际作用有限

冷战思维是一种不理智的思维，作为冷战思维产物的抵消战略也是不理智的战略，其历史作用一定也是有限的。对现在公认第一个抵消战略是失败的，而第二个抵消战略是成功的这种认识，也值得商榷。

第二个抵消战略实施之时，恰是东欧和苏联政治格局剧变的历史时期，如果以华约解体和苏联的分崩离析为标志来评判第二次抵消战略是成功的，显然过于夸大其作用。华约和苏联的解体是综合政治角力的产物，是复杂政治态势演变的结果，是原东欧阵营内和苏联国内长期孕育的社会矛盾集中爆发而造成的，绝非第二个抵消战略一己之功。而就军事对峙而言，作为苏联武器装备体系主要承继者的俄罗斯，仍然拥有强大的军力，并未被伤筋动骨，并未被抵消，作为抵消重点的苏方精确制导武器和侦察系统毫发无损，至今总体水平仍很高。时至今日，俄罗斯军事力量仍是令美国忌惮的最大军事存在。

第三个抵消战略的前景预判

这个战略仍在不断具体化的过程之中。但用历史的眼光来看，其前景一定不妙。随着特朗普的上台，有可能对这个战略做出调整，甚至会质疑这个战略的有效性，而使其不得善终。最近有两个相关联的资讯：一是美国国内已经有人发声，质疑美国搅动南海事件的实际获益；二是特朗普表态要削减国内可支配开支，以用于增加540亿美元军费。这表明以中国为假想敌的战略前提不明确、根基不牢，但美国维持世界霸权的意图不会改变，维持领先于别国的绝对军事优势的目标不会改变。我们需要继续跟踪研究第三个抵消战略的动态，从其部署与推动中，研判美国军事战略变化，做出应对。

第三个抵消战略的思路值得借鉴

不管第三个抵消战略的最终结局如何，美方在研究和推进中的思路，值得我们借鉴。从已发布的有关信息分析，其核心思路有两点。一是，在武器装备发展方面，摈弃单纯发展下一代作战平台的概念，代之以发展一整套“能力簇”，将反 A2/AD 能力扩展到海、空、天、网络等所有空间域；二是，在形成作战能力方面，军方将加快采用敏捷采办，利用实验和原型化加快新技术研发与能力的形成，并支持国防工业的能力提升。除核心思路外，前面介绍的美国优先发展颠覆性技术的做法，以及对技术的针对性选择和发展部署也值得我们思考和借鉴。

认真研究和应对第三个抵消战略

为捍卫我国国家安全和发展利益，我们应认真研究第三个抵消战略，从加强装备体系建设、布局创新技术发展、实施军民融合、增强工业能力等方面，做出全面应对。特别是要比之前任何时候都更加重视有可能引发重大影响甚至是颠覆性影响的技术的研发；国防工业部门要借军民融合的大势，眼睛向外，从民口单位发现、识别、培育和获取适用的先进技术。最近我连续写了几篇关于颠覆性技术的文章，也是力图引起更多人对技术发展的重视，关于这一点，我们过去认识不到位，做得不够好，现在则是无论怎么强调都不过分，且务求下大功夫、取得实际推进。

当前国内外环境的变化为我们有效应对第三个抵消战略提供了可能，大力推进以科技创新为核心的系统性国防军事创新，加快提升我国综合国力和科技工业能力，持续增强我军反侵略（anti-aggression，A2）军事斗争的准备以求制胜，这是我们的光荣历史使命。

决胜未来的下一代战斗机①

对于未来战争中的空中优势如何定义，未来新型作战飞机如何发展的话题，可谓众说纷纭，莫衷一是。从美国空军的动态来看，未来夺取制空权所依靠的恐怕不是单一的六代机，而是一个高度网络化的，可组合、可裁剪的装备体系。

空军制空理论是意大利军事战略家朱里奥·杜黑（Giulio Douhet）提出的。他预见到“飞机这一新技术成就用于战争，必将引起战争的革命，将出现新的武装力量——空军，新的战争领域——空中战场，新的战争样式——空中战争”，并于1921年出版了《制空权》一书，创立了以制空权为核心的空军战略理论系统。杜黑提出的“固守过去不会对我们的未来有什么教益，对未来必须从一个新的角度去研究”“胜利对那些能预见战争特性变化的人微笑，而不是对那些等待变化发生后才去适应的人”等观点，对于今天的战略与规划制订仍具有指导作用。我们应深入研究技术发展的趋势和未来战争的特点，及其对战斗机发展的影响，从而正确把握未来夺取制空权的装备的技术走势。

美国推迟六代机研制计划

作为一类装备，战斗机的传统使命是消灭空中和地面敌机、夺取制空权。迄今，战斗机已发展了5代。21世纪初，第五代战斗机（简称“五代机”）开始服役，其典型技术特征可以归纳为：高度信息化、高机动性、超声速巡航、低可探测性和短距起降能力；采用翼身融合

---

① 本文写于2016年11月8日。

和具有隐身或部分隐身能力的气动布局；部分复合材料的机体结构；配装推力矢量且推重比为10一级的航空发动机，飞机起飞推重比超过1.0；机载火控系统采用可同时跟踪和攻击多个空中目标的多功能火控雷达（有源相控阵雷达）；机载武器采用具有大离轴角和发射后不管能力的空空导弹。其完成作战使命的综合能力达到了一个全新的高度。

在五代机形成初始作战能力后，美国六代机的研制工作也随即展开。其主要缘由：一是美国全球战略（全球警戒、全球到达、全球力量）需要保持空中力量的绝对优势。二是为保持技术的领先地位，2007年10月，美国空军率先开始研究六代机的具体需求。随后，美国海军也在“下一代空中优势”计划框架下，对海军型六代机的能力需求进行评估。经过前期论证，美国空军和海军分别在2010年和2012年发布了六代机信息征询书。波音公司、诺斯罗普·格鲁门（诺格）公司和洛克希德·马丁（洛马）公司对此做出积极响应，分别提出六代机概念方案。波音、洛马方案的特征被概括为“六超”，即超扁平外形、超声速巡航、超常规机动、超远程打击、超维度物联、超域界控制。诺格方案则突出隐身、无尾、后掠翼、使用激光武器、能与多个目标交战等特征，称有望带来机动性、速度和隐身的新突破，并强调热管理技术对确保机载激光武器多次快速连续发射的极端重要性。

按照最初的研制计划，美国六代机应在2015年立项，2020年开始研制，2025年左右首飞，2030年左右列装部队。但事实上立项和研制计划并未如期实施，因为在军界和决策层出现了一些不同的声音。有部分人士认为，目前勾勒的六代机图像并未体现出比五代机更显著的跨代特征，可以用恢复F-22生产并加以必要改进来满足需要。同时，他们认为，战争样式发生了重大变化，传统的制空观和空战战略遇到了新的情况，加之新的技术在飞速发展，应当对这些技术加以分析和研究，重新定义作战飞机的作用与概念。

现有机型的后继机型或将不是所谓的“六代机”

美国空军已经推迟了六代机的研发工作，并正远离六代机的概念，转而去寻找一种完全不同的未来空战方式，同时全力推进多元化的多项技术的研究，如新的航空发动机、机身设计、定向能武器和高超声速导弹，以期研发出一个“武器家族”。根据美国空军近期发布的《2030 年空中优势飞行规划》，空中优势仍为美国空军能力的核心。空中优势的获得需要空战、全球打击、压制敌方防空、情报监视侦察、赛博空间安全、空间 / 空中机动、后勤和基地保障等能力的支持，从而提供空中和空间行动自由、在敌方领土作战、介入全球公域、支持伙伴和盟友及国土防御等作战能力。只有高度网络化、具备综合功能的武器组合系统才能够应对未来的威胁，而不仅仅是一两个开发时间漫长的新型作战平台。空军未来可能需要拥有一种新的作战平台，但这不是实现空中优势的唯一答案，而高度网络化并依靠赛博空间的“系统之系统”（system of systems，或称“体系”）将成为其保持优势的方式。所以，其中的关键元素可能并不是 F-22 的后继机。

事实上，美国空军反对使用六代机的概念来描述这种新平台，以免人们将其狭隘地理解成五代机的后继机型。《2030 年空中优势飞行规划》表明，新的平台应是具备以下特征的、更广泛系统的组成部分：可大量制造和部署的廉价、准一次性使用的无人机；增强的当前突防作战和防区外作战能力；提供连通性、导航与瞄准的空间系统；向所有已有系统快速进行优先技术的插入。新平台的关键在于大的航程和更高的有效载荷。类似 B-21 轰炸机的装备将成为寻求未来空中优势的一个选项，而速度和敏捷性在 2030 年及以后的空中战斗中仍有价值。

充分关注无人机和空天一体技术发展

在研究新一代作战飞机发展时，需要高度关注无人机和空天一体技术及其装备的发展。无人机较之常规有人机，可以突破人的生理极限，免除了复杂的人机界面和生命保障系统，使飞机的航程、航时、机动性等指标发生革命性变化。目前，无人机在侦察、监视、防空系统压制、目标指示和时敏打击[①] 等方面已经得到应用，无人机运输、

① 时敏打击指对时敏目标，即时间敏感目标（TST）的打击。TST 指那些可移动、机动并具有很短“时间打击窗口”的强时效性目标。

对地攻击、协同作战技术不断取得突破。美国X-47B无人机已成功验证在航母上的起飞、着舰和空中加油。无人机正在加快完善型谱系列，有可能全面覆盖有人机空域、速域、时域，而在速度更快、高度更高、航时更长等方面会超越有人机。

随着无人机任务能力的不断增强，无人机将从作战支援装备上升为空中主战装备，并将推动形成新的作战使用模式，如有人/无人协同、子母机、无人机集群作战等。由于无人机对环境的准确感知和灵活反应能力不如有人机，致使其无法执行相对复杂的作战任务。要满足高端作战尤其是空战的需要，重点应开展创新的气动布局、控制技术、集群组网、指挥控制等方面的技术研究。其中，自主控制技术尤为重要。若取得重大突破，将有可能获得以实时感知和自主决策为特征的实用技术群，届时代替有人机的智能化作战无人机将成为现实。

随着现代科学技术的进步和未来战场的不断拓展，传统意义上的空中作战将发生根本性的变化，空天力量一体、空天战场一体成为趋势。在未来战场上，有可能装备可常规起降、快速灵活进入空间并可随时再入的空天作战系统，以夺取制空天权。预计2030年左右，超燃冲压发动机、涡轮/冲压组合发动机将实用化，空天飞机也将获得重大突破性发展。

由于空天飞机的能力与美国全球到达、全球打击的战略高度契合，因此在美国空军一系列关于未来军事装备的研究报告中，均建议把空天飞机作为今后20～30年最重要的武器装备之一进行研发。自20世纪90年代中期以来，美国曾先后研制了多种技术验证机，所获取的技术将直接服务于空天飞机研制，迄今这项工作仍在继续。

构建创新的制空权装备平台

如果把无人机与空天一体这两个重大动向结合起来，在空域、速域、航时等方面均有所突破的无人作战飞机将很快出现。如果再把网络、武器、通信等相关技术与新型平台相结合，其作战效能将会有质的提升。新技术集群的实用化，将引发新型作战平台的构建，并可能改变空战方式。实际上，为适应未来速域、空域等显著改变的空战环境，新型作战飞机的概念正在转变。相应地，设计理念和追求的目标也在改变。战斗机传统属性中的一部分，如速度、高度、航时等，将大大提升，而机动、隐身等的要求，或降低，或取消，或易于实现；而另一些属性，如能源、武器、传感器等将产生重大改变，在设计中的重要性与地位将显著提高。

如此一来，新型平台甚至极有可能类似变形了的轰炸机，如《2030年空中优势飞行规划》中所说的“类似于B-21轰炸机的装备”，甚至可能是不同配置的同一类或同一种平台，如果执行空战任务，只需换装适合空空作战的任务载荷。并且，由于未来更加强调体系化的作战，新型平台将由原来的单独作战装备，变为整体作战体系中的一个节点，因而必须具备良好的空天地信息融合能力。

综上，未来夺取制空权的装备可能不是单一的、作为五代机后继型的六代机，而是一个可组合、可裁剪的系统，是一个成长于空天一体新使命空间、能适应复杂对抗环境、具有空天地信息融合能力的多任务能力系统。其形态有可能是融传感器、武器于平台的一体化智能无人系统，也有可能是基于一种基本平台、有人/无人两种状态、机内/机外两种控制方式的多功能通用系统。也许那个时候，我们就真的不称之为“六代机”而应改称为“21世纪全新多功能作战飞机系统”了。

迫在眉睫的海军装备空基化①

2017年4月23日，是中华人民共和国人民海军创建68周年纪念日。

值此国家海洋权益日益重要、南海东海风云激荡之时，国人比任何时候都更为关切海军建设，真情地以各种方式为人民海军庆生。

中华人民共和国成立前的“海洋日志”充满屈辱，鸦片硝烟、甲午海战，留给我们的只有丧权辱国的记忆。

人民海军与中华人民共和国同年诞生，经历68年的奋斗，已由单一的水面舰艇兵力发展成为由潜艇、水面舰艇、航空兵、陆战队和岸防部队五大兵种构成，并具有核常兼备双重作战能力的战略性、综合性、国际性军种，成为一支能够有效捍卫国家主权、安全和发展利益，有效完成多样化军事任务的现代海上作战力量。从驱逐舰部队成立到海军航空师组建，从核潜艇下水到水下发射运载火箭成功，人民海军的力量伴随着共和国综合国力的提高而增强，人民海军正在实现从近岸防御向近海防御与远海防卫相结合的战略转型。

进入21世纪以来，人民海军的建设步入新阶段，以2004年8月中央批准航母工程立项为标志，人民海军的一个新时代——航母时代起航。2011年8月，航母平台完成出海试航；2012年9月25日，被命名为“辽宁舰”的中国第一艘航母交付海军；2012年11月23日，我军飞行员突破滑跃起飞、阻拦着舰等飞行关键技术，驾驶国产歼-15舰载机首次成功起降“辽宁舰”；此后短短四年时间，已形成初步战斗力。在为海军庆生之时，第二艘航母、也是真正意义上的国产航母在大连造船厂下水在即。同时期，海军的进攻防御、兵力运

① 本文写于2017年4月24日和30日。

送、战略支援、航线护卫等能力也在协调配套快速发展。

中国海军拥有航母和舰载机，是一个惊天动地的大事件，是中国几代海军人的梦想，也是大国强国的象征。而以此为标志，海军装备体系建设中航空装备的地位、作用和规模问题，特别是基于空中平台、具有一定强度和精准度的远程打击和信息作战能力的建设，更成为重大的战略问题，进而引发海军装备空基化的概念和实践。

空基化，就是以空中装备为平台，发展和建设相应作战能力。据我所知，海军装备空基化是第十一届全国政协委员、海军信息化专家咨询委员会主任尹卓少将早在2004年就提出的。初时，认识并不一致。经过10余年来的军事理论研究和装备体系建设的实践，各方对此概念和实现路径已基本形成共识。我曾和尹卓先生同为原总装备部国防系统分析专业组成员，并有过一些工作交集。为写此文，我专门同他通话，他对我的求证予以认可，并认为可以也应该就此进行公开讨论，让更多人知晓和关心。

尹卓认为，舰船是两维机动的装备，而航空器是以三维机动的方式运动，会带来更大的作用空间。在特定的海洋战场或海基对地攻击战中，不能只靠舰艇来制胜，还必须依靠来自空天的强大火力。三维配置，可获得效能倍增。即使是信息装备，也有升空优势，例如同样一部雷达，放在预警机上，其探测范围比在舰船上要高数百倍。从第二次世界大战以来，海军在发展航空兵，传统的陆军也在发展航空兵，空基化发展是大趋势。提出海军建设要走空基化道路，是符合装备发展规律，也是符合我国海军建设实际需求的。

近年来我国海军建设走上了快车道，而航空装备是海军装备的重要组成部分。在“十三五”“十四五”期间，航空兵是海军发展的重点之一；其中，航母工程是重中之重。从现状来看，我国海军战斗力最薄弱的环节是航空兵。海军航空兵有两部分，一是岸基航空兵，二是舰载航空兵。从我国国情出发，海军发展要“两条腿”走路。但要走向远海，维护海洋利益，保障国家持续发展，就必须要有舰载航空兵。

海军舰载航空兵的打击能力来自天基和空基两部分，第一步要主抓空基能力。要打造空基平台，首先需要的是执行作战任务的舰载战斗机。

根据对我国周边环境和海军使命任务的认识，至少应配备双航母战斗群。双航母战斗群的载机量约为百架，其中舰载战斗机应在60架左右，以确保获得特定战场制空权，并实施高效精准打击。

此外，还需要舰载预警机、舰载专用电子战飞机、舰载固定翼反潜巡逻机、两栖突击直升机、舰载武装直升机、反潜直升机等适合舰艇需要的多机种机型。海军航空兵建设在弥补机械化不足的同时，也正在大力加强信息化建设，首先是空基信息能力。如发展大型空中战场信息平台，同海基、陆基系统相配合，进行战场监视、战况判断、火力指控，以及对远程打击武器提供目标指示、中段修正、通信中继等能力，以支撑海上作战任务的完成。

对海军战略转型的迫切需要，对海军发展空基化的重要趋向，中国航空工业应有充分的认识和足够的紧迫感。海军空基化，同时也是航空工业的光荣使命，又是航空工业发展的历史机遇，我们理应有更大的作为，从战略、规划、计划到研发、产能、支援保障等环节，做出全面响应；同心勠力，千方百计，加快新机研制，加大生产规模，以不辱使命。

在海军空基化发展的进程中，我们已经向海军奉献了以“飞豹”、歼-15为代表的一批先进航空装备，以歼-15现场总指挥罗阳为代表的英雄牺牲于海军发展的主战场，不朽业绩和不朽忠魂将永存，我们的新贡献也必将彪炳史册。

祝愿人民海军获得更大更快的发展！

谨以此文为人民海军庆生致贺！

谈了海军装备发展的空基化趋向，意犹未尽，下面再谈空基化。我学习和思考的逻辑是，从战争目的和经典的制空权案例出发，分析当代达成军事目的的手段的变化，而对制空权做出新的诠释，进而提出我国海军制海权和制空权两权并争的战略使命，以及空基化是普遍性发展趋向。

战争的目的

人是地球上最好战的动物，无论是同类相残（如纳粹屠杀犹太人），还是对其他生命的剥夺（如日本人捕杀海豚），其凶残和暴戾，都无以复加。作为声称是高等文明智慧动物的人类个体，面对这些赖都赖不掉的铁的事实，我感到尴尬和汗颜。在国家和政治出现后，这种好战升格为有组织的暴力行为，于是有了战争，成千上万的人相互厮杀；也有了正义战争与非正义战争之分。为了对抗非正义战争，为了正义的事业，为了保全和扩展多数人的利益，有时不得不祭起战争之器。但愿有那么一天，在这颗孤独的蓝色星球上，孤独的人类永远告别战争。

战争的目的，不论是政治的，还是经济的，都是要使己方利益最大化。其本质就是保存自己，消灭敌人，包括在肉体上的消灭。战争成了谋求和维护己方利益的特殊手段，成了政治的一种形式，或称战争是政治的延续。

当代战争已开始不追求消灭敌人肉体的绝对数量，而转变为对其首脑、中枢、要害等重点部位的打击，使其丧失反应和抵抗能力，或摧毁其意志，而屈人之兵，征而服之。

杜黑的制空权

很遗憾，现代航空诞生后的初始发展动力竟是军事应用。早期，敌对双方站在升空的平台上，持枪搏击；或利用升空优势，去观察战情。之后，一系列技术进步催生了不同机型，例如，机枪射击同步协调器的发明结束了滑稽的空中格斗，进而促成真正意义上的战斗机的诞生，也使人们意识到三维作战远比平面作战更高效，意大利的杜黑（Giulio Douhet）所创立的制空权理论反映了这一认识。

杜黑认为，飞机速度快，作战半径大，打击能力强，飞机用于战争后，使作战空间不再局限于地面、海面，不再局限于大炮的射程。利用飞机去获取战场优势，保证自己的飞行和遂行作战任务，从而阻止敌方在战区上空飞行，即获得制空权，变得十分重要。他预见到，在未来战争中，空中战场将是决定性战场，空中力量将是决定性力量。应该建立空军这一独立军种。

同时，杜黑还认为，未来战争是动员全民，以国家的全部资源、能力和信念进行对抗的战争，是一场总体战，对后方居民和经济目标的打击也是战争必要的手段。飞机的出现导致战争的特性发生变化，战场将扩至交战国的境内。面临无情空中打击的国家，其社会结构可能会瓦解，其国民出于自我生存的本能，为终止恐怖和痛苦，将会起而要求结束战争。

制空权的扩展

杜黑的制空权理论，反映了人类社会进入飞行时代后，战争行动从海/地平面向空中立体化发展的历史趋势。问世以来，对各国空军的建立发挥了根本性的重大作用。尽管有人持不同观点，认为不应把制空权夸大到决定战争胜负的地位，并指出，空中攻击和轰炸可以重创对方，但最终胜利还需地面部队，还要靠综合军力与国力。但第二次世界大战以来的历史进程，已在总体上印证了杜黑理论的正确性。从第二次世界大战中对德国、日本的战略轰炸、开辟独立空中战场，到第三次中东战争、以色列对阿拉伯邻国的空袭，再到海湾、科索沃等局部战争的战例，都生动诠释了现代战争中空中力量的重要作用。

今天，战争立体化趋势方兴未艾，临近空间（20～100千米）和更高空间（含大气层外）正成为人类厮杀的新战场。由于各国的利益博弈，目前国际上尚未对国家领空做出明确界定。20世纪50年代，国际航空联合会（Federation Aeronautique Internationale，FAI）定义，距地面100千米高度为卡门线，卡门线以下为空气空间，卡门线以上为外层空间。目前，在事实上，多将外层空间视为公共空间。

在这种博弈态势和技术驱动的双重作用下，临近空间及更高空间的军事战略意义凸显，而由杜黑发端的“制空权”不仅更加重要，而且正快速扩展为“制空天权”。对于“制空天权”的理解，应涵盖“存在”和“使用”两方面的能力。即，一方面，具有覆盖极大跨度（从空气稠密到稀薄直至大气层外）高程、不受约束的巡航游弋、快速机动及情报获取、侦察监视、通信中继等信息能力；另一方面，拥有伺机而动、如“天火霹雳”般防不胜防、上可反导

（弹道导弹）反卫（星）、下可外科手术式清除的精准而高效的打击能力。

补上制海权缺失之课

为了自立于世界先进民族与国家之列，我们必须关注和大大加强海军建设，补上制海权缺失的这一课。当年，美国阿尔弗雷德·塞耶·马汉（Alfred Thayer Mahan）用他的《海权论》，描绘和解释新的国际秩序蓝图，他的“争夺海上主导权对于主宰国家乃至世界命运都会起到决定性作用”的观点，经百年而不衰，深刻影响了葡萄牙、西班牙、荷兰、英国等一批海权强国；而当今世界霸主美国也以此为海外扩张的理论依据，在多位总统的强力支持下，持续加强海军建设，以航空母舰群的配置为中心，营造了强大的海军航空力量。如果说，在北美版图上美国是车轮上的国家，那么在世界版图上，美国就是可以飞起来的海上军事武装力量的别称。

海权论问世至今，重视发展海上军事力量的世界格局从未改变。美国等海权大国强化力量，咄咄逼人。我国周边的沿海国也倾力发展海军，日本拥有亚洲最强大的海军力量，印度也已拥有可以在地区称霸的海上力量。不幸的是，我国却长时间处于这一世界格局之外。由于在理论上漠视海权论符合科学规律的认知，仅仅固守近海防御，致使海军建设严重滞后，造成与我国大国地位极不相称的局面。张召忠同志近日在电视节目里说到过去长时间里，我国海军无地位、被人瞧不起时，流下委屈的泪水，忧国真情，令人动容。现在，是彻底结束这一局面的时候了。

建设强大的人民海军，实施近海防御与远海防卫相结合的战略转变，以应对当前及今后长时期严峻的海权形势，已成国人的共识。中国真正走向全球、中华民族实现伟大复兴，必须打破海上的枷锁。制海权已是中华民族必须直面、必须解决的大问题。而为了获得制海权，就必须拥有制空权；实现人民海军制海权和制空权两权并争、舰艇装备与空基化并重发展时不我待。为此，我们必须坚持十数年甚至数十年的努力，不松懈、不动摇，建设起一支与大国地位相称、能满足国家利益发展需要的强大人民海军，并以空天能力的跃升去支撑和护卫向蓝海和深海的奋进。

普遍性空基化趋向

在身为海军少将的尹卓先生提出海军装备空基化的概念后，我国海军逐步达成共识并大力推动之时，我国陆军也在实施大规模的空基化发展。陆军提出，要突出战略谋划、整体协调；不断优化力量结构和部队编成，提升数字化、空中突击、特种作战等新型作战力量比重，以新质战斗力助推陆军体系作战能力跃升。为此，大批量装备武装直升机，配以一定数量的固定翼飞机，实现全域机动和空中突击，成为新时期陆军装备建设的重点。承担反恐、缉私、救援等任务的武警和有关机构，为更好地履行使命，特别是处置突发事件的非战争军事行动，同样需要加强空基化建设。

普遍地说，空基化的含义就是利用空中装备构建能力。综合各方基本需要，集中体现在作战和支援两方面。在各自体系内，与其他装备配合，在需要时，实施高效精准的空中打（突）击，提供稳定可靠的空中信息支持，实现兵力和物资的快速空运，可视为空基化的三大共同使命。

展望未来，空基化的趋势将更加普遍和明显，进而必将有力地助推我国国防建设和武器装备现代化。

美国无人机实战表现究竟如何？①

美军在巴基斯坦、阿富汗、也门、索马里等国家，以反恐的名义把军用攻击无人机的使用推上极致。

当今使用的无人机实为机外驾驶或操纵、遥控式或程序预置式飞机，如果携带武器执行打击任务，则成攻击型“无人机”，但其部分过程甚至全过程都在人的掌控之下。

最近公映的一部英国电影《天空之眼》（*Eye in the Sky*）形象而真实地展示了此类无人驾驶飞机投放导弹、定点清除恐怖分子的作战过程。被事先锁定的打击目标——“秘密基地”竟是一所民居，而一名卖馕饼的女孩则不幸跑进了事先规划的攻击范围，最后的结果是悲痛欲绝的父母抱起被“误炸”而亡的女儿。

美军在巴基斯坦、阿富汗等国频繁使用的无人机，或遥控，或程序控制，其作战使用依赖于频繁的人机交互，对目标的打击主要以人在回路的方式实现，即无人机执行作战任务时，将机载传感器获得的侦察图像远程传回地面站（或在基地，或在本土），由地面站驾驶员/操作员从图像中识别目标，比照和结合原已获取的情报信息，做出决策（决策可能来自上峰），确认攻击。

这种打击方式，将己方置于绝对安全的境地，而表现出显著优于有人机的战力，也取得不少成功战例。但由于战况多变、情报失真、判断失误等多种原因，总体实战结果并非尽如人意，特别是在定点打击、难以辨识敌人与非敌人时，经常发生严重的误炸误伤，使得这种方式广受诟病。

我原已知晓关于误炸的严重性，但当看到英国非营利机构新闻调

---

① 本文写于2017年5月30日。

查局（Bureau of Investigative Journalism）在网上（https：//www.thebureauinvestigates.com/projects/drone-war）披露的数据后，仍为之深深震惊。

网上内容揭示，美国在索马里、阿富汗、也门、巴基斯坦四国境内，分别自 2007 年 1 月、2015 年 1 月、2002 年 1 月、2004 年 1 月，均截至 2017 年 5 月（新闻调查局开始调查的起始年份不同），被证实的总攻击次数至少 2278 次，造成死亡 6366 ～ 9208 人。其中，平民 739 ～ 1407 人（儿童 240 ～ 307 人）。由于在阿富汗的起始调查时间是 2015 年，实际总数将高于上述数据。

由于打击效果评估的复杂性造成死亡数据只是一个区间，我理解这里的不确定性。重要的是，在上述死亡人数中，除了已确认的平民外，有多少真的是敌人呢？按美军的认定，凡在武装设施内的适龄从军者的尸体，皆统计为敌人。而事实上，大部分被打击目标并非武装设施，当然更不能把丧了命的适龄从军者都视为敌人。

据新闻调查局 2014 年 10 月的一份报告，4% ～ 12% 的死者能认定为武装分子（即便如此，也非罪皆当死）。来自其他机构的分析结果也类似，以此推算，超过 90% 的死者，都是“殉葬者”。我曾经看过中央电视台的一个节目，其中介绍到无人机定点杀伤的代价是 1∶50，即每消灭一个武装分子要造成 50 个“误伤”亡者。看来这个数据虽然惊人，但基本靠谱。

巴基斯坦前总理米安·穆罕默德·纳瓦兹·谢里夫曾多次要求结束这种打击，指出：“使用无人机不仅是对我们领土完整的不断侵犯，而且也损害了我们消除我国恐怖主义的决心和努力。”白沙瓦高等法院裁定，这些袭击是非法的，不人道的，违反了《世界人权宣言》，构成战争罪。世界和平人士把这些密集、不受约束的攻击称为“无人机战争”（drone warfare），并称无人机是“杀人机器”（killing machine）。

这里，就技术而言，误伤的原因一是情报不准确，二是操作程序失误，三是所有现役无人机均无自主能力，无法根据实际情况自动变更任务规划。

而在政治上，攻击无人机过高的误伤也给人们带来深深的忧虑。面对“自己不活，也不让别人活”的恐怖分子，面对汹涌的极端民族主义，全球打击与遏制成为主流的正义之声。对此我们当然不能行宋襄公式的假仁假义，但在果断消灭高价值敌对目标、以避免更大杀戮时，究竟应该承受什么样的附带牺牲？多大的代价才是可以接受的呢？

美国宪法中对所有美国人民赋予的基本权利，包括未经法律程序不能剥夺生命的权利，对于其他国家的人民不也一样应该适用吗？有人说，这是战争。可是，受打击的目标所在国并没有同实施打击的国家开战。而且，所在国一再强烈反对这种无视别国主权、自由进出别国领空的行为。弱国无外交、弱国无国防的残酷现实，再次得到鲜活的印证。

从 2001 年悲惨的“9 · 11”事件发生，以及此后的全球性反恐至今，已快 17 年了，对恐怖主义实行的包括无人机在内的各种打击和清剿似乎并未如愿，恐怖主义如荒原野火，仍然肆虐和蔓延。是时候反思反省，去寻找更好的、更具有根本性的消除地区贫困、消解民族怨愤的全球性方案了。

无论如何，面对在无人机打击下的众多冤魂，特别是被杀戮的天真烂漫的儿童，我们至少应该做到“慎用、慎用、再慎用”攻击型无人机吧！

科技杰作的商业败局①

科技成功未必商业成功。对商用飞机而言，商业不成功就不是真正的成功。在航空史上，就有这样两款商业失败的科技杰作。它们都达到了问世时航空科学技术的至高水平，却因商业不成功，导致黯然退出或正在退出的结局。

一款是过去式，已有定论；一款是现在时，尚需拭目观之。

这两款“杰作”就是“协和”超声速客机和空客A380巨型客机。

我无缘乘坐这两款客机，但有缘得见：昔日，在法国戴高乐机场目睹停机坪上的“协和”，在图卢兹空客总部参观研制中的A380样机。“协和”那修长的机身，微微下垂的机头，英姿飒爽，堪称空中“美男子”。而A380那惊世骇俗的巨大机身，美轮美奂的机舱双层布局与内饰，宛若会飞的豪华游轮。

在写出以下这些文字前，首先，我要以真诚的心，向在那个非凡年代研制出这两款“杰作”，为同类飞机研发做出贡献，甚至付出生命的前辈同行们致以深深的敬意。一代代志士仁人的艰苦奋斗和英勇牺牲，经年累月的不断突破与持续积累，才成就了航空事业今日之辉煌。评说昨日，汲取教训，是为了把今天的事情干得更好，并创造更美好的明天。

20世纪中叶，是航空科技突飞猛进的年代，最突出的成就之一就是在超声速领域的技术突破。那时，“快”是航空业的绝对主题，世界航空界洋溢着追求“快”的热力。美国、欧洲、苏联三款超声速客机项目同时推进——美国波音的2707项目，英国、法国联合的“协和”号，苏联的图-144型，且都是在政府层面展开竞争，近乎疯狂。

① 本文写于2018年5月27日。

波音的 2707 项目

在第一代喷气客机之战中，美国大获全胜，以 1958 年交付使用的 B707 为代表，世界民用客机步入喷气时代。几乎与 B707 交付同时，波音公司组建了超声速客机研究小组。1963 年，时任总统肯尼迪下令启动美国的超声速客机计划，目标是 250 ～ 300 人载客量和 3 倍音速，航程覆盖北大西洋和太平洋航线。

在波音公司的内部竞争中，变后掠翼方案胜出，代号波音 733，后改称 2707 项目，既有 21 世纪的含义，又与里程碑机型 B707 暗合。波音公司那时对 2707 的重视程度远超 B747，以致乔 · 萨特（B747 总设计师）多次表达了对在人力与财力分配中慢待 B747 的强烈不满。

在项目艰难推进的过程中，波音公司终于意识到噪声和音爆问题，在那时的技术条件下无法完全解决，而提出的飞机性能指标也太过超前，无法如期实现。内外原因综合施力，1971 年 5 月，美国国会拒绝继续为该项目提供财政支持，由此直接导致了该项目的终结。

以今天的眼光看，幸亏 2707 项目急流勇退，才使波音公司避免了更大的无谓浪费，并得以集中力量，促成 B747 的巨大成功，延续了“老店”的辉煌。

英、法联合的“协和”号

当时的欧洲，空中客车公司尚未出世。面对美国在喷气客机上的咄咄势头，以及军机已实现 2 倍声速的技术进步，为抢占竞争优势，法国总统戴高乐和英国首相麦克米伦亲自推动两国在超声速客机领域的合作。1962 年 11 月两国签订超声速运输计划（supersonic transport program，SST）合作协议。两国政府平摊研制费，戴高乐还亲自为计划研制的飞机取名“协和”（concorde）。

这款 120 座、2.02 倍声速的中程客机，于 1969 年首飞，1976 年投入运营。英、法两国政府在该项目上的实际投资，超过 8 亿英镑

（最初预算为1.7亿英镑）。1977年时，单机售价2300万英镑（4600万美元），也大大超过预计价格600万英镑。根据预算，要售出至少64架才能盈亏平衡，后来发生的一切，使这一目标的实现成为泡影，开发成本根本无从收回。

在英、法两国的共同努力下，“协和”如期完成研制，也如愿地实现了超声速飞行。但由于音爆、起飞噪声等问题，其飞行被限定在非人口稠密区上空，只能飞以海洋路径为主的航线。加之，发生在1973年的石油危机推高国际油价，使“协和”失去了绝大部分意向用户。到最后，只有英国、法国两国自己的航空公司购买，且以政府提供贷款的形式购入。原本计划卖出至少200架，但实际上，直到退役，“协和”总共才生产了20架，其中仅有14架投入运营。

环保性差是“协和”的致命伤，且由于燃油消耗高，造成经济性也差。没有足够的订货，又进一步加剧了项目的商业危机。在经济性上，一个对比数据是，载400人的B747和载100人的“协和”，在飞越大西洋时，所消耗的燃油等量。当然，“协和”赢得了时间，从西欧飞往美国东海岸，“协和”的飞行用时（3.5小时）远短于两地时差（6小时），而成就了“跑过时间”的趣谈。

“协和”的安全性很好，到2000年，安全运营24年。而一场主因并非飞机的空难，成了压垮“协和”这匹骆驼的最后一根草。2000年7月25日，“协和”班机AF4590在戴高乐机场起飞时，卷起前架航班飞机遗落在跑道上的一根金属条，造成爆胎，轮胎破片击中机翼油箱，燃油泄露，引发大火，飞机在起飞数分钟后爆炸，坠毁于机场附近，机上人员全部罹难。

在停运又恢复、勉力支撑了不足3年后，终于，2003年6月14日，在巴黎航展上，“服役”27年的“协和”正式告别蓝天。一代名机就此谢幕。

苏联的图-144型

其时，苏联也在拼命发展他们的超声速飞机。图-144项目，甚至可以看作是那个年代东西方“阵营”间竞争的一个政治产物。为了表明“你行我也不差”，活脱脱搞出一个面子工程，著名飞机设计师图波列夫受赫鲁晓夫指示，要求尽快研制出超声速运输机。

该机仓促上阵，但1968年12月即实现首飞，比“协和”还早两个月。虽按计划研制出来了，但油耗高，振动大，在货运还是客运的定位上游移不定。如果货运，要那么高速度作甚？如果客运，不解决经济性和舒适性，何以能被接受？带病出征的图-144注定前景勘忧。

1973年6月，该机在巴黎航展进行飞行表演时，因试图避开一架法国的摄影飞机而失控坠毁，机上人员无一生还，包括该项目的一位主任设计师。1975年12月投入试用后，又发生两起事故。其载客服务仅半年就不得不停止，提前结束了短命生涯。货运和邮件服务则延续至1987年。

图-144只生产了17架，比“协和”还少3架，更谈不上商业成功。

教训与回归

插上“翅膀”的人类，在将活动空间扩展到第三维时，同时赋予飞行以“快”的追求。由于速度效应，空间被压缩，距离似乎变小。

发端于20世纪六七十年代那场超声速民机飞行的奋斗，给了我们巨大的信心，同时也给了我们深刻的教训。

教训之一，应全面理解技术的先进性及其相互影响、相互依附的关系，只追求单项技术，如速度提升等的技术进步，而忽视环保性技术与支持经济性的技术进步，不重视技术权衡与集成，不可能得到真正的技术成功。

教训之二，商业航空的生命线是在确保安全性前提下的经济性，赔本赚吆喝可以支撑一时，但绝不可能长久，即便是国家意志的产物。

在20世纪超声速运输机归于沉寂后，进入新世纪以来，新一轮超声速运输机研发热潮正在兴起。近年来，在安静型低噪声布局和动力技术方面取得重大技术进步。可以预见，超声速运输机从小型到中型，再到大型，卷土重来，时日不远。

两天前，读到一则关于美国国家航空航天局组织开展安静型超声速技术验证的资讯。2018 年 4 月，美国国家航空航天局授予洛克希德·马丁公司一项价值 2.475 亿美元的合同，用于研制 X-plane 验证机，计划于 2021 年年底交付阿姆斯特朗飞行研究中心，进而开展验证试飞，重点在于研究公众对低声爆的接受程度，获取足够的飞行试验数据，以说服适航当局解除在大陆上空进行超声速商用飞行的禁令。

X-plane 的设计关键在于其独特形状的机体，使分别来自机头和机尾的激波远离飞机，阻止它们聚集，以消除音爆现象。X-plane 飞机构型基于 2016 年授予洛克希德·马丁公司的另一份合同，初步设计现已完成。飞机长 28.65 米，翼展 8.99 米，满油起飞重量 14.65 吨。在巡航高度 16 764 米时的设计最大速度 1.5 马赫，使用一台通用电气的 F414 发动机。

该项目分为三个阶段，暂定时间表如下。

第一阶段，2019 年对飞机布局进行关键设计评审，2021 年完成制造，进行试飞鉴定，验证飞机的飞行安全和性能要求，交付给美国国家航空航天局。

第二阶段，2022 年美国国家航空航天局组织进行 X-plane 的超声速测试飞行，以证明安静的超声速技术符合设计预期，其性能完善，在国家空域系统中可安全运营。

第三阶段，2023 ～ 2025 年，从阿姆斯特朗飞行研究中心开始，进行多个城市的社区飞越与测试活动。收集有关社区对飞行的反馈数据，以支持对现行限制性规则进行修改。

除了美国国家航空航天局同洛克希德·马丁公司的合同外，美国的 Boom Technology 公司也在争取英国维珍大西洋航空公司及日本航空公司对新型超声速客机的资金支持，Aerion 公司和空中客车公司也正就此展开合作。有报道称，我国的携程旅行网也与 Boom Technology 公司达成战略投资意向，助力其超声速客机的研发。多么希望更多中国公司能以战略眼光和大手笔运作，来支持我们本国的航空事业发展啊！

美国联邦航空局（FAA）顺应这一研发热潮，为了推进新一代喷气式超声速客机投放市场的进程，已经明确表示将重新修订关于超声速客机噪声等方面的规定（现规定仍停留在2003年停止飞行的“协和”式飞机标准），并希望简化超声速客机试飞的许可程序。美国联邦航空局计划在2018年年底提出议案。

尽管还需要进行大量工作，但可以期盼不允许在陆地上空进行超声速飞行的行业禁令将会解除，更快速、更绿色、更经济的超声速商业飞行，即将实现。人类重返超声速运输时代的那一天，也即将到来。

如果说20世纪的那场关于“快”的往事，已经有了结论和共识，新一轮“快”的研发活动，也已开启，那么，关于“大”的竞争，也有不少现象值得思索与探究。

A380的成就与困窘

为直面波音747的成功带来的挑战，2000年12月，空中客车公司的持股者——欧洲航宇防务集团（European Aeronautic Defense and Space Company，EADS）与英宇航系统公司（BAE Systems）两集团共同宣布，投资88亿欧元研发A380，后追加预算到120亿英镑。此前，空中客车公司已开展了数年技术研究。

2007年10月，A380这款四引擎、555座级超大型远程（航程15 200千米）宽体客机实现首次商业飞行。

由于优良的气动设计，使用新一代发动机，采用更多的复合材料，减轻了飞机的结构重量，使A380的油耗和二氧化碳排放都更低。它是世界上首架每乘客（座）百千米油耗不到3升的远程飞机，这一数字与一辆经济型家用汽车的油耗相当。因其无可匹敌的载客量，被称为空中巨无霸。与直接竞争机型波音747-400相比，A380可多提供约35%的座位和49%的地板空间，运营成本可降低13%。在“大”的竞争中，空中客车公司赢得了对于波音公司的胜利。

但技术性能如此优秀的一款客机，却并未取得预期的商业成绩。

在初始的红火过后，便深陷窘境。

A380项目的研发总投入达200亿欧元。2006年，单机售价2.45亿美元；2016年的报价是5.47亿欧元。按测算，盈亏平衡点为至少350架。当初期望能售出750架，后提出在20年内，生产1200架的目标。但到2018年4月底，实际接到订单仅331架。已交付226架。在待交付数中，部分客户要求推迟交货，或直接取消订单。看来，达不到盈亏平衡已成定局。

不仅是总交付量的盈亏平衡，还有维持生产线的运营成本管控。空中客车公司自己的分析表明，如果每年的产量达不到30架，就有可能亏损。由于没有足够的订货，近年来空中客车公司不得不以低速率生产。在2017年交付17架后，今年计划交付数降为12架，即每月一架。公司将出台更多措施，以进一步削减成本。

目前，阿联酋航空公司是对A380仍有兴趣的唯一大客户，从2008年接受第一架A380以来，平均每年接收11架，现380机队规模已达101架。2018年1月18日，阿联酋航空公司宣布新订购36架，其中确认订单20架，意向订单16架。

迪拜的富绰及其商业地位，使这里的国际机场成为超级航运枢纽，为阿联酋航空公司提供了把A380的性能优势转化成最大商业价值的舞台。问题在于，只靠阿联酋航空公司一家，难以使空中客车公司维持A380正常的生产与获利。原本合作互利的双方，遇到了难以破解的困局。空中客车公司要阿联酋航空公司多订，阿联酋航空公司则要空中客车公司承诺不关停生产线，互为前提，互为约束。

用“门可罗雀”形容A380近五年来的处境，再贴切不过。即使阿联酋航空公司再增加订货，也无济于事。而作为A380忠诚用户的阿联酋航空公司，目光开始转向双引擎远程宽体客机。2017年迪拜航展期间，阿联酋航空公司订购了40架B787，加上2013年意向订购的150架B777X，多机型选择意味着他们正与A380渐行渐远。

对于A380来说，其生产线关闭已为时不远，其商业失败的命运已不可改变。

点对点直航抑或是枢纽-辐射

对A380产生致命打击的根本原因在于，随着技术进步，利用双引擎宽体客机，已能实现点对点远距离直航，从而改变了远程航行的世界格局，也彻底否定了当年空客认同的所谓枢纽-辐射方式。那时，他们认为，使用大飞机在枢纽机场（hub）之间集中运送乘客，再用中小飞机，把乘客送到二线城市机场，可以解决大机场的拥堵，也应成为一种乘客可接受的出行方式。

但是，空中客车公司估计错了。绝大部分乘客不愿意把时间浪费在转机上，除非迫不得已。

当年，波音公司和空中客车公司对民航运输发展进行预测时，都认为随着经济发展和中产阶级人群的增长，航空需求会持续旺盛。但是波音公司采取了另一种路线，即发展体积虽小些但经济性更好的远程客机，以满足希望在二三线机场间直航的乘客的需要。

2002年，波音公司推出的B777-300ER，早早就为A380树立了日后的竞争对手。这款350座级的飞机轻小、省油，每座成本和A380接近。2013年11月，波音公司又推出更省油的B777X（包括777-8与777-9两款）双发，载客与飞行距离分别达到465客/14 000千米（B777-9）和314客/16 000千米（B777-8），已获取大量订单，波音公司为满足用户需求，还扩展了生产线，以提高产能。

与此后A380几乎没有再得到新订单形成鲜明对照，B777-300ER和777X的订单总量已超过1100架。面对这样的竞争态势，空中客车公司当然要另觅出路，也适时推出了自己的双发远程宽体客机，典型机型为A350-XWB（超宽机身），2014年年底开始交付，已经实现洲际直飞。销售情况也不错，据称已有800架的订单。看来，空中客车公司与波音公司的竞争热点，已经不是一味比“大”了，而是转到了高效率、高效益的比拼了。

关于“大”的认识

在飞机发展的进程中，“快”是永恒的追求。1947年美国人查尔斯·耶格尔驾驶 X-1 首次跨越声速，是“快”的里程碑事件。此后，人类不断进行提高速度的各种探索与尝试，遇坎坷而不停步，正可谓“亦余心之所善兮，虽九死其犹未悔”。

但怎样看待单体飞行器“大”的追求呢？从运载使命与能力出发，似应越大越好。但技术能力终归有限，“大”和“快”常不能得兼，“大”同其他要求往往也难以兼顾，因此，“大”只能是相对的。对于运输类飞机，特别是商业飞机，最根本的是要听市场的，要以满足乘客和运营者的需要为目标，还要综合考虑技术可能性，大而有当，大而有度。

前几天，在我写作的那篇评述 B747 发展的微文（见本书的《未了的传奇：波音 747》）中，回顾了 B747 的成功之道。为什么 B747 是一款公认的成功机型呢？就是因为它出现在正确的时机，以正确的产品定义与构型（单舱宽体和客货型并发），最大限度地满足了客户的需要，取得了商业成功。同时，也让波音公司自己赚得盆满钵满。但如今，它的生命周期在经历辉煌后，也已不可挽回地衰微了。

而 A380 很不幸，生不逢时，没能获得商业成功。由于过分追求“大”，背离了乘客出行的直航愿望，未能充分考虑航空公司的运营效益，以及部分机场设施不能兼容，如调整登机口、拓宽滑行跑道等问题，使客户望而却步。在新技术袭来、双引擎宽体机实现远程直航后，其弱点更被放大，陷入订单不够、生产难以维持的境况。

从技术发展的视角，人类关于大型飞行器的追求，将永无止境，应持续探索。波音公司在空中客车公司推出 A380 后，并未与其比“大”，但也从未放弃更大飞机的研究。例如巨型客机 797 概念设计采用翼身融合布局，使气动效率显著提高，据称升阻比可达 40，飞机体积和几何尺寸与 B747 接近，但载客量可增至千座，其性能指标十分诱人。但能否变为产品，以及何时投入研制，尚需时日，需要正确地回答那些老问题：乘客的出行方式意愿、直航抑或是枢纽-辐射、机场设施兼容性等，都还需要进行深入的综合决策论证。

结语

在结束此文时，忽想，从“协和”到A380，为什么受伤的总是欧洲？这是一个很有意思的问题。

我很难给出一个精确的分析，但直观的感觉是，相比较美国人，欧洲人激情有余而理智不足；相比较美国政府和美国的商业运行（包括投资机制），欧洲的体制机制显得不够老到与完备。

欧罗巴大地上的浪漫情怀太过炽烈，竞争取胜的心态太过急切，使得对某些技术突破太过痴迷，对新技术的实用化评价偏高，而综合技术集成和经济性论证略欠火候，对影响商业成功的因素、困难则预判与估计不够。

对于商业航空而言，真正的成功一定是且只能是商业成功。技术是实现商业成功的工具和手段，漂亮精致的飞行器是承运成功的载体。在我们奋起追赶强者、发展商用飞机时，也应确立这样的认识。在ARJ21、C919之后，我国的商用飞机应如何发展，如何定义与构型新型号，已是很现实与紧迫的任务，应在研究近年来全球客机发展经验与教训的基础上，做出我们自己的判断，充分考虑军民融合、军民兼用，正确规划未来，坚定而务实地前行。

未了的传奇：波音 747①

《未了的传奇——波音 747 的故事》一书，是 B747 总设计师乔·萨特的回忆录。这是本好书，语言朴素，感情真挚，好恶分明，于娓娓道来的叙事里，回顾 B747 研发历程，使人得以了解当年遇到的重重困难，又为奋斗者们的真知、建树与激情所深深打动。这虽然是 10 年前出版的书，我当时已曾读过，但近日重读，又有了些新感悟。用一句话概括，就是：我心中的波音 747 传奇的“了”与“未了”。

“B747 之父”、一代航空设计大师乔·萨特逝于 2016 年 8 月 30 日，享年 95 岁。带着他未了的勇气、智慧和与世永存的成就，离开了他无比热爱、终生为之奋斗的航空事业。

作为一代杰出的也是迄今最为成功的大客机，B747 也正在淡出航空舞台，但 B747 的设计理念，它的定义与构型，它的客货两型并发之策，它的商业成功的实践，构成一段“不了”的传奇，值得我们细细品味；其经验，也值得我们认真学习和借鉴。

乔·萨特生于 1921 年，1946 年加入波音公司，1965 年担任 B747 总设计师。在这个岗位上，凭借他的洞察力、领导力、正直和才华，带领研发团队，仅用 28 个月完成设计，用 4 年时间完成研制与取证，奉献给世界一款堪称经典的运输类名机，其中的客运型为世界首例双通道宽体客机。他本人则成为公认的、20 世纪最伟大的飞机设计师之一。

乔·萨特是幸运的。他遇上了一个好时代，一个急需大型客机的时代；遇上了好领导——有魄力、敢于“豪赌”，赏识和信任他的董事会主席比尔·艾伦及其后任威尔逊。乔·萨特还亲建和亲率一支特

① 本文写于 2018 年 5 月 21 日。

别能战斗的研发团队，不仅水平高，而且特别能战斗，在最艰苦的时光里，他们实行每周七天、每天十小时工作制，堪比我们中国航空人在攻关紧要年代实施的“611”“711”制（每周6天或7天，每天11小时工作）。

乔·萨特无疑是个好人、君子，但把个人品格与职业重任相融合，才更彰显其人格的魅力与价值，也才真正成就了属于他、属于波音，也属于全人类的航空杰作。作为一位总设计师，他令我最为敬佩的是两点：一是技术上的远见卓识，二是坚毅和刚直的品性。

技术上的远见卓识集中体现在，他和他带领的团队为B747做出的产品定义和构型；他的坚毅和刚直的品性则突出反映在，当诸多矛盾袭来时，作为团队领袖，敢讲真话，敢于以巨大的勇气，坚持正确的决策与主张，在面对困难时，找出解决之道，并坚定前行，直至胜利的彼岸。

1965年的波音公司，除了B737和727加长型这样的相对较小的项目外，同时有三个重大项目：超声速运输机（2707项目）、阿波罗任务包和B747研制。三个项目中，B747的位置最靠后，在内部资源有限的情况下，无论是人力还是财力，甚至工作环境与条件，B747的处境都很窘迫。以致多年后乔·萨特还慨叹：相比那些条件好的“富人”，B747团队是一群“穷人”，似乎是“后娘”养的。领导者对于B747的慢待，皆因那另外两个大项目太过耀眼夺目。

超声速运输机（supersonic transport，STT）项目是由政府出资的任务，旨在开发出波音超声速客机。那时，航空界几乎人人都相信，超声速运输机就是商用航空的出路。美国、苏联和欧洲都这样认为，于是在国家层面，展开近乎疯狂的竞争。波音公司把最有经验的工程师派到2707项目。

而参与阿波罗工程，更是政治任务，实为美国政府和肯尼迪总统站台。由于1967年1月项目进展中发生发射台起火，导致3名宇航员丧生，项目的系统工程管理的难度与紧迫性陡增。此时，波音公司除了要完成阿波罗所需的“土星5号”运载火箭第一级的研制外，还成为最重要的主承包商，承担起阿波罗项目技术综合与评估的重任。为此，波音公司抽调数千名工程师，优先配置资源，做了他们所能做的一切。

乔·萨特在叙及这段往事时，写道："数十年来，波音在这个被称为'技术综合与评估'的项目中所做出的贡献一直不为人所知，波音公司保持沉默的目的在于避免美国国家航空航天局陷入尴尬的局面。不过，在这么多年过去之后，这个话题已经解冻了"。这个话题就是美国国家航空航天局一度对阿波罗项目的工作失去控制，悄悄地转而向波音求助。其时的波音掌门人比尔·艾伦认为这个项目对于国家和世界具有重大意义，而在内部资源十分紧张、财政也极为困难的情况下，咬牙接受。最终的结局不错，但作为一家企业，波音公司未尝从这个项目中赚到钱，倒是赢得了名声、赢得了未来。

就是在这样的背景下，44岁的"年轻人"乔·萨特走马上任。面对急切而又强悍的用户——泛美航空公司，他首先需要的是对这款要研制的产品进行正确的定义与构型。那时，出于商业航空竞争的需要，泛美航空公司提出双层客机的产品设想与需求，而经过前期工作后，乔·萨特和他的团队提出单层双通道方案，并且想方设法，游说泛美航空公司，终于成功说服他们接受。

在我们所能看到的所有网络上的中文百科中，介绍B747的第一句话，都是"这是一款四发双层客机"。这是不确切的！乔·萨特在他的回忆录里，极富深情地述说了将客户想要的"双层"变为他们心血结晶的"单层"构型的全过程。并且还写道："我希望这本书能够帮助大家真正理解这件事的意义"。

乔·萨特基于对一款好的运输类飞机的深刻理解，综合运用当时所能得到的先进技术，创新性地提出真正意义上的"宽体双通道"概念，并由此发展成为最终的布局方案。为了同时满足货运型要求，机身前端采用了凸起的"驼峰外形"，即把驾驶舱提升，不与客舱同高，以便增设可开启的机头货舱门。铰接在机身上的机头能向一侧打开，货物经由此门可直接被装入货舱。出于空气动力学的考虑，在凸起的驾驶舱后面，添加了整流罩。为了充分利用整流罩下面的上层空间，在改型发展B747-400型时，将其延长，扩为可容纳约40个座位的商务舱。

就此，乔·萨特特别解释道，“总体而言，B747 主要还是一款单层客舱的飞机”“它拥有一个单层、宽敞的双通道客舱，而不是上下两层的狭窄的客舱”。他还写道：“在决定采用单层舱的设计方案后，设计一款大型运输机的工作忽然变得易如反掌。货运容量及装载方式、乘客登机及离机、客舱运行环境、空中服务，以及紧急情况下乘客的逃生问题都变得简单起来。”

乔·萨特在该书第五章里，还颇有深意地写道：“如果我们当初按照其他人的想法设计出一款双层舱飞机，波音公司不可能累计生产超过 1350 架 747 飞机[①]，甚至连 300 架这个数目我都不敢想。在我看来，即使是波音公司内部，也未必能完全理解或欣赏我这个项目组所取得的成就。”

当然，747 成功的另一重要因素，是得益于大涵道比涡扇发动机的使用。普拉特·惠特尼集团公司承担了这项任务，克服了许多困难，将单台推力从为 B707 配套发动机的不足 16 000 磅一举提高到 40 000 磅，使 B747 成为航空史上第一款采用大涵道比涡扇发动机的民用客机。从它开始，大涵道比涡扇发动机成了标配。B747 的成功也再次证明，航空发动机对于先进航空器的决定性作用。

1966 年，泛美航空公司决定订购 25 架 B747，并支付 5.25 亿美元的订金。在 52 年前的航空市场，这堪称是一场豪赌：一方仅凭图纸就订购、付定金，一方则冒险开建巨型工厂。因为制造如此之大、尾部有 6 层楼高的“巨无霸”，没有现成的工厂可以容纳。1966 年泛美航空公司订货的当年，波音公司投巨资，包括部分使用泛美航空公司的订金，在西雅图以北 35 千米的埃弗雷特新购买数百公顷土地，兴建起至今仍为全球最大单体建筑的总装厂。风险之大，用乔·萨特的话说，就是：“如果 747 项目失败，波音和泛美都会垮掉。”

但他们最后成功了。今天回过头来看，这款首例宽体双通道客机及客货型比翼齐飞的传世名机，之所以能在最需要的时间点上奉献给世界，并能延续辉煌至今，其正确的产品定义与构型是成功的基础；

① 此数据应为作者成书时的数据。

而果断进行基础设施建设，迅速形成基本产能，则是成功的保障。优秀的设计师与优秀的企业家各负其责，珠联璧合，相得益彰，成就了伟大的 747 传奇。

B747 是在 A380 问世之前世界上最大的客机，也是全世界第一种批产宽体民机。自 1970 年投入服务后，到 A380 投入服务前，B747 保持单机载客量最高的世界纪录长达 37 年。B747 的经济性也达到很高水准，其单座运营成本比此前最好的喷气飞机还要低 30%。而在第一代宽体机中，从一开始就按洲际飞行的航程要求设计成客运、货运两型的，唯有 B747 这一款。B747 货运型的成功甚至不亚于客运型，实际上，世界上近半数的空运货物是由 B747 货机载运的（这句话是乔·萨特在该书引言里的原话）。

但是，正如世间一切物质都有生命周期一样，B747 也走过了“高光时刻”而步入衰微阶段。在该书的最后，有一节是专门写 B747-8 的，是作为“译者跋”而出现的。我理解译者的苦心，也理解波音公司为延续 B747 系列的辉煌所做的最后的努力。但近十余年来的努力，并未取得预期的好效果。

2005 年 11 月波音公司启动 747-8 项目，是在 B747-400 基础上发展的，但它相对于 747-400 的变化要远大于 747-400 相对于 747 基本型，包括重新设计机翼、驾驶舱和发动机采用 B787 的技术。该机使用 4 台通用电气 GEnx-2B67 型，单台推力 66 500 磅。与 B747-400 相比，燃油效率提高 16%，噪声降低 30%。且继续秉承当年的理念，同时开发客运（747-8I）与货运（747-8F）两型飞机。B747-8 被称为“老树新花”，被看作是延续 747 家族辉煌的希望。

2011 年 2 月 13 日，B747-8 客机举行下线仪式。42 年前，也是在 2 月，B747 系列第一款飞机首飞，由此开创了宽体运输类飞机的时代，747 系列也一举成为波音公司最具营利性的产品。89 岁高龄的乔·萨特应邀出席仪式，并在接受记者采访时表示，他对 747 项目的生命力十分乐观，预言 20 年后，747 家族还会推出新机型。但这一次，他的预言没有完全成真。时下，747-8 的前景维艰，特别是客运型生命力并不旺盛，尤其是近年，情况严峻。以下是近 5 年来 747 的交付数据（表 1）。

表 1　2013 ～ 2017 年 747 家族的交付情况

年份	客机 / 架	货机 / 架	公务机 / 架	交付数 / 架
2013	5	19	—	24
2014	10	9	—	19
2015	11	7	—	18
2016	3	6	—	9
2017	3	8	3	14
近 5 年交付数	32	49	3	84

交付量不大，不是产能不够，而是订货不多，且呈递减趋势。2017 年净订单为负 2 架（即取消 2 架订货），待交付数为 12 架。2018 年已交付 2 架，实际待交付数仅余 10 架，且全为货机。

截至 2018 年 5 月，747 系列共生产交付约 1550 架。迄今，全球在运营中的 747 飞机 473 架，其中客机 174 架，货机 299 架。美国本土航空公司的 B747 客机已在 2017 年年底前全部退出运营，而全球范围的退役也只在一两年内。也就是说，在可预见的未来，作为 747 家族的最后代表，"299+10" 架货机（如有新订货或许还会多一点）将继续翱翔蓝天。

B747 风光不再，特别是客机，已基本没有市场。原因在于，航空科技的持续发展，特别是发动机和机体结构材料的进步，使双发宽体客机成为洲际飞行和点对点中远距直航的主流机型。人们的认识很朴素，两引擎飞机能做的事，为什么要用四引擎呢？如果飞机性能接近，在激烈的市场竞争中，多引擎飞机注定陷入天然的劣势。四引擎的 B747 退出历史舞台已是必然。先是客机，而后是货机，这一天终会到来。

在过去 40 余年里，乔·萨特的卓越贡献为公司带来丰厚的商业回报，还带来了适应技术与市场变化的一定的弹性。所谓东方不亮西方亮，B747 货运型的势头还可能维持一段时间。至少目前来看，它的生命力还尚未终结。在这个意义上，B-747 还在书写着"未了"的传奇，尤其是乔·萨特和他的团队打造的那份追求至臻至美、为理想献身的精神财富，随时光流逝不仅没有贬值，反而愈显珍贵。

四、飞向未来

学而时习，习之有得，
奉己领悟，与众分享。

空天竞争的焦点[①]

空天科技即航空航天科技，是航空科技与航天科技的总称。

航空是大气层内的飞行活动，航天是穿越大气层的飞行活动。空天空间本无物理界线，航空科技和航天科技息息相通。随着人类活动空间的大幅扩展和活动节奏的日益加快，空天一体成为发展大势，航空、航天科技加速融合。从20世纪末开始，空天科技已成为深刻影响国家经济与科技发展、反映国家综合实力的战略性领域之一，其包含和引领的科学学科与高新技术持续快速发展；进入21世纪以来，更成为各国竞相发展的战略制高点和前沿科技。

无论是在军事还是民用领域，谁拥有先进的空天科技，谁就拥有空天话语权；谁拥有了空天话语权，谁就会在未来发展中拥有可持续发展的空间优势。

当前和今后一个长时期内，空天科技将聚焦于深空探测、航空技术和空天一体三方面，有望获得新的突破和发展。为满足发展需要和应对竞争态势，我国需要对空天科技的战略地位有足够的认识，并对其发展进行前瞻性战略布局与规划部署。

以下，重点阐释航空技术和空天一体的相关内容[②]。

航空技术

自1903年莱特兄弟实现人类首次有动力飞行以来，仅仅110余年的时间，航空就发展成为一个彻底改变人们的时空观、战争观和生

① 本文写于2016年4月11日。

② 本部分是按中国科学技术协会要求撰写的可公开发表与使用的空天科技宣传资料，收录本书中的是由笔者撰写的其中后两部分。

活观的伟大事业。航空改变了现代战争的模式，更为人类带来巨大的福祉。进入 21 世纪以来，支撑和引领航空事业的航空科技继续快速发展，航空强国间的竞争愈益激烈，美国、俄罗斯等国家都加大了军事航空、民用航空和基础性、前沿性航空科技的研发与战略布局。

军事航空科技

在不断出现的新军事理论和新战争样式的共同推动下，军事航空在作战装备体系中的作用越来越重要，承担的任务种类越来越多，军事航空科技呈现出新的发展趋势。对军事航空发展影响较大的理论包括：联合作战、网络中心战、空海一体战、联合作战介入概念、作战云等。

我国在全面推动现代化国防体系建设与改革中，更加强调军事航空的重要地位，军队空天一体、攻防兼备，近海防御、远海防卫，机动作战、立体攻防和全域机动等使命任务，对航空装备和军事航空科技发展提出新的要求。

军事航空科技的重点如下。

支撑新一代航空装备发展及体系化的技术

以战斗机、轰炸机、运输机、预警机和武装直升机为代表的主流航空武器装备仍将持续进步和发展，并将实现体系能力的强化和优化。

未来战斗机的主要任务仍以制空为主，适当兼顾对地攻击、空中侦察和电子战。战斗机的最大飞行速度预计在马赫数 3 以内，且仍将有人驾驶。为适应未来作战环境，第六代战斗机将具有更高的隐身性能、更大的作战半径和更强的网络协同作战能力，其目标探测能力和远程打击能力将优先考虑，将采用全向宽频隐身、自适应变循环发动机、能量综合优化和有人 / 无人可选驾驶等技术。

未来轰炸机的发展重点是远程战略轰炸机，不但要遂行远程战略打击，还将承担战场遮断、近距空中支援和时敏目标打击等任务。为满足远程纵深突防需要，将采用适度隐身、电子战、有源 / 无源诱饵等多种技术手段。预计未来的轰炸机将以亚声速隐身突防为主；待高超声速技术成熟后，有可能出现高超轰炸机，并与亚声速轰炸机发展协调，构成高低搭配的互补体系。

随着作战节奏的不断加快，运输机在兵力机动和物资保障方面的重要性不断提高。为满足未来作战需要，运输机将向进一步提高战场适用性、生存能力和飞行效率，降低使用维护成本的方向发展。未来运输机将采用的技术包括：翼身融合体布局技术、隐身技术、自主保障技术和来袭导弹告警及对抗技术等。

现代预警机已可承担侦察、监视、预警、指挥、通信中继、电子战等多种任务。未来，预警机的侦察、预警和指挥控制能力将更强，并将为无人机的攻击和协同作战提供支持，甚至可成为无人机大机群作战的空中中枢。预警机将重点提高侦察探测能力，特别是提高探测隐身目标、导弹、小型无人机等的能力；提高自身安全性，提高电子对抗和干扰诱饵能力。

未来军用直升机的产品系列将进一步完善，除列装服役的轻型、中型和重型直升机以外，微型、超重型和单兵直升机都将得到发展，无人直升机的机型将显著增加。美国、欧盟、俄罗斯均已开始研制高速直升机，预计速度可达 700 千米 / 时。未来直升机的巡航升阻比也将从现在的 6 提高到 10，飞行效率和运载效率将大幅提高。

目前，美国已经启动第六代战斗机（包括以实现综合体系功能为特征的新一代，而非传统意义上的单一跨代机型）、联合多用途直升机（joint multi-role，JMR）的概念研究，舰载无人机 UCLASS、远程轰炸机 LRS-B 的招标在即。我国新一代航空装备的研发也在启动与开展。为实现上述单项装备的技术先进性，需要突破和掌握关键技术，同时需要确立新的设计思想，注重其在体系中的作用，确保装备的有效性和体系总体性能最优。

高端作战无人机技术

这里的高端作战无人机，特指可代替人、直接完成作战任务的无人机，主要有攻击无人机和空战无人机两类。此类无人机较之常规有人机，可以突破人的生理极限，免却复杂的人机界面和生命保障系统，使飞机的航程、航时、机动性等指标发生革命性变化；较之完成通信中继等任务的信息类无人机，系统构成具有显著区别，对任务载荷和控制技术有极高的要求。

目前，无人机在侦察、监视、防空系统压制、目标指示和时敏打击等方面已经得到应用，无人机运输、对地攻击、协同作战技术不断取得突破。美国 X-47B 无人机已成功验证在航母上的起飞、着舰和空中加油。无人机将加快完善型谱系列，有可能全面覆盖有人机空域、速域，而在速度更快、航时更长等方面会超越有人机。随着无人机任务能力的不断增强，无人机将从作战支援装备上升为空中主战装备，并将推动形成新的作战使用模式，如有人 / 无人协同、子母机、无人机集群作战等。

为满足高端作战无人机发展的需要，需重点开展创新的气动布局、新概念航空动力、自主控制、无人机载荷、集群组网等方面的技术研究。其中的自主控制技术一旦突破，以实时感知和自主决策为特征的智能化作战无人机将成为现实。

全向宽频隐身技术

由于受作战思想和技术水平的限制，现有先进战斗机的隐身性能均为在特定方向的特定频段有效。随着战场对抗的日趋激烈，作战飞机将面临来自各个频段的威胁。隐身飞机必须从注重前向和 X/Ku 波段隐身，向注重全向和宽频隐身发展；需开展新的隐身布局、隐身材料、低截获概率雷达等技术研究，以使未来航空装备的隐身能力不断提高。

束能武器技术

当前大部分机载武器是借助推进器产生的动力，利用制导设备，将弹体引导到目标区域，引爆战斗部，以动能方式杀伤目标。近年来，以激光、微波等为代表的束能武器发展迅猛；因其以产生高强脉冲能束毁伤目标、可重复使用、效费比高、可快速响应、不易受干扰等诸多优势，而引起各军事强国的普遍重视。目前，机载高功率微波 / 激光器、能源储存与管理、精密跟踪瞄准及大气传输补偿等相关技术取得重要突破，束能武器已接近实用，并将对作战样式和航空装备发展产生重要影响。

精确制导技术

精确制导技术是指按一定规律引导与控制武器，调整其运动轨迹和姿态，使之完成预定任务的技术，是制导武器的核心技术；其发展促进了武器装备的更新换代，极大地提高了武器系统的作战效能。按制导信息的不同可分为红外制导、雷达制导、电视制导、导航组合制导、复合/多模制导、激光制导、网络制导等。

其中，网络制导是通过网络向制导武器提供所需制导信息的一项新技术。随着网络功能的不断提升及广域信息网格的形成，未来战场环境下联合指挥控制系统所掌控的信息及在空间分布的不同平台所获取的信息，将可以通过网络向制导武器传输，成为重要甚至是主要的制导信息源。网络制导可使制导信息更加实时有效，对提高打击精准度、简化武器前端感知单元与传统导引系统构成、改变武器自身物理形态，将产生革命性影响。

采用精确制导技术的航空武器系统以其在现代战争中的优异表现，确立了在高技术战争中不可替代的地位和作用。目前，机载精确制导武器系统正向系列化、超远程、高毁伤、智能化方向发展。对精确制导技术的主要发展需求是，实现从单模向多模、从点探测向体探测、从单一信息源向多信息源及网络制导的转变。

民用航空科技

民用航空的发展深刻改变了世界经济和社会格局，使我们生活的星球变成了空间距离可便捷跨越的“地球村”，以至于无法想象没有航空运输工具的世界将变成什么样。而随着世界经济的发展和全球化，社会生活节奏的不断加快，人们不断呼唤着民用航空科技的新发展，呼唤着更安全、更经济、更绿色、更快捷、更加个性化的民用航空器不断出现。

21 世纪民用航空科技的发展热点如下。

新一代大型民用客机技术

自 20 世纪 50 年代初喷气客机问世以来，大致每隔 10 多年就出现一批具有不同技术特点的大型客机，以干线飞机为代表，至今喷气客机已进入第五代，并正酝酿第六代的发展。

第五代典型机型是波音 787 和空客 A350XWB，采用超宽体机身客舱，采用主翼与翼梢小翼融合的一体化机翼，具有更高的空气动力性能和巡航效率；采用推力大、油耗低、环保性好的涵道比 9 ～ 11 的涡扇发动机；在机体结构上大量使用复合材料用量，占比超 50%。而更新一代的客机将以继续减少燃油消耗、降低噪声和污染排放为优先目标；采用涵道比 15 ～ 20 的新型发动机，预计减少耗油率 10% ～ 15%，氮氧化物排放减少 60%，噪声减少 10 ～ 15 分贝，维修成本降低 15%。

围绕新一代大型客机发展的主要科技项目有：包括翼身融合体在内的新气动布局设计、高涵道比发动机、大型结构件制造和自动化装配等技术。

超声速客机技术

20 世纪 70 年代，苏联图 -144 和英国、法国联合研制的“协和”超声速客机先后研制成功，后者还投入航线运营逾 30 年，但由于噪声、经济性等原因，于 21 世纪初停运，但社会和经济发展热切呼唤超声速客机的回归。发展新一代超声速客机的首要任务是解决噪声、声爆和污染排放问题，还需从气动布局、高性能发动机和低声爆设计等方面寻求突破。

目前，各项技术有了重要成果，超声速公务机的研制已提上日程。美国采用自然层流翼型的超声速公务机和采用前翼加三角翼的安静超声速客机准备取证。两个方案都采用双发构型，巡航速度为马赫数为 1.6 ～ 1.8。日本的安静超声速技术验证机（S3TD）也已完成概念设计。超声速公务机的突破性进展，将带动中、大型超声速客机的发展，美国、欧洲都将投资新一代超声速客机研究。世界将迎来超声速客机发展的又一波热潮。

绿色航空技术

人类进入工业化时代以来，环境恶化、资源短缺日益成为严重的社会问题。1972 年，第一次国际环保大会通过了《联合国人类环境会议宣言》。1992 年，联合国世界环境与发展大会通过了《21 世纪议程》。其时，绿色航空概念出现，并在 21 世纪初被世界航空界广为接受；2008 年后，也成为中国航空界的通用词汇，列入发展目标；绿色航空的实践逐步深入。美国、欧洲围绕绿色航空的目标，制定和实施了一系列计划，如美国“对环境负责的航空”（environmentally responsible aviation，ERA）项目、“持续更低能耗、排放与噪声”（CLEEN）项目和欧洲“洁净天空”（clean sky）计划等。

实现绿色航空的主要途径是，开展低油耗高效率的民用飞机设计、使用清洁能源和低排放低噪声发动机、环境友好型材料开发选用和制造技术开发。其中，清洁能源又称绿色能源，泛指有别于化学燃烧能源、不产生或少产生碳排放的新型能源。将绿色能源用于航空动力，在使用过程中完全不产生碳排放或显著减少碳排放，是航空动力的发展方向之一。最有前景的无碳航空动力包括燃料电池、太阳能、氢能和核能。无碳航空动力面临的技术挑战不仅在于上述电化学能源基础和应用技术的突破与实用化，同时还必须解决在航空器平台上安装和使用这些动力的小型化和保持高效率等特殊性问题。

无缝的空中交通管理系统

当民航业进入全球化、大众化之后，大气空间作为航空运输的通道被赋予了经济价值。不断使空域增值，更加合理地开发和利用空域，关键在于改进和创新发展新一代空中交通管理系统。在空管系统改革方案中，美国“新一代空中交通管理系统”（next generation air transportation system，NGATS）计划和欧洲“下一代交通管理系统”（single European sky air traffic management research，SE-SAER）计划的应用前景被看好。

发展目标是，规划和建设一种单一的无缝空中交通管理系统，以替代今天的多样式系统。这种系统将是高度自主化的，能够容许每一架飞机独立选择自己的航线。这需要解决系统与现有飞行器的兼容问题、保证无人飞机在全球空域安全飞行等问题，并需要研制高度先进的中心网络系统，用以纠正危及安全的人为过失，包括引进神经网络和人工智能，发展以人为中心的新显示系统等。

基础性、前沿性航空科技

军事航空和民用航空的发展都离不开基础性、前沿性航空科技的支撑与保障。最重要的内容是航空科学基础、航空动力技术、航空材料技术和航空制造技术，以及有可能带来颠覆性影响的航空前沿技术。

航空科学基础

航空科学基础包括空气动力学、材料力学、结构力学等，这些传统基础学科正在继续发展和进步，进入21世纪以来，若干创新热点值得关注。在气动方面，主要有流动控制（包括被动流动控制和主动流动控制）和层流减阻（自然层流和混合层流），以及高效亚声速布局、低声爆超声速布局和高超声速布局等新概念气动布局研究。在结构方面，主要有可重构自适应结构、多功能结构和结构健康监测等。同时，现代控制论、人工智能等通用学科也在源源不断地向航空科技创新注入活力。

航空动力技术

航空器飞多快、多高、多远、多久，在很大程度上依赖于发动机的性能。航空发动机不仅为航空器提供飞行动力，也为整个航空事业的发展提供推动力，是整个航空产业链的关键与高价值环节。在航空发展史上，多数里程碑式的航空发展成就，都与发动机的重大突破相关。喷气式发动机的出现，使航空活动扩展到平流层；加力燃烧室的采用，使飞机速度突破声障；大涵道比涡扇发动机的应用，使大型远程宽体客机得以成功；第五代战斗机的主要技术特征，如超声速巡航、短距起降、隐身、非常规机动、高生存力等，在很大程度上也取决于所用的发动机。

进入21世纪，在高推重比/功重比发动机、高速（特别是超声速和高超声速）动力、新能源动力、自适应变循环发动机、分布式控制发动机等方面，正孕育新的重大突破。应切实加强上述方面的研究与开发，尽快改变我国航空发动机的瓶颈现状。

航空材料技术

航空材料是航空产品发展的物质基础，是影响航空工程发展的决定性因素之一，也是材料科学体系中最富有开拓性、发展最快的分支。航空器的研制不断向材料科学提出新课题，各种新材料的出现也给航空器的研制提供了新的可能。

航空材料是一个不断发展、品种和牌号众多的体系。当前，需要优先关注的航空材料科技问题主要有：高温结构材料（金属间化合物、金属基 / 陶瓷基复合材料、碳 / 碳复合材料、高熔点合金等）、低成本复合材料、纳米结构与纳米功能材料、智能材料（形状记忆聚合物、智能蒙皮材料等）、新储能材料及其他先进材料。

航空制造技术

航空工业本质上是制造业，区别于科研性产品，航空产品具有一定批量，要求采用一系列最先进的制造技术，确保工艺质量和一致性，以保证实现设计要求，达成在长寿命周期、持续的反复使用中的高度可靠性。进入 21 世纪以来，航空制造模式不断出新，复合材料结构制造、增材制造和智能制造等不断获得实用化成果，促进了航空制造总体水平和效率的提高。

当前，需要重点突破的项目主要有：低成本、高效率复合材料结构件的制造；利用增材制造或增材 / 减材联合制造技术进行飞机、发动机整体化、轻量化、高强度、高可靠性关键构件制造；在航空器制造的部分特殊环节，更多地应用机器人装备与技术，以提高效率和稳定性；运用虚拟装配、自动化装配和柔性装配等系统工具，提高航空器装配的自动化程度；构建基于模型的企业（model-based enterprise，MBE）数据与基础结构，在深入推进数字化、网络化的同时，开展智能制造单元、智能生产线 / 装配线、智能工厂的建设，使智能制造成为航空发展的新推动力。

航空前沿技术

为了推进航空科技原始性创新，必须在更深的层面和更广泛的领域解决一系列重大科学问题，增强前沿技术成果向航空工程技术进步和转化的能力。历史已经证明，航空发展植根于相应年代前沿技术的突破和大量基础科学成果的丰厚土壤，同时航空的发展又强有力地带动和引领了基础性、前瞻性的科学研究。

前沿技术研究本身具有不确定性，需要关注其发展，并对其价值和应用前景动态地做出判定，从而采取不同的发展策略。目前，航空应用前景已经初显的前沿技术分布在（但不限于）新材料（物质类）、新动力（能量类）、计算与控制（信息类）和智能与仿生（交叉新兴类）等领域。

在新材料领域，主要有超材料、碳纳米材料、仿生 / 智能 / 储能材料等。

在新动力领域，主要有核能小型化、光合作用制氢、液体碳氢燃料制备、高效太阳能利用、生物燃料及生物燃料电池等新能源及其催生的新动力样式。

在计算与控制领域，主要有脑机接口、意识控制、生物计算机、量子计算机和量子导航 / 通信 / 密码 / 成像等。

在智能与仿生领域，主要有仿生学与飞行 / 航行仿生、变体结构 / 机构、基因工程等。

空天一体

从地球表面向上，按照大气参数的分布特征，依次为对流层、平流层、中间层、热层和散逸层。对流层和平流层的下部（大约 30 千米处）为大气稠密区，为传统航空器的活动空间；从热层的下部大约 100 千米高度（也称卡门线，为大气层和太空的界线）向上，为航天活动的空间。航空航天发展的百余年来，从 30 ～ 100 千米的高程范围（称为临近空间）仅为穿越空间，而非驻留飞行空间，几乎是空天活动的空白。

在科技进步的大背景下，以临近空间为主的空天过渡区的价值开发与利用引起空前关注，并由此推动航空航天科技加快融合。抛开中国式航空航天分离管理的特情，就科学技术而言，以开发空天飞行器为主要目标和标志，空天一体的时代已经到来。

典型的空天飞行器应能实现航空、航天跨域飞行；空天飞行器主要包括航天飞机、空天飞机、亚轨道飞行器和临近空间飞行器四种。其中，航天飞机为美国和苏联分别开发的、能进入近地轨道的飞行器，是人类航空航天史上的划时代成就，但由于投资巨大、技术复杂，加之发生两起机毁人亡的惨剧，而于2011年停止使用，宣告航天飞机时代的结束。目前，世界航空航天界正在着力开发的空天飞行器主要指空天飞机、亚轨道飞行器和临近空间飞行器。

空天飞行器在军事和民用领域都有极高的价值。在军事上，空天飞行器可以成为捕获敌国卫星、拦截敌方导弹的新型战略武器，成为比弹道导弹灵活、比传统轰炸机威力强大、难以防范的常规或核打击平台。它还可以发展成为可随时发射、比卫星布防便捷的战略侦察平台，以及可在第一时间将兵力投送到战场节点的战略运送平台。空天飞行器对未来战争形态和样式必将产生重大影响。

在民用领域，空天飞行器也具有难以估量的社会经济价值。空天飞行器具有推进效率高、能耗低、载客（货）量大、飞行时间短等优点，将成为人类开发外太空、实现低成本空间运送和全球快速运输的有效工具。开发中的未来空天飞机，将使同等质量的物资运输费用降到航天飞机的10%甚至1%；用空天飞机发射、维修和回收卫星，不需要规模庞大、设备复杂的发射场和长达月余的发射前准备，也不受发射窗口的限制。

空天飞行器是当代科学技术的最前沿领域之一，是世界科技大国、经济大国竞相博弈的舞台。空天飞行器的研制，将使传统空天科技跃入高超声速时代。目前，空天飞行器正在探索和研制中，但已展示诱人的应用前景和广阔的发展空间。

空天飞机

空天飞机又称航空航天飞机，也称跨大气层飞行器；其典型特征是：固定翼飞行器布局，能在大气层内外飞行，可水平起降，能重复使用。

美国、俄罗斯、欧盟和日本自20世纪80年代开始不断推出空天飞机研究计划，如美国X（X-24、X-30、X-33、X-34、X-37、X-43等）计划、英国“云霄塔”计划等。其中，X-37B尤其引人注意，自2010年至今已进行三次空天飞行，第三次轨道飞行长达674天；但因其仍用火箭搭载起飞，故而还不是完全意义上的空天飞机。

亚轨道飞行器

目前已投入使用的亚轨道飞行器（距地表 35 ～ 300 千米）全部是各种一次性使用的弹道导弹。可重复使用的、载人或不载人亚轨道飞行器（也称跃层飞行器）正在研制中。亚轨道飞行器将轨道飞行与机动飞行结合起来，既有航天器的飞行高度和速度，又有航空器的灵活性，且造价和技术难度远小于典型的空天飞机。其最大速度低于第一宇宙速度，未完全脱离地球引力范围。

亚轨道飞行器的代表性计划是美国 HTV-2 高超滑翔飞行器和“宇宙飞船 1 号”。基本方案是用火箭或母机，将飞行器送至亚轨道高度，而后开始爬升或跳跃行进，或沿亚轨道做抛物线飞行，而后返回地面。

临近空间飞行器

临近空间飞行器是因适用于临近空间而得名的一类飞行器，有多种形态，包括可达临近空间低端的浮空器。但对于开发该空间、将传统航空和航天连成一体的使命而言，更具发展前景的是高速临近空间固定翼飞行器。它应能活动至临近空间上层，因而可归入空天飞行器范畴。

此类临近空间飞行器具有如下特征：最大飞行高度 40 ～ 100 千米，速度达高超声速的下限（马赫数为 5），多采用“乘波”外形设计，采用复合动力或组合动力，能够像飞机一样自主水平着陆，并可重复使用。

高超声速技术

空天一体化和开发空天飞行器需要多项先进技术，核心共性技术是高超声速（马赫数大于 5）技术；高超声速被称为继螺旋桨、喷气推进之后航空史上的第三大革命性技术；它是一个科技集群，主要包括高超气动、防热结构与材料及组合动力等科学与技术。

各航空强国竞相开展高超声速研究。我国也在积极推进该技术研究和高超飞行器研制，并取得重要进展。但总体上看，高超声速技术尚在探索、研究进程中。按照美国军方的评估与部署，第一步先研发飞得足够快、足够远、带冲压喷气动力的高超声速武器（导弹），第二步研制高超声速ISR平台和能够全球到达的攻击平台。美国空军实验室提出的采用助推滑翔或超燃冲压方式的高超导弹研究计划，将于2020年左右转为正式采办项目，届时高超技术成熟度可达6级。

高超气动技术

当飞行器高超飞行时，激波强度高，流场恶化，气动热会使空气分子电离，出现有别于亚声速和超声速的、极为复杂的流动现象；需通过对于这些现象的研究，找到规律性认识；并探寻利用激波、扩大激波的有利干扰区的方法，开发伞形翼、弓形翼等乘波飞行器原理与构型。

为了实现大马赫数飞行，必须寻找飞行阻力较小、强度较高、抗高温特性较好的气动布局。对于空天飞机一类高超声速飞行器，因水平起降的要求，还需考虑获取升力和低速滑跑之间的权衡，设计出兼顾高低速性能的气动外形。目前，多数方案采用小展弦比、大后掠角的三角翼、双三角翼或边条翼的无尾布局，也有采用升力体方案，或三角翼与升力体相结合的方案。

在高超气动研究中，还要重视和不断进行试验方法研究与设施手段建设，如全尺寸、大马赫数、连续式高速风洞等。此外，还应开展高超飞行带来的变参数、快速响应、强鲁棒性、高效控制系统研发，以及动力学建模、控制律设计、稳定性分析等一系列飞行控制领域的基础性研究。

高超防热技术

高超声速面临的气动加热问题严重而特殊。在空气动力和热的复合作用下，机身头部和机翼前缘会达到上千摄氏度的高温；由于需重复使用，且需在跨域飞行时保持良好气动特性，因此复杂升力体外形必须保持不变。高超防热要在这些约束下，解决非烧蚀热防护和适应长时间持续飞行要求的内部隔热问题。

为此，需研究结构在力 / 热综合作用下的动态响应特性和破坏机制，开展充分考虑热强度、采取综合热防护措施的防热结构设计，以及开发和选择适用的耐热材料，如金属基、陶瓷基复合材料和新型超耐热合金等。

高超动力技术

推进系统是高超声速飞行器最大的技术关键。为适应宽速度域、不同模态下的飞行，必须采用全新的组合循环发动机。对以下两种推进系统的探索较为集中：以涡轮喷气发动机为基础的组合循环推进系统（涡轮基循环动力），及以火箭发动机为基础的组合循环推进系统（火箭基循环动力）。

涡轮基组合动力由传统涡轮发动机和超燃冲压发动机组合而成。在飞行马赫数为 3 以下时，采用涡轮喷气推进；马赫数为 3 ～ 5 时，过渡到冲压；马赫数为 5 以上时，使用超燃冲压。火箭基循环动力中，以火箭代替上述组合中的涡轮喷气系统，结构简单，易于集成，但失去吸气的优点。上两种组合循环如果用于要求入轨的空天飞机，在飞行马赫数大于 15 后，第二级入轨动力还均需采用火箭发动机。

高超动力的基础是超燃冲压发动机。要针对不同需要，突破燃料的喷射、混合、点火，燃烧室设计与试验，发动机冷却等一系列技术难题。

会飞的都是飞机吗？①

天上会飞的都是飞机吗？

当然不是。

天空首先是属于大自然的精灵——鸟儿与昆虫的。

全世界“有名有姓”的鸟儿接近1万种、昆虫100万种，绝大部分都会飞，或者说按其本性都会飞，只不过其中的极少部分的飞行功能退化了，如鸟类中的企鹅、鸵鸟等，昆虫中的蚂蚁（但蚁后在需要重建蚁群时会生出翅膀，完成使命后翅膀脱落）等。飞得最高的鸟儿可以从地面直飞9000米高空；而昆虫是近地动物，飞行高度从生存地向上，一般不超过10米。在人类文明出现前的漫长岁月里，天空完全属于这些精灵。113年前，现代飞机问世后，天空成为人类和精灵们真正共享的空间。

天上会飞的人造物都是飞机吗？

当然也不是。

迄今能够飞行的人造物（机械）为两大类——航空器和航天器。林林总总，莫出其外。人类的飞行活动也就有了“航空”与“航天”之分。航空在前，航天在后。

透明的天空本无界限，人类为了研究飞行活动，将其分为不同的高程，于是对赖以飞行的自然环境有了理性的认识。从地表向上，依次为对流层（0～20千米）、平流层（20～50千米）、中间层

① 本文写于2016年4月24日和2017年1月5日。

（50 ～ 85 千米）、热层（85 ～ 800 千米）和散逸层（800 千米向上）。

航空器离不开有一定密度的空气。大体说来，热层低端大约 100 千米向下是航空器的活动空间，按高度依次有直升机、飞机、气球、气艇、火箭和以火箭为动力的飞机等；以上是航天器的活动范围，依次有低轨道卫星、空间实验室、穿梭机、同步卫星和空间探测器等。

近年来引起空天科技界重视的临近空间（也称近空间）大致在 20 ～ 100 千米高度范围，在这个范围里，空气密度随高度增加而急剧变小，航空器要驻留在此，特别是临近空间的高端，必须解决一系列新的科学技术难题，但总的来说仍然属于航空活动范畴，临近空间飞行器也更多地带有航空器的特点。

在航空活动范围里飞行的都是飞机吗?

肯定也不是。

人类创造了许多不同种类的航空器，这是航空科学技术的产物，与生俱来地带有特定的技术属性，我们应该尽量准确地理解和使用航空器概念。

航空器分为两大类：轻于空气的航空器和重于空气的航空器。前者的科学基础为空气静力学，后者的科学基础为空气动力学等。前者历史久远，主要有气球、气艇等浮空器。后者中除火箭外均出现较晚。1903 年莱特兄弟的惊世一飞之所以是里程碑式的事件，就是因为从这一天开始，人类制作的重于空气、自带动力、可控、载人的航空器成为现实，这是现代飞机的开山之作，而其注定对人类社会生活与经济活动带来全球性的、更大、更深刻和更久远的影响。

现代航空器的两大主流样式是固定翼与旋翼，或简言之是飞机与直升机。一般来说，以固定翼为主要升力面的航空器，称为飞机。以旋翼获取升力的航空器，包括旋翼机、直升机和旋翼航空器三类。

旋翼机和直升机的工作原理有很大区别。主要区别在于，旋翼机的旋翼不与发动机传动系统相连，发动机不是以驱动旋翼为其提供升力，而是在旋翼机飞行的过程中，由前方气流吹动旋翼旋转产生升力，像一只风车的运行；而直升机的旋翼与发动机传动系统相连，既产生升力，又提供飞行的动力，更像一台侧立的电风扇。在飞行中，直升机的旋翼面向前倾斜，而旋翼机的旋翼则向后倾斜。由于旋翼机的旋翼为自转式，传递到机身上的扭矩很小，因此无须像单旋翼直升机那样设置尾桨，但是一般装有尾翼，以控制飞行。

有人习惯地将直升机称作直升飞机，似无不可。但如果将直升机直称为飞机，或归为飞机，则不妥。

迄今，载人飞机的最高飞行高度约为30千米，而直升机的最高飞行高度为12千米。

近年来发展迅猛的无人机，本质上仍归为无人飞机、无人旋翼机、无人直升机和无人旋翼航空器几类，只不过是站在另一视角——驾驶员是否在机内，来研究与分析其属性。多数民用工业级无人机和消费类无人机的飞行高度在数百米以内，其飞行范围也多在视距内。其中的多旋翼无人机属于旋翼航空器，而非旋翼机。航空运动和科普用动力航空模型、滑翔机、动力伞等，也是云端的“弄浪儿”，其飞行区域，与消费类无人机相仿，同寻常百姓的求知与生活，关系亲近而直接。

关于航空与航天的空间界定

航空（aviation）是指人类利用载人或不载人的器械在地球大气层中从事的飞行及有关活动。人类必须依靠专门器械才能飞行，这种器械便是航空器。航空必须在大气层内完成，大气为航空飞行提供了必要条件，但是，大气层的高程超过1200千米，就远远超出了当今航空活动的范围。

航天（spaceflight）是指人类利用载人或不载人的器械在地球大气层之外从事的飞行及有关活动。但事实上，现实的许多典型航天活动并没有超出地球大气层的范围。

那么，实际上航空与航天的空间是如何界定的呢？

《国际航空法》和《国际外层空间法》将地表之上的空间分为“空气空间（airspace）”和“外层空间（outerspace）”，并定义：在空气空间内的飞行活动为航空，在外层空间的飞行活动为航天。

由于空气空间涉及一个国家的领空主权，而外层空间目前尚属

“公共空间”，因此对两者界面的划分有敏感的政治军事考量，迄今还没有统一的法律定义。有多种划分主张，综合起来，以下 4 种主张值得考虑。

第一，以当代航空器的最高升限来划分，之下为空气空间，之上为外层空间，目前航空器的最高升限为 30 ～ 40 千米。

第二，以航天器能环绕地球飞行的最低轨道高度，即临界轨道高度来划分，此高度约 110 千米。

第三，以卡门线来划分，20 世纪 50 年代，国际航空联合会（Federation Aeronautique Internationale，FAI）将距离地面 100 千米的高度定义为卡门线，卡门线以下为空气空间，卡门线以上为外层空间。

第四，20 世纪 80 年代，美国国家航空航天局认定飞行高度到达或超过 80 千米的人为太空人；从一个侧面，意味着将 80 千米即大致为中间层顶认定为航空与航天的空间界线。

显然第一个主张仅考虑现阶段飞机和直升机的升限，对空气空间的界定太低。后三个主张则比较接近，即空气空间的高度上限在 100 ～ 120 千米，大约为临近空间的上限。换言之，空气空间的高度范围覆盖对流层、平流层、中间层，直抵热层下端。

关于航空与航天的技术特点

由于航空与航天的飞行环境不同，航空环境充满了大气，航天环境为真空或近似真空态，因此具有不同的技术特点。

第一，飞行原理各有特点。航空器升力主要源于空气动力或空气静力；航天器则遵循天体力学原理。

第二，飞行速度有所不同。目前最快的航空器速度为 6.72 马赫；航天器若要脱离地球引力范围，至少要达到 7.9 千米 / 秒的第一宇宙速度。

第三，采用不同的动力装置。航空器主要采用吸气式发动机，通过吸收空气中的氧气作氧化剂；航天器需要自带燃烧剂和氧化剂，多采用火箭发动机。

第四，飞行方式各有特点。航天器均沿着特定的轨道飞行；而航空器则无须遵循轨道飞行规律。

在科学技术上航空与航天同宗，关联密切；如果一定要将它们视作两个产业，它们之间则有 60% ～ 70% 的技术相通。航空技术是航天技术的基础，没有航空便没有航天。随着人类飞行包线的一再突破，航空飞行成为航天飞行中的一个环节或曰一个阶段，航天器须穿越大气层或返回时再入大气层方可完成使命。而随着技术的发展与进步，航空航天事业正呈现“空天一体”，即空间上绵延一体、技术上深度融合的趋势。尤其是临近空间飞行器的研发，可水平起降和重复使用的空天飞机的研发，急切呼唤空天技术的结合，昭示着空天一体新时代的到来。

关于空天自然环境的进一步认知

航空航天都离不开赖以支撑其存在和发展的自然环境，即大气层。大气层是指包裹在地球周围的一层大气，其主要成分是氮气（占 78.1%）、氧气（占 20.9%）及二氧化碳、水蒸气等，厚度超过 1200 千米。自下而上分为对流层、平流层、中间层、热层（暖层）和散逸层。

对流层

对流层是最主要的航空活动空间。顾名思义，对流层内的空气发生着强烈的对流运动。它位于大气层的最底层，紧靠地球表面，其厚度在低纬度地区平均为 17 ～ 18 千米，中纬度地区 10 ～ 12 千米，高纬度地区 8 ～ 9 千米。对流层集中了整个大气 3/4 的质量和几乎全部的水蒸气。对流层内的气温随高度升高而降低，平均每上升 100 米，气温下降 0.65℃。对流层内温度、湿度的水平分布也不均匀，在高纬度内陆地区，寒冷而干燥；在热带海洋上空，则温暖而潮湿。

平流层

平流层位于对流层之上，其顶界延伸到约 50 千米高度，因空气相对平稳流动而得名。在平流层下半部，气温基本保持在 -55℃左右；但到25千米以上，气温随高度而急剧升高。在平流层的中间，距地面20～30千米的高度上，氧分子在紫外线作用下变成臭氧，形成臭氧层。在平流层中，空气密度比对流层小得多，水汽和尘粒含量也极少，气流平稳，天气晴好，这有利于飞行活动，但由于空气密度小，使吸气式动力的效率和航空器的操纵效率降低。

中间层

平流层以上是中间层，其顶界高度距地表85千米左右。中间层又分为逆温层和混合层，逆温层由平流层顶延伸至60千米高度，气温随高度而显著上升，层顶可达20℃左右；逆温层的上方是混合层，气温又开始急剧下降，空气有强烈的垂直运动。目前，中间层几乎还是飞行活动的空白区域，"临近空间"技术旨在开发利用该层空间，是空天技术领域里的研究热点。

热层（暖层）

热层位于中间层顶至800千米的高度，热层空气质量仅占大气总质量的0.5%，空气密度小到连声音都难以传播。热层气温随高度而迅速上升，上部可达上千摄氏度。在热层中有两个电离程度相对较强、被称为"电离层"的层次，一个是E层，位于90～130千米高度，另一个是F层，位于200～400千米高度，电离层对无线电通信有着重要影响。

散逸层

热层以上的大气统称为散逸层。这里，空气已极其稀薄，且受地球引力作用小，因而大气质点不断向星际空间逃逸。至1200千米处（也有说1600千米），可认为是大气层的边界。

关于无人机和模型航空器的异同

2016年4月15日，刘文章先生在微信朋友圈中写道："现在，无人机赛成风，上上下下，五花八门，是好事。但常有无人机与航模概念混淆，缺乏权威性的规范与宣传。"

的确如此，随着无人机近年来的蓬勃发展，无人机和航空模型的异同成为一个热门话题。现将我的认识梳理，抛砖引玉，希望引发大家的讨论，以达成共识。

关于它们的相同点，主要有两点。

首先，两者均“机上无人”，但需人的掌控，不管是预设的或实时的，也不管是视距内或是视距外。航空模型由操纵者机外操作，而无人机定义为“不需要驾驶员登机驾驶的各式自控或遥控飞行器”。

其次，作为科学验证用的航空模型和无人机是相通的。航空模型最早是静态的，以致在如今的飞行器研制程序中，还有两类重要的静态模型仍在继续发挥作用（“样机模型”和“吹风模型”）。而随着航空科技发展的需求，作为验证机的动力航空模型越来越重要，航空模型和无人机之间原本就有的天然密切关联，被重新认识，并正大大加强。我曾就此说过一句话，叫作“同源殊途，殊途同归”。

它们的不同也来自两个方面，即功能和性能。

首先是功能不同。航空模型除早期的试验验证作用外，逐步转向主要供运动用的不载人小型航空器功用，即特定的、狭义的航空模型。至1905年国际航空联合会成立后，航空模型逐渐成为一项有组织的、全球性、群众性竞技运动，以致淡忘了航空模型本身的技术内涵和丰富的探索史迹。国际航空联合会管辖的航空活动包括特技飞行、模型飞机、航天记录、通用航空、滑翔机、悬挂式滑翔和飞行伞等。就航模而言，有各种分类，如模型直升机、自由飞模型、线操纵模型等，并在继续变化和丰富中。但其基本功能，主要是完成各种竞技性或表演性任务。通过这种活动，去实现社会价值和倡导科学精神。

而无人机的功能则有明确的个性化要求，由机上任务载荷（又称有效载荷）来体现完成使命任务的能力。无人机的英文名 unmanned aerial vehicle，即无人飞行载具，可以理解为搭载载荷的平台与载荷的组合体。例如，侦察型无人机就是在具有一定飞行能力的平台上安装侦察设备和传输设备来完成任务；攻击型无人机则是通过武器或战斗执行部件完成攻击任务。即使是科学验证用无人机，为了获取飞行数据，也要安装必要的感知、测量和数据传输设备，以实现特定功能。所以也可以说，无人机是通过机上有效载荷来体现不同功能的系统。无人机区别于航模，就在于自身的任务载荷。一般来说，除保障飞行的控制系统外，只有机上载有相应任务载荷，才可以称为现代意义上的无人机。

有人曾和我讨论，靶机可以没有载荷，为何也称为无人机。我认为，即使不装载附加载荷，靶机也可视为有载荷。这是因为，靶机主要供鉴定武器的性能时使用，诱导被试对象跟踪、接近或毁伤自身。作为一种靶标，需要尽可能真实地模拟敌方飞机性能，所模拟的特性（不管是可见光、红外、雷达还是其他特性）就可以看作任务载荷。而且，除自身设计按模拟对象的特征相匹配以外，还常常需要携带附加载荷，以增强特征。例如，为了模拟大型飞机对地面雷达或导弹引信的有效反射面积，机上往往装有角反射器、龙勃透镜或有源回波增强器。为了模拟喷气发动机尾焰的红外辐射，机上常安装曳光弹等红外辐射器。有时还采用各种电子、声学、光学干扰设备，甚至释放假目标，用以模拟目标飞机的干扰。在非直接击毁的重复使用靶机里，还往往携带各种指示与测量设备。凡此种种，不一而足，其任务属性和载荷特性实际上非常之强。

而说到目标特性（或称目标特征），其通俗的解释就是，任何物体都有表明其存在的特征，而不管人的感官能否察觉，如几何形状、红外辐射［高于绝对零度（−273.15℃）的物质都可产生］、雷达回波等。于是，发现或提取目标特征，就有了各种手段；而减缩目标特征，俗称“隐身”，就派生出可见光隐身、红外隐身和雷达隐身等不同的概念与技术。

其次是性能不同，主要是控制方式和控制系统的不同。

无人机通过机上飞控系统，控制自身的姿态和机动；一般可以做到远距控制，无人机的另一英文名 remotely piloted aircraft（RPA）就是这一含义。可以事先设定程序，也可以通过数据链将地面控制参数与无人机进行交互，以实现自动运行。随着感知和决策的实时化与智能化，还能实现有条件的乃至完全的自主控制，即完全不需人的干预。有时机上飞控系统也被认为是一类载荷，但它区别于任务载荷，是解决无人机自身的操控问题，而非完成特定的任务。有些无人机也把飞控与部分任务载荷综合在一起。

而航空模型的控制是通过人的直接控制或无线电远距遥控（多数在视距内）实现机动和姿态调整，机上一般没有自动飞行控制系统。高端航空模型通过采用第一视角（first person view，FPV）技术已可实现视距外操纵，但距离多在几千米范围。

形象地说，无人机是带着大脑飞行，这个头脑可以极为聪明，也可以不那么高明；而航模的大脑始终是在地面，是在操纵人员（飞手）的脖子上。

随着航模操纵性能的持续提升和控制部件的低成本化，单就操纵性而言，高端航模与中低档无人机在这方面的区别正在缩小。

综上简言之，无人机和航模的相同在于：机上无人操纵，验证功能相通；无人机和航模的相异在于：任务载荷有别，控制手段不同。

无人机的前世今生与未来[①]

无人机在中文里无歧义，且唯一。在英文里，有两个词表此义。一是 UAV（unmanned aerial vehicle），直译为“无人空中载具”；二是 RPA（remotely piloted aircraft），直译为“遥控驾驶飞机”。都是老词，至今沿用，而过去军用领域主要用的是 UAV。但一位美国朋友告诉我，近年来，RPA 在美国被更广泛使用，不管是军用还是民用。缘由在于，RPA 在技术概念上更确切，更鲜明，因而更普遍适用。

本文基于 RPA 概念，加之我对无人机与航空模型异同的认识，依任务载荷和遥控驾驶为无人机的两个基本特征，来阐释有关无人机发展的前世今生和未来。

无人机的前世

无人机的发展已近百年。有记载的最早的军用无人机的研发，发生在第一次世界大战时期。1914 年，英国军方提出研发一款可执行轰炸任务的无人机。历经 3 年，制成一种小型上单翼机，虽在 1917 年飞上天，但未能实现稳定飞行，更不要说投弹，不能算成功。其间，也有类似研发，如空投鱼雷之类，都还不能算作成功的无人机。究其原因，控制技术拖了后腿。20 世纪 20 ～ 40 年代，将退役或过量有人机改作靶机，曾时兴一时。这种靶机将空气动力学、轻型发动机和无线电技术相结合，多有成功。最著名的案例有两件。一是，英国人采用无线电控制技术的“仙后”靶机首飞成功（1933 年），随

① 本文写于 2016 年 4 月 24 日。

后在 1934 ～ 1943 年将 420 套“虎蛾”双翼教练机改装成 DH 82B 型“蜂后”靶机。二是，基于无线电控制和惯性导航系统的进步，雷吉纳德·丹尼和他的无线电飞机公司制造出一款遥控模型机 RP-1；从 1939 年到第二次世界大战结束，美军共采购 15 000 多架这种遥控飞机，改制成靶机，型号由 RP-4 型发展到 RP-18 型。（1946 年，经再次改进的 RP-19/OQ-19 型研制成功，至 1984 年共生产 48 000 多架。1952 年，无线电飞机公司被诺思罗普公司兼并，后者也因此成为当今世界最成功的军用无人机研制厂商。）

1939 年 10 月，德国研发了一款无线电遥控无人轰炸机，能携带一吨重的炸弹，在向目标投弹后，可返回基地；成为现代无人攻击机的鼻祖（后在此基础上催生著名的 V-1 导弹）。1941 年，美国海军开展“无人攻击机”计划，目标任务是可携带制导导弹攻击敌空中目标，也可对敌地面目标进行投弹轰炸。从 1942 年 3 月始，美国海军开始批量采购无人攻击机，并用于实战。但战效很差。

20 世纪 50 年代中期，美国陆军将 RP-71 型靶机改制成无线电控制的 AN/USD-1 战场监视机，可视为是世界上第一种实用型无人侦察机。直到 20 世纪 80 年代，在越南等多个战场，无人机最重要的用途还是执行战场监视任务。1991 年沙漠风暴作战中，美军首次使用欺骗敌方雷达系统的小型诱饵无人机。

无人机的今生

20 世纪 90 年代海湾战争后，军用无人机加快发展。1996 年，美国国家航空航天局研制出 X-36 试验型无尾无人战斗机，赋予该机压制敌防空、遮断、战斗损失评估、战区导弹防御及超高空攻击等任务。至 20 世纪末，军用无人机呈现全面而旺盛的需求。

进入 21 世纪后，军用无人机进入发展新阶段，成为空中预警系统的重要组成，或执行攻击及空中格斗的新战机品种。前者可称信息类无人机，监视、监测或作为信息中继传输等，已经成为基本成熟的品种；后者统称作战无人机，其中的攻击无人机技术亦较成熟，但空战无人机的实用化尚待时日。

民用无人机随军用无人机技术的外溢效应而发展。民用无人机强烈地依赖机上任务载荷（设备）的发展。就全球而言，民用无人机在20世纪80年代开始尝试应用，至今的扩展应用仅十数年时间。日本的民用无人机开发较早，用于喷洒农药、森林防火、灾害评估等；美国自21世纪以来，开始较大范围地应用，主要是高分辨率传感与气象数据获取、森林火灾评估、环境污染监测和处理等；以色列组建了民用无人机及其工作模式的试验委员会，给部分具备条件的军用无人机发放非军事任务执行证书，并与有关部门合作展开多种民用任务的试验飞行；欧洲在2006年制定并实施“民用无人机发展路线图”，并通过泛欧民用无人机协调组织的建立，为解决无人机使用的空中安全和适航问题提供帮助。

我国民用无人机应用起步较早，20世纪80年代，就将基于军用技术开发的无人机用于地图测绘和地质勘探，逐步扩展到农业喷洒、电力巡检、防灾应急、航拍测绘、中继通信等方面应用。

近年来，受益于无人机技术的成熟和成本的大幅下降，消费类无人机呈井喷式发展，在航拍、娱乐等市场上，获得大规模应用，并出现了如深圳市大疆创新科技有限公司（2006年成立）为代表的一批民用无人机企业。支持民用无人机发展的主要技术条件是移动终端的兴起及芯片、电池、导航与定位器件、通信芯片等硬件的成熟。

以芯片为例，目前一个高性能现场可编程门阵列（field-programmable gate array，FPGA）芯片就可以在无人机上实现双中央处理器（central processing unit，CPU）的功能，以满足导航传感器的信息融合，实现对无人机的控制。无线网络（wireless fidelity，Wi-Fi）等通信芯片用于控制和传输图像信息，传输速度和质量已可满足视距内传输需求。在导航与定位方面，微机电系统（micro-electro-mechanical system，MEMS）惯性传感器从2011年开始大规模应用，6轴、9轴的惯性传感器逐渐取代单个传感器，成本仅几美元；而GPS芯片仅重0.3克，价格不到5美元。电池能量密度不断增加，使得无人机在保持较轻的重量下，续航时间可达半小时，可以满足一些基本应用的航时要求；此外，太阳能电池技术使得高海拔无人机可持续飞行一周甚至更长时间。

自2010年来，飞控系统开源化的趋势使更多的商业企业和“发烧友”加入无人机系统设计，成为引爆民用和消费无人机市场的“爆点”。德国MK公司是多旋翼无人机系统开源的鼻祖。其后2011年美国APM公司开放无人机设计平台，彻底点燃了市场对无人机系统开发的热情；2012年以后民用工业级和消费类无人机进入了加速上行的通道。至今，国际无人机行业已经形成了APM（用户最多）、德国MK（最早的开源系统）、Paparazzi UAV（稳定性高、扩展性强）、PX4和MWC（兼容性强）五大无人机开源平台。强大的开源飞控系统已经使得无人机全面进入用户友好时代，现正进行的多平台合作项目，将进一步推动系统开发的可视化和友好化。

现代无人机的应用日益广泛，概括起来有三大应用领域：军用、民用和科学验证用。支持其应用的是林林总总的各式无人机，包括无人固定翼机、无人直升机、无人多旋翼飞行器、无人旋翼机、无人飞艇、无人伞翼机等。

无人机的未来

市场

无人机拥有巨大的市场。美国BI（Business Insider）[①]的报告说：未来10年间，全球军用无人机的年均增长率为5%（考虑到军用无人机市场的保密与特殊性，这一预估似偏低），而同期民用无人机市场的年平均增长率达19%。

无人机市场与潜在市场的规模，取决于伴随性能提升而带来的更多应用。在类似无人机这样技术创新特点突出的领域，常常是新技术新产品在刺激和培育市场，例如以大疆创新的产品为代表的消费类无人机横空出世，带来了新消费观念和井喷式采购。苹果公司的创意产品也是技术在前，乔布斯改变了人们的学习、工作和社交方式与习

---

① BI是一家美国科技新媒体、在线新闻平台，创立于2007年。

惯，才带来巨量的新市场。回头看，此前几乎所有的预测都让人大跌眼镜。

在总体上，无论是军用还是民用，无人机的应用都正从适应“3D”（dull：冗繁，dangerous：危险，dirty：肮脏）向“3N”（new boundary：新边界，new areas：新领域，new missions，新任务）的宽广应用领域拓展，也即从辅助性、替代性应用向多功能、宽谱系全面应用转变。

正因为如此，全球范围内，无人机领域持续吸引投融资。据报道新兴的人工智能产业趋势的权威机构 CB Insights 统计，仅 2015 年，全球无人机创投领域获得投融资 5 亿美元（其中大疆创新公司获 7500 万美元）。

军用

军用无人机的未来应用

军用无人机的应用将沿着由初级使命、辅助使命、战术使命向高级使命、主力使命和战略使命转变。

1982 年贝卡谷地之战中以色列使用“猛犬”无人机作为诱饵，测定叙利亚防空阵地部署，引导进行无线电压制和火力摧毁，一举消灭叙军 19 个“萨姆”导弹阵地，这是无人机用于现代战争的标志性战例，由此奠定在侦察、干扰等任务中不可或缺的作用。

经历海湾、科索沃、伊拉克等战事洗礼后，无人机的作用与日俱增，进一步确立在战术侦察、电子战、信息中继、对地支援等多种作战任务中不可替代的地位。

进入 21 世纪以来，无人机逐步成为对地攻击的重要机型。典型战例是 2001 年阿富汗战争中，美军使用“捕食者”无人机发射“地狱火”导弹，配合有人战斗机，击毙“基地”组织二号人物，成为军用无人机对地攻击应用的一个里程碑事件。

在“9·11”事件之后所开展的全球反恐战中，军用无人机更以其独特的优势，发挥了日益重要的作用。在定点清除中，屡立战功。

军用无人机现已成为一个独立的武器品种，一支异军突起的新生力量，既可执行侦察、巡逻、监视、电子战、支援保障、毁伤评估等多样化辅助性战术任务，又能遂行对地攻击、精确打击等直接杀伤作战任务；在未来战场上，还有可能替代常规战机，或与有人机协同作战，成为空中作战的主力装备之一；在高度、速度和久航时间不断获得新突破后，还有望成为战略性信息平台，成为空天一体化作战中的奇兵。

军用无人机的发展趋向

随着平台技术、控制技术、网络与通信技术，以及微电子和计算机等的长足进步，无人机的发展达到了一个新高度，军用无人机代表着无人机领域产品发展的最高水平，引领着无人机领域的高新技术发展。

军用无人机整体上的发展趋向是：高速、高空、长航时、隐身化和体系化。美国、俄罗斯、法国、以色列等国是公认的无人机强国，最著名的机型，如“全球鹰”“捕食者”“神经元”等出自这些国家，近年来还在加大军用无人机发展力度。我国的军用无人机研发也很活跃，涌现出“神龙”“翼龙”“彩虹”等名机与工程项目，已在世界上占据重要地位。

当前军用无人机的发展热点是：高端作战无人机，高速、超声速、高超声速无人机，临近空间无人飞行器，分别昭示控制技术、飞行速度和飞行高度这三个突破方向与重点。在这三大品种持续快速发展的同时，各类垂直起降无人飞行器、仿生无人飞行器、微小型无人飞行器等的研发也十分活跃，以适应遂行快变、多样化任务的需求。

上面提到的热点之一的高端作战无人机，特指可代替人直接完成作战任务的无人机，主要有攻击无人机和空战无人机两类。攻击无人机相对成熟，空战无人机尚有诸多难题需要解决。但该种无人机较之常规有人机，可以突破人的生理极限，免却复杂的人机界面和生命保障系统，使飞机的航程、航时、机动性等指标发生革命性变化，因而具有巨大潜力，在未来空战中具有特殊的优势。其中，系统构成的特殊性要求，对任务载荷和控制技术的高要求，成为攻坚破难的关键。

目前，在侦察监视、中继传输、防空压制、目标指示等方面已经有多种机型，适用于运输支援、对地攻击、时敏打击、协同作战等应用的机型研制，不断取得突破。作为科学验证的无人机已成功完成高空飞行、轨道运行和返回、马赫数高于20的高速飞行等任务，已成功验证在航母上的起飞、着舰和空中加油。无人机将加快完善型谱系列，有可能全面覆盖有人机空域、速域，而在速度更快、航时更长等方面会超越有人机。随着无人机任务能力的不断增强，无人机将从作战支援装备上升为空中主战装备，并将推动形成新的作战使用模式，如有人/无人协同、无人子母机、无人机集群作战等。

军用无人机的技术发展

为满足军用无人机发展要求，需重点开展新气动布局与新防热结构、新型动力、自主控制、多任务载荷与武器、集群组网等方面的技术研究和系统开发。

在无人机技术群里，控制技术起着十分重要的作用，军用无人机尤甚。20世纪80年代以来，军用无人机飞行与任务控制主要采用程序控制和指令控制。程序控制系统需要在发射起飞前预先输入控制程序与数据。随着网络与通信技术的进步，在无人机和地面站之间，可利用无线数据链路通信，进行指令控制；指令控制逐渐成为军用无人机飞行与任务控制系统的主流。事先装订式的程序控制与依靠数据链的指令控制也可混合使用（如对地攻击无人机），但作为信息类无人机在空中侦察和情报搜集任务阶段多以指令控制为主。

由于指令控制中的关键环节——无线链路，易受大气环境条件的影响，作用距离有限，且易受敌方干扰，可能造成控制失效，导致无人机失去任务能力，甚至坠毁，因此需要采取多种措施，予以补救和改善。采用卫星数据链路是有效方法之一。地面控制站将控制信号上传至通信卫星，再通过中继放大发送至无人机接收端，执行控制任务。这种方式可有效改善由于地面障碍物和地平线导致的性能限制。在控制指令受到干扰时，卫星导航系统还能帮助无人机返航回收，以提高生存能力。

程序/指令同无人机的结合，在技术上均属于自动控制（automatic control）范畴。在自动控制技术不断进步的同时，为适应复杂多变的战场环境和执行动态变化的使命任务，需要研究和开发自主控制（autonomous control）技术。其含义为，装载在机上的传感器和设备，能自行感知环境态势和控制参数的变化，做出自主分析与决策调整，包括航路规划和任务规划。要实现无人机的自主控制，需要对控制模型、算法和传感器、处理单元等进行一系列研究与开发。自主控制技术实用化之日，才是以实时感知和自主决策为特征的智能化作战无人机成为现实之时。推而广之，自主控制是高度自动化的基石，是智能化的前提，如无自主控制及“机器”与人共同构成决策主体，智能化及现在热闹红火的智能制造均为空谈。

军用无人机发展的另一大技术挑战则是高超声速（马赫数大于5）。高超像一个“焊点”，把空天飞机、临近空间高速飞行器和跃层/跨域飞行器的发展联结在一起。因其“无人”，可望成为验证平台，可望率先突破，可望直接成为具有战略意义的新品种。高超声速无人机的三大技术关键是气动、结构与动力。针对跨域飞行、水平起降、兼顾高低速性能和满足防热结构要求，需开展一系列理论、方法、材料、工艺等的研究。为适应宽速度域、不同模态下的飞行，须采用全新的组合循环发动机；最现实的途径是以涡轮喷气发动机为基础、由传统涡轮发动机和超燃冲压发动机组合而成的“涡轮基组合循环动力”，及以火箭发动机为基础、由火箭推进和超燃冲压发动机组合而成的“火箭基组合循环动力”。

综上，应对军用无人机技术挑战的主要任务是，大力开展气动、结构、动力、控制等主要技术突破方向的研究，急迫提高感知和规避（sense & avoid）能力，大幅改善控制和通信（control & communication，C2）能力；同时，在效益、效率、经济性、通用性、互操作性等方面进行集成与权衡。

民用无人机

同神秘、“冷血”的军用无人机相比较，各种各样的民用无人机与国计民生贴得更紧，它们是人类生产工具的延伸，科学研究的利器，更像是漫天飞舞的空中机器人、能与人类交流的自由飞翔的精灵。在历史发展的长河中，民用无人机注定具有更加久长的生命力，具有全面发展的永不枯竭的活力。我看好民用无人机的发展。

当前，民用无人机发展和应用的一大特点是，它已经与通用航空（general aviation）的发展融合在一起，已成为大部分通用航空业务中的新品种航空器，重点是可执行各类作业任务的固定翼与旋翼类无人机。除大众熟知的航拍、娱乐、运动等以外，在工农林牧渔业、服务业、边境巡逻、灾情特情监测、交通管控、治安监控等方面的应用几乎没有边界，宽广的应用领域正孕育着民用无人机井喷式发展的热力。

此外，科学试验与研究用无人机的发展也十分活跃，在新布局、新飞行原理、仿生和微小型等方面，尤其引人注意。

2011 年 4 月，德国费斯托（FESTO）公司研制出一款仿生鸟（Smart Bird），翼展 2 米，重 450 克，翼可上下拍动，并按一定角度扭转，头、尾可摆动，能自动起飞、飞翔和降落，灵活程度可以和真正的鸟相媲美。随后还研制了仿生蜻蜓。同期，我国西北工业大学宋笔锋教授的团队和南京航空航天大学昂海松教授的团队也各自研发了具有世界水准的两款仿生鸟“金鹰”与“信鸽”，在 2011 年举行的首届国际无人飞行器创新大赛中崭露头角，取得佳绩，受到关注。2014 年 5 月 2 日，美国哈佛大学发布机器人“马蝇”试飞成功，这是迄今世界最小尺寸的无人机，仅 1 美分硬币大小，每秒扑翼 120 次。其最诱人的潜在应用竟然是代替由于滥用农药导致绝迹的蜜蜂去实施农作物授粉。

2006 年成立的深圳市大疆创新科技有限公司，以其独有的技术优势，成为业界翘楚，其产品占领了航拍类无人机 70% 的世界市场，现正进军工业级无人机领域。从 2013 年开始，中国淘宝和谷歌、亚马逊、UPS 等电商与快递巨头先后宣布无人机配送计划，紧锣密鼓地开发可以自动运送货物的无人机业务。

综合起来，民用无人机发展面临的主要技术挑战如下。①自主飞控技术。与军用无人机相仿，当今急速提升的计算机处理能力和人工智能技术成果，可以不断提供相应的实用技术，有望使一部分民用无人机率先和真正成为“会思考”“能决断”的空中机器人。②空管与通信技术。借助于高速宽带网络与数据链，以及配套的监视、识别技术，可实现无人机与地面系统的互联互通和无缝的监测管理，实现空域“电子围栏”和物项“电子标识”等。③平台与载荷技术。新材料和微机电的技术进步，将使任务载荷和传感器获得大发展，并进一步减轻无人机平台重量，降低平台成本，实现多样化的任务能力，获得更好的抗坠毁和坠地减灾能力。④动力与储能技术。更强的续航能力需要新动力和新储能器件，例如，电池性能改进可使续航能力大幅提高，新能源和新样式动力可赋予无人机更长的飞行时间。

使用与管理

我国无人机发展与世界先进水平基本同步，在部分品种如消费类无人机方面居世界领先地位。在国家整体经济实力快速提升、对各类无人机需求旺盛的背景下，我们有能力全面加快无人机产业发展，成为世界无人机大国和强国。

首先，要做好产品的研发工作，动员社会各方资源，提升无人机的产品开发效率；全社会的关注、重视和广泛参与，是无人机事业的福音，是无人机事业兴旺发展的必要条件。

同时，要组建产、学、研、用、管、控一条线的综合系统，加强法规和制度建设，把无人机用活用好。在技术发展方面，需要有一个统筹规划和整体安排；对高端无人机特别是军用高端无人机，开展谱系规划指导下的产品开发和国家资源为主的技术开发。只有不断充实技术储备，研究和掌握无人机领域的关键技术，以至世界最高水平的先进技术，才能支撑无人机事业的持续和长久的发展。

在民用领域，则要紧扣市场需求，研发各种适用的无人机，在不断注入新技术的前提下，保持我国在消费类无人机领域的领先，并拓展与提升在更广泛领域里我国民用无人机的技术优势与创新能力。世界著名科研机构和企业，正在调动他们的资源，特别是研发综合优势，投入民用无人机领域。我们处于激烈竞争的态势中，在一些方面已无或有可能丧失优势地位，必须创新技术，积极应对。

民用无人机的使用与管控，已成为推动或制约无人机发展的重大问题。要充分重视，并找到解决这一问题的良策。

据艾瑞咨询公司的市场分析，到 2025 年，国内无人机航拍市场规模约为300亿元人民币，农林植保约为200亿元人民币，安防约为150亿元人民币，电力巡检约为50亿元人民币，这还只是一部分作业任务。面对民用无人机庞大的市场，特别是为做好通航作业与服务，应当做好无人机适用性管理及安全监管工作。实际上就是三件大事：第一，确保无人机本身是适用和安全的；第二，操作无人机的人员是合格的；第三，飞行空域和飞行计划是获得批准的。

应用民用无人机的各国，面临的问题是相同的。全球范围，无人机的管理规范总体缺失，管理与监控实践缺乏。我国当前也处于同样状况，考虑到国情的不同，我们的主要问题不在技术，而在体制。监管主体不明，权责不清，加之空域管理欠佳，造成无人机使用热情高涨，管理却“神经”紧张，宽严不当，“黑飞”不绝。在探索和进步的道路上，国家主管部门和一些有责任心的机构、企业及一大批有识之士，克服困难，主动进取，做了许多有成效的工作，取得了不小的进展。

迄今，围绕民用无人机管控的主要事件与进展如下。

2003年5月1日，施行《通用航空飞行管制条例》，明确规定无人机用于民用业务飞行时，须当作通用航空器对待。

2009年6月，发布《民用无人机空中交通管理办法》。该办法指出，组织实施民用无人机活动的单位和个人应当按照《通用航空飞行管制条例》等规定申请划设和使用空域，接受飞行活动管理和空中交通服务，保证飞行安全。

2012年以来，工业和信息化部就无人机企业的准入问题，启动“民用无人机研制单位基本条件及评价方法”研究。旨在通过对民用无人机研制单位基本条件进行评价，规范民机制造业市场竞争秩序，引导行业基本资源与能力需求，引导资源配置、技术研究与管理水平的发展方向，促进国内民用无人机产业的健康快速发展。

2013年11月18日，发布《民用无人驾驶航空器系统驾驶员管理暂行规定》，主要解决无人机的驾驶员资质管理，并规定重量小于等于7千克的微型无人机，飞行范围在目视视距内半径500米、相对高度低于120米范围内，无须证照管理，但应尽可能避免遥控飞机进入过高空域；重量等指标高于上述标准的无人机及飞入复杂空域内的，驾驶员须纳入行业协会甚至中国民用航空局的监管。提出融合空域和隔离空域的概念（前者指有其他有人驾驶航空器同时运行的空域，后者指专门分配给无人机系统运行的空域）。

2014年4月29日，下发《关于民用无人驾驶航空器系统驾驶员资质管理有关问题的通知》。规定，无人机驾驶员资质及训练质量管理由中国航空器拥有者及驾驶员协会（Aircraft Owners and Pilots Association，AOPA）负责。

2014年7月发布《低空空域使用管理规定（试行）》（征求意见稿）。围绕空域分类划设、空域准入使用、飞行计划审批报备、相关服务保障、行业监管和违法违规飞行查处等方面，对未来真高1000米（含）以下区域的管理进行详细阐述。低空空域将分为管制空域、监视空域、报告空域和目视飞行航线四大类，并就空域的准入条件分别提出了要求。无人机的飞行不存在航线一说，只是划设一块区域，让无人机在区域内作业。该规定的发布意味着民用无人机飞行合法化，对打开无人机市场有重要意义。

关于空域的划分和使用，也有专家提出，应该反过来，把管制空域控制在一定范围，剩余的广大空域都是监视空域或报告空域，只有这样才能实现跨区域、连续性飞行，并且不用批复，报备飞行计划即可。这一天的到来，才是通用航空包括无人机发展的春天真正来临。当然，这是更大的空域管理改革问题，还需要更深入的研究和足够的耐心。

2015年12月22日，无人机系统标准化协会理事会及技术委员会成立。确定理事会及技术委员会职责，发布了《无人机系统术语》和《民用无人机系统分类及分级》两项基础性标准。《无人机系统术语》规定了民用无人机系统的常用术语及定义，适用于无人机系统的设计、生产、销售和使用。《民用无人机系统分类及分级》规定了民用无人机系统的分类和分级要求，适用于民用无人机系统的行业监督、研制生产及交付使用。其他无人机系统（气球、风筝、无人火箭、无人自由气球等）可参照使用。

2016年2月22日，国务院、中央军委空中交通管制委员会召开无人驾驶航空器部际联席第一次会议，讨论《无人驾驶航空器飞行管理规定（讨论稿）》，部署后续工作任务。

在该规定中，明确定义适用此规定的无人驾驶航空器“是指没有机载驾驶员操纵的航空器，不包括航空模型、无人驾驶自由气球和系留气球”，并指出“同时满足最大起飞重量不超过7千克、飞行高度不超过真实高度120米、最大飞行速度不大于120千米/小时、在划定空域内全航程在机组人员目视视距范围内飞行等条件的民用无人驾驶航空器不适合本规定，参照航空模型管理，其管理规则有国家体育总局制定。”该规定还提出关于适航、定型、身份识别、销售备案、频谱管理、机组成员定义、培训管理、合格证和执照管理、飞行空域划设原则、批准权限、审批权限、飞行计划申请/审批等一系列具体规定。

在该规定附则中，还特别说明本条例中所指的“航空模型，是指用于业余爱好或娱乐、竞技比赛、体育运动，仅能在操作（飞行）人员目视范围内飞行的、不载人的无人驾驶航空器。”而“试验无人驾驶航空器，是指用于航空试验和科研验证任务的无人驾驶航空器。”“两用物项，是指能用于民事和军事用途，并可被用于武器研究、开发、生产或有助于提升军事潜力的商品和技术。”

上述工作仍处于进行时，该规定也在征求意见的过程中，但我们能大体了解有关无人驾驶航空器的管理思路、内容与方式。涉及需实施管理的无人驾驶航空器范围界定时，虽然航空模型也作为无人驾驶航空器，这是就无人驾驶这一共同点做出的论定，而在该规定适用范围里，是将航空模型与无人机明确区分的。

这里，我们不妨也比照一下美国民用无人机管理的情况与动向。

根据我看到的一些资讯，我觉得，美国极为看好民用无人机市场，采取积极措施推动应用。在这项工作中的思路和特点可以归纳为：①由美国联邦航空管理局实施统一管理；②充分重视民意，尊重最终用户和工业界意见；③采取有区别与灵活对待的态度；④实施不断调整与适度放宽的原则。

2007年2月13日，美国联邦航空管理局发布的政策声明72-FR-6689《关于无人飞机系统（UAS）在国家空域系统（NAS）中的操作》中指出，鉴于它们既可作为一个简单的遥控模型飞机用于娱乐目的，也可做复杂的飞行来完成监视等其他任务；在此背景下，将无人机分为三类：作为公共飞机的无人机、作为民用飞机的无人机和作为模型飞机的无人机。

2016年3月，美国联邦航空管理局发布的年度无人机预测报告中说："在整个航空市场，无人机是发展最强劲的领域。预计到2016年年底，无人机数量将达到250万，而增长最快的是消费类无人机。到今年年底，预计用户将购买190万架无人机。而到2020年，在市场上的700万架无人机中，将有430万为消费类无人机"。

美国交通部前部长安东尼·福克斯表示："美国联邦航空管理局仍然看好无人机这项新的技术，我们也认识到无人机行业对国家空域系统的需求，我们一直致力于建立一个灵活的管理方法，不但可以适应创新技术，也可以保证公民的利益不受损害。"

最近，美国联邦航空管理局正在考虑微型无人机航空规则制定委员会（Micro UAS Aviation Rulemaking Committee，ARC）的最新提议，即修改此前出台的无人机管理规定，允许部分无人机在人口稠密区上空飞行。如果美国联邦航空管理局能够采纳ARC的建议，商业无人机有望得到更广泛的应用。美国联邦航空管理局局长迈克尔·韦尔塔近日还宣布，将成立无人机咨询委员会，以提供无人机集成问题的相关建议。学校和学生将无须申请而获得豁免，允许直接将无人机用于教育和研究目的。

我国民用无人机监管还处于起步阶段，监管的方式方法也在根据市场需求建立和不断调整之中。有理由相信，在政府、非政府组织（non-governmental organization，NGO）和无人机企业三方的共同推进下，在空域管理改革的有力保障下，进一步明确监管主体与权责，加快建立监控管理规章体系，研发和推广使用各种监控装备与技术手段，我国民用无人机必将迎来全面发展和广泛、灵活使用的大好局面。

再谈无人机与航模

航空模型和无人机是在航空事业发展中出现的两个技术概念、两个品种。在新的发展环境中，高端航空模型和中低端无人机的界限已经难以分清，科学验证用的有动力航空模型成为新的无人机类型，创新发展的无人机不断为新型航空器发展增添动力，航空模型运动也在推出科研创新型项目。无人机与航空模型应该也可以相互促进、互动发展。如果说过去的百年进程中，航空模型和无人机同源殊途、共生共存的话，那么现在，两者正在殊途同归、相互融合，正在推动创新发展和大力普及航空科技两个方面密切互动。

以无人飞行器创新大赛①为例，其中的创意赛作品既是无人机，又是航空模型，因其不注重载荷配置，而主要关心飞行性能，甚至更像是高端航模。而在空中机器人大赛②中的那一个个鲜活的作品，由于大部分选用成熟商用航模为平台，高度聚焦于任务载荷，所以它们既是腾挪于特定空间的机器人，又可当之无愧地被称为无人机。

鉴于航空模型和无人机发展的关系，应该更多地关注和推动面向社会的航模活动，促使更多的青少年热爱、投身航模活动，从这里起步，去领悟广义航空模型的魅力，去直接触摸无人机事业；这既是学习航空知识的生动课堂，更是献身伟大航空事业最初的战场。

---

① 始于2011年，由中国航空工业集团公司、中国航空学会主办的一项高水平国际无人机创新赛事，旨在促进航空器科技创新，已举办5届。

② 由美国佐治亚大学罗伯特（Robert C.Michelson）首席研究工程师创办的一项世界性的大学生无人机竞技比赛，已举办7届；自2012年，开设该项赛事的亚太地区。

助力未来航空的四项技术①

前沿技术研究本身具有不确定性，判定其是否与航空有关，则是见仁见智，需要不断地调整迭代。这里列举了几项前沿技术，其中有些已经或即将出现实用化技术成果，但总体上仍属前沿技术，需要我们高度关注，洞察进展，预判价值，参与研究，适时获取，推动应用。

纳米材料与低维化技术

航空界有一种说法：一代材料，一代飞机。此言不虚。飞行器从最初出现时的以木料和纺织物为主料，到实现全金属，再到复合材料的大量使用，回到非金属主料，划了一个奇妙的螺旋，在能够看到的时日里，最有可能给飞行器实物形态带来石破天惊的变化、从而使整个航空业激变的，非以纳米材料为代表的新材料莫属。纳米结构材料如能代替金属，飞行器结构重量占比的世纪难题将被化解，薄如蝉翼的飞行器外表面将不是梦，而随着纳米技术的实用化，这些如梦如幻的情景将变为现实。

纳米技术是纳米尺度（0.1～100纳米）材料与纳米结构（尺寸在100纳米以下）的科学与技术，主要包括纳米材料、纳米动力学、纳米生物学和纳米电子学，所有这些分支都与未来飞行器的发展息息相关。而低维化技术是指研究维数小于3（二维、一维和零维）的材料性能与制备的专门技术：二维材料指两种材料的界面或附着在基片上的薄膜，界面深度或膜层厚度在纳米量级，典型的如半导体量子阱；一维材料又称量子线；而零维材料又称量子点，是由少量分子和

① 本文写于2016年5月30日。

原子堆积而成的纳米量级微粒，半导体和金属的原子簇（cluster）是典型的零维材料。低维化技术将伴随纳米材料相生相长。

纳米尺寸的物质具有突出的表面效应、小尺寸效应和量子限域效应，因而纳米材料具有迥异于普通材料的光、电、磁、热、力学、机械等性能。纳米动力学包括微机械和微机电，总称为 MEMS，用于有传动机械的微型传感器和执行器、光纤通信系统和特种电子设备等。纳米电子学的内容包括基于量子效应的纳米电子器件、纳米光电材料，以及原子操纵和原子组装等。

最接近航空应用的碳纳米材料包括石墨烯、碳炔和碳纳米管，任何一个项目的突破，都有可能给航空发展带来惊喜。石墨烯是单层碳原子片状材料；碳炔是碳原子聚集形成的链，可看作厚度为一个原子的石墨烯条带；碳纳米管是径向尺寸纳米级、轴向尺寸微米级，由呈六边形排列的碳原子同轴圆管组成的特殊结构材料。碳纳米材料具有优异而独特的性能，以碳纳米管为例，其硬度与金刚石相当，却拥有可拉伸的柔韧性；长径比达 1000 以上，具有可恢复形状的高韧性，强度比同体积钢高 100 倍，重量却只有后者的 1/7 ～ 1/6；具有目前已知材料中最高的熔点。纳米技术的航空应用已经有所突破，纳米涂层材料已投入使用，基于碳纳米管的复合材料也已进入工程评估。

航空科技人员不仅应关注纳米技术，还应直接推动和参与部分基础研究和航空工程应用研究。2014 年 5 月，中国航空材料研究院发布首创石墨烯增强铝基纳米复合材料的重大成果，这是航空工业界纳米材料技术研究的一个里程碑事件，表明中国航空界对纳米技术的重视与开发，从真正意义上进入了一个新阶段。

除纳米材料外，与飞行器结构和特殊功能系统密不可分的其他先进材料和多种类型的功能材料，如超材料（metamaterial）、智能材料、仿生材料与极端制造技术，对未来飞行器的发展同样有着重大影响。极端制造是指在极端条件或环境下，制造极端尺度（特大或特小尺度）或极高功能的器件和功能系统。极端制造往往表现出材料制备与构件（或器件）制造一体化的特点。极端制造涉及微纳尺寸部件的制造、超精密制造、巨型系统制造和强场制造，相关基础理论与方法包括深层次物质与能量交互作用规律，高密度能量和物质的微尺度输运，微结构形态的精确表达与计量，制造体成形、成性与系统集成的尺度效应和界面科学等。

新能源与新形态航空动力

航空动力是飞行器发展的基本驱动力之一。百年来，航空动力的每一次重大进步都带来了飞行器的巨大变革，甚至跨代的革命性变化。如今，传统航空动力几近极限，虽然人们仍在苦苦寻找更好的设计、更好的材料和更好的工艺，以实现更高的推重比（功重比）和更低的耗油率，但却越来越难，代价也越来越高。同时，由于自然资源终有穷尽，还必须寻求新的航空能源。于是，人们不得不在两个方面奋力前行，一方面，继续推进传统动力的革新性进步；另一方面，必须寻求新的突破。谁率先在新能源、新形态和新概念航空动力方面有所斩获，占得“高地”，谁就将赢得21世纪航空发展的先机和优势。而要获胜，至少应在以下方面开展先期研究。

高超声速动力的发展有着急切的需求。目前，以超燃冲压及其组合循环发动机为主流的高超声速动力系统技术仍未完全实用化，在超声速推进与燃烧理论与方法方面还需进行深入的基础研究。

从单一的化学燃烧能源，尽快走进多元化能源时代，需要开展电化学能源和各种自然能源（如太阳能、核能、生物燃料等）的新航空动力系统基础理论与实验探索。形形色色的新概念动力也在加快发展，主要包括：等离子推进、场推进、反重力推进等概念探索和基础理论研究。以等离子隐身-反引力推进系统为例，其基本概念是：将超高压正极连在飞机尖锐前缘，负极连到尾喷流，负离子化尾喷流热能和流动动能转化为静电势能，进一步提升正负极间电压，产生负极指向正极的水平引力，使飞机获得的推力数倍于发动机推力；正电子产生的离子化气流同时可造成隐身效果。此外，着眼于长远，还应关注和参与破译引力本质，掌握反引力技术，突破重力场和大气层的束缚等一系列概念研究和基础研究。

2014年10月，洛克希德·马丁公司宣称，其臭鼬工厂的一个创新团队所设计的磁约束密集型核聚变装置有望实现小型化，5 年内造出原型，10 年左右有望用于飞机。

无独有偶，2015 年 7 月波音公司宣称获批一项关于利用激光引发核聚变的技术专利，有望产生飞行器新动力。相比核裂变，核聚变几乎不会带来放射性污染，其原料取之不尽，可视为终极的能源方式。无论前面的道路还有多远，一旦突破，将开启真正的“原子和平”（atoms for peace）时代，无限久远的飞行将不再是梦。洛克希德·马丁和波音公司的动向，值得我们深思和重视。

扑翼自由飞与仿生飞行器

全世界现有万种鸟和百万种有名姓的昆虫，它们的共同特征是能做出让人类神往的自由飞，它们通过翼的扇动、拍打、扭曲、变形和旋转，实现低耗能、高升力的扑翼飞行。人类迄今研制的飞行器的飞行原理与扑翼飞全然不同：固定翼飞机的升力来自相对于空气前行时机翼上下表面所造成的“气压差”——类似于风筝；旋翼飞行器的升力主要来自当翼面受到驱动在空气中“环行”时，空气对其产生的不间断反作用力。

人类实现扑翼飞的重大难题至少有三项：一是高升力（利用非定常气流产生）机理研究；二是节律运动（时间和空间对称）控制律研究；三是仿生飞行器设计与工程实现的科学问题与基础技术。人类在仿生飞行学方面的研究还十分单薄和初级。进入 21 世纪以来，由于高性能计算机、微机电、仿真、新材料和新结构技术等的进步，让人们燃起了新的希望。基于仿生飞行器气动原理、轻质柔性结构材料与结构制造、新型传感器等方面不断取得突破，人们有理由期待仿生飞行器将在 21 世纪变为现实。

在实现扑翼飞行之前，作为一个重要的发展阶段，人类将十分关注可变体飞行器。这类飞行器通过自主感知速度、压力等环境参数，可按指令弯曲、扭转成不同结构形状，以主动改变外形来适合不同飞行条件下的性能要求。可变体飞行器涉及众多技术领域，如变形体空气动力学、微流体力学、智能流动控制等，要解决气动原理和性能预测、变形过程中的飞行稳定性与操纵性、轻质高强高疲劳的结构 / 功能一体化、气动弹性问题等一系列技术难题。

伴随着人类开发利用新能源的脚步，必须研发在原理和形态上与传统飞行器明显不同的新型飞行器，需要解决大量科学与技术问题，尤其是飞行器的构型与布局。未来飞行器将向高性能、多功能、复合化、智能化、低成本和高环境适应性的方向发展，传统的固定翼飞机和直升机的各自独立飞行方式正在被颠覆，高速旋翼机、混合式飞艇、前翼-旋翼 / 机翼飞机、“圆盘旋翼”机、风扇-推力混合动力垂直起降飞机等新构型新布局飞行器正在孕育。所有这些，都有赖于相关基础技术的新成果，应引起高度关注。

脑机交互和新控制系统

脑机交互是指不依赖大脑外周神经与关联肌肉动作的正常输出通道，通过采集和分析人脑生物电信号，经解算、调制和解调，实现“直接”控制对象设备或物体。这是一项颇为神秘但极具应用价值的前沿技术，如同中国古时的“读心术”以及“所思即所得，所想即所动”的追求，有望变成实用技术群和鲜活的物理系统。

近年来，脑机交互技术有了重大突破。经脑机接口（brain computer interface，BCI）采集到的脑电信号，经过专门算法，解读出指令参数，生成特征信号，传给具有一定智能功能的设备，已可实现在执行端的人机交互。2013 年，美国明尼苏达大学实现人类首次用脑电波控制四轴遥控飞机。2014 年 5 月，德国慕尼黑工业大学在脑飞行计划（Brandflight）中实现飞行员用大脑精准操控飞行；9 月，西班牙、法国、美国科学家联合发布人际脑电波远程（8000 千米）传输首获成功，发出的信号在编码端和解码端正确无误地得到传递与接收，昭示在不远的将来，脑机之间的直接交流将成为可能。

这项技术将对航空发展带来意义深远的影响。基于脑机互动的控制系统与飞行动力学相结合，将产生新的飞行控制方式；大脑对飞行器的直接控制，将减少或完全替代人的肢体操作，极大地改变传统的人机界面；借鉴人脑构造和运行，可以开发出全新的信息处理系统，并可对人的神经活动和思维能力产生干预和控制，从而赋予飞行器航电系统新的功能和形态。

你好，萨利机长[①]

今天是周日，偕家人走进影院，观看了本月 9 日开始在北京公映的美国电影《萨利机长》。这是一部好电影，按我们中国式思维和语言来说，这是一部积极正面的主旋律影片，但它又很特殊，是少有的不以情节取胜，而是在平平静静的叙事中，真真切切、一点一滴地打动你的好电影。

感谢导演克林特·伊斯特伍德，他很神奇，演而优则导，演的片子精彩，导的片子更有特点。

感谢主演汤姆·汉克斯，他是一个永远的银幕君子，在这部片子中，他的情感分寸感拿捏得极好，把萨利机长演绎得真实而感人。

当然，更要感谢 2009 年 1 月 15 日哈得逊河面迫降事件的主人公、萨利机长的原型——执飞当日美利坚航空公司 1549 航班的机长切斯利·萨伦伯格，以及他的副驾、机组人员、民航机场地面工作人员、全体乘客和参与施救的所有警察、船员等求援人员，任何一个环节上的任何一个疏漏，都不会成就 155 名乘客与机组人员全部生还的奇迹。

但我更想说的是，这个事件本身、基于这个事件而创作的《最高职责》及这部电影，既是一曲职业精神的赞歌，更是普及航空器与飞行、民航运行和紧急救援体系等多领域知识的生动教材。

我们崇尚英雄主义，但英雄主义不是从天上掉下来的。现代社会里的一个职业人，他的职业精神的坚守、职业技能的积累，加上渗透进他血液里的道德修养与人文情怀，会促使他在需要的时刻，在他的职业领域，自然地做出选择（无须也无暇做艰难取舍的思想斗争），取得看似平常、实则惊天动地的业绩，而迸发出英雄主义的冲天光芒。很多英雄在成为英雄、受到人们尊崇之时，常说，“我不是英雄，

---

① 本文写于 2016 年 12 月 11 日。

我只是做了我的本职工作”，这既是自谦，更揭示了一个深刻的道理：英雄出自常人，伟大寓于平凡。让我们像萨利机长那样热爱自己的职业，忠于职守，掌握精湛技能，平日里为自己的客户提供最优质的服务，做合格的职业人，危难之时一样能成为像萨利机长那样的凡人英雄。这样的例子，中西皆然，举不胜举。

这部片子中所有涉及航空运输的技术细节都无懈可击，为这部片子的真实性与艺术性的完美结合提供了支撑，同时也成为一部极好的航空科普的教材。人们现在已经离不开民航运输了，可是在享受民航运输带来的巨大福祉时，人们并不知晓其背后复杂的技术与严格的管理。这部片子在讲故事的同时，生动而集中地展示和介绍了许多相关知识，包括：航班运行的准备工作，地面控制系统的指挥调度，飞行过程中与地面的联络，出现事故后的调查质询，事故原因的联合分析，计算机系统对故障与操作的模拟，公开听证会的召开方式，异地互联与实时传输手段的应用，当然更包括民用客机的构造和乘坐使用时的常识等，通过视觉冲击，给观影人连贯、形象的科普教育，其效果非常之好。观影时，我身旁是一位八九岁的男孩子，他全程全神贯注。结束时，我问他：“好看吗？喜欢吗？”他回答：“好看，喜欢。”我想，对于这个孩子，除了记住这个感人故事外，作为故事背景的、点点滴滴的航空知识也就以细雨润无声的方式融入了他的头脑。

现代民航运输的安全性较之其他任何交通工具都要高，这种安全性首先来自飞行器的品质保证，同时也来自运行系统的严格和周密。从 20 世纪八九十年代以来，对于后者的依赖越来越明显，以致我们在分析近年来重大民航事故时，几乎全部是由于特殊的政治军事因素的事件或者人为因素、运行管理原因（如 2016 年 11 月 29 日载有巴西沙佩科恩斯足球俱乐部球员的飞机因燃料未加足及驾驶员个人原因，在哥伦比亚坠毁，导致 71 人死亡的重大事故）所致。

观看这部影片后，不仅不会让人对民航运输安全性产生疑虑，反而会使人们平添更多的理解与信任。中国民航的安全记录已进入世界最好的水平之列，希望继续保持，光大荣誉，也希望乘客给予更多配合。而相比于影片中展示的纽约地区的应急救援体系与社会救助能力，我国在这一方面的差距明显，确应大大加强。

试飞常识十条[①]

近日，随着张子影[②]长篇报告文学《试飞英雄》的社会影响的扩大，许多读者渴望了解关于试飞的基本常识。

三天前我在西安出差时，得知几位并非从事航空的女士在读了子影的书后，受试飞英雄事迹感召，专程从北京前往试飞院，拜会慰问试飞员妻子。我还有幸见到了其中一位，她叫李娟。她们的情怀令我大为感动，也使我萌生了宣传普及试飞常识的冲动。于是，在昨天回京后，即开始编写此文。

我在主编的《新航空概论》有关章节内容的基础上，精简组合，写成本文，供大家参考。当然，这里罗列的常识十条是很初步的，若想真正知晓试飞的浩大技术体系，领略试飞的内涵、作用与魅力，还需要更深入的学习。

试飞的概念

试飞是飞行试验的简称，是指对航空器、组成航空器的系统与设备在真实飞行条件下所进行的试验，及科学技术研究验证活动（实验）。

试验和实验的内涵不同。试验是指针对已有事物，为了解其性能与结果而进行的试用操作；而实验是用以检验某种假设或验证某种科学理论而进行的操作。

试飞的目的是，通过飞行，并借助各种测试手段，获得飞行试验数据，验证航空新技术、新方案和新原理；鉴定航空产品是否满足规定的性能要求、技术要求、战术要求、适航标准等。

---

① 本文写于2017年9月25日

② 张子影为现役空军作家。

试飞分类

按照任务性质，试飞分为研究性试飞和型号试飞。前者是利用航空器，探索未知领域、研究新技术、检验新理论和为研制新型号提供依据的试验；后者是以型号产品为试验对象，检验其性能与可靠性的试验。

按照航空器属性，试飞分为军机试飞和民机试飞。

按试飞试验对象或试验内容，试飞分为空气动力与性能试飞、动力系统试飞、飞控系统试飞、航电系统试飞、机载武器试飞、机械系统试飞、电气系统试飞、生命保障和环控系统试飞、起飞着陆试飞、目标特性测试、外部参数测试等诸多类型。

型号试飞

人们最为关注的型号试飞，一般有以下几步或几种。

首飞，新研制型号的原型机首次飞行称为首飞。

调整试飞，又称发展试飞。在首飞之后、鉴定试飞之前，为调整飞机、发动机及机载设备使其符合鉴定试飞状态而进行的试飞，目的是暴露设计和制造中的缺陷，排除故障，使新机达到设计要求或达到预定性能，为鉴定试飞做准备。

鉴定试飞，又称验证试飞、定型试飞。对经调整试飞后处于定型状态的航空产品，为获取性能数据，并全面鉴定其是否达到设计标准和使用要求而进行的试飞，目的是为型号定型投产提供依据。

使用试飞，在鉴定试飞后，由用户对飞机在各种拟定的使用条件下，考核其是否满足使用要求而进行的试飞。

出厂试飞，已批准定型投产的批生产飞机，按照订货方和制造商签订的合同，为检验飞机生产质量而进行的试飞，分为交付试飞和抽查试飞两种。

验收试飞，根据订货合同规定的验收项目，订货方对飞机及其系统的基本性能和质量进行验收考核而实施的试飞。

试飞技术

现代试飞技术是支撑和保证飞行试验得以顺利完成的所有相关技

术的总称，是由飞行力学、强度载荷、飞行品质、振动与声学、动力装置、机载设备、飞行控制、飞行模拟、自动控制与辨识、可靠性与维修性、数据处理、飞机系统等百多个专业构成的相互配套的宏大技术体系。测试与数据处理是飞行试验技术的核心。测试与数据处理由机载测试系统和地面测控处理系统两大系统来完成。

试飞体系

中国的试飞体系由中国飞行试验研究院（位于西安阎良）、各飞机（直升机）总装厂的试飞站及军队的相关基地组成。中国飞行试验研究院是国家授权的军机鉴定和民机适航审定试飞机构。

美国试飞体系是军、民机分开，研究性试飞和型号试飞分开。军机试飞由空军试飞中心（AFFTC）、海军航空试验中心（NATC）和陆军航空技术试验中心（ATTC）组织实施。民机试飞由联邦航空局（FAA）民机试飞中心和各大公司组织实施。研究性试飞由国家航空航天局（NASA）德莱顿飞行研究中心（DFRC）组织实施。

俄罗斯的主要试飞机构有两个：空军红旗研究院和格罗莫夫试飞研究院。除此之外，各航空总装厂也承担部分飞行试验任务，但都在格罗莫夫研究院的控制和指导下进行工作。另设有专门培养试飞员的俄罗斯国家试飞员学校，我国著名试飞员雷强、李中华、张景亭等都曾在该校接受过培训。

试飞的特点

试飞是一项综合性强、风险性高、耗资大、周期长的科学技术活动。

综合性强：试飞是对飞机的全面考核，其内容包含飞机研制所涉及的各个专业。

风险性高：新研飞机难免存在缺陷，任何缺陷或故障均可招致严重后果；许多试飞科目都超越了飞行包线的边界，进行边界或超边界飞行无疑是巨大的风险；新技术、新领域潜伏着诸多未知因素，未知因素导致风险增加。

耗资大：据统计，现代作战飞机的试飞费用占整机研制经费的1/4～1/3。试飞是用钱“烧”出来的，钱“烧”不到位，隐患不能充分暴露，问题也就不能真正解决。

周期长：螺旋桨时代的飞机相对简单，试飞周期不长。但当代高性能飞机的技术与系统十分复杂，试飞周期变得漫长。据统计，一架现代作战飞机从立项到小批量生产，要完成2500～5000架次的飞行试验。若按2500架次的试飞要求计算，仅使用1架试验机，完成试飞过程需要250个月，即20余年；使用5架试验机，试飞周期需要50个月。F-22项目使用9架试验机，试飞周期长达8年。V-22项目的试飞周期更绵延20多年（表1、表2）。

表1 几种战斗机的试飞周期、试验机数量和试飞架次

机型	研制周期 / 年	试飞周期 / 年	试验机 / 架	试飞架次 / 次
F-16	6	4	9	1725
F/A-18	6	4	11	3400
JAS-39	14	8	5	2300
阵风	16	12	5	5000
F-22	15	8	9	3600

表2 F-22项目的飞行试验安排

试验机	试飞内容	计划首飞	实际首飞	交付试飞
4001	飞行品质、颤振、载荷	1997年5月29日	1997年9月7日	1998年2月6日
4002	大迎角、武器分离、推进系统、性能	1998年7月9日	1998年6月29日	1998年8月26日
4003	飞行品质、颤振、载荷、M61A2机炮	1999年6月16日	2000年3月6日	2000年3月15日
4004	综合航电、CNI、可探测性	1999年8月17日	2000年11月15日	2001年1月30日
4005	综合航电、雷达、CNI、武器	2000年1月11日	2001年1月5日	2001年3月
4006	综合航电、可探测性	2000年5月18日	2001年2月5日	2001年5月
4007	综合航电、飞行器性能、可探测性	2000年9月25日	2001年10月15日	2002年1月5日
4008	综合航电、可探测性	2001年2月2日	2002年2月8日	2002年5月
4009	综合航电、可探测性、后勤保障	2001年6月1日	2002年3月21日	2002年5月5日

民机试飞

民机试飞有不同于军机的特点，但也是庞大、复杂的系统工程。分为申请人试飞（包括首飞、研制试飞、表明符合性试飞、飞行模拟机数据提取试飞、试飞员 / 飞行员训练试飞）和局方试飞。前者是由研制生产方进行的、全面的验证试飞；后者是由民航管理当局组织的考核性试飞，目的是确认是否满足适航标准，检查验证申请人试飞的结论。就其作用，局方试飞高于申请人试飞，其结论直接影响适航取证。申请人试飞和局方试飞都必须按照适航审定标准进行。

民机试飞一般包括性能试飞和飞行品质试飞两部分内容。性能试飞包括总 / 静压系统校准、失速性能、起飞性能、爬升性能、巡航性能和着陆性能等；飞行品质试飞是验证飞机稳定性、操纵性和机动性等是否与有关适航标准相符合，主要根据试飞员的体验进行核定性判断，而试飞过程中所记录的数据起证实作用。表 3 为 A380 项目的试飞安排。

表 3　A380 项目的试飞安排

试验机号和状态	飞行小时	试飞内容	首飞时间
MSN001（罗・罗发动机，安装大量测试设备）	600	基本操纵性能检验，结构和系统研制与鉴定	2005 年 5 月 27 日
MSN004（罗・罗发动机，安装大量测试设备）	600	爬升和巡航性能测量，推进系统研制与鉴定，冷热环境试验	2005 年 10 月 18 日
MSN002（罗・罗发动机，安装一般测试设备）	500	安装全部客舱系统，客舱及噪声试验，早期远程飞行，机场兼容性验证	2005 年 11 月 3 日
MSN007（罗・罗发动机，安装少量测试设备）	400	安装全部客舱系统，客舱及噪声试验，后期航线验证试飞	2006 年 2 月 19 日
MSN009（发动机联盟的发动机）	400	基本性能，低温高海拔飞行，推进系统研制与鉴定	2006 年 8 月 25 日

注：5 架试验机，累计 2500 飞行小时；2006 年 12 月 14 日获得 FAA 和 EASA 型号合格证

研究性试飞

研究性试飞，一般不以某一具体型号为研究对象，而侧重于基础理论和应用技术的探索、验证；有时也针对某一新型号要求，进行特

定的专门技术的验证试飞。

研究性试飞是新机研制的“尖兵”。一百多年前，李林塔尔、莱特兄弟的飞行探索都是研究性试飞；正是由于航空先驱们的研究性试飞，才开启了航空时代的大门。通过试飞来验证新技术、新方案、新理论，进而带动新型号的研制，早已成为航空界的惯常做法，既可降低新技术的应用风险，又能加速新技术的转化步伐。三角翼、变后掠翼、电传操纵、主动控制、隐身等先进技术与概念，都是通过飞行验证才应用到实际型号当中的。

研究机

为推动研究性试飞工作的开展，需要研制或经过改装得到专门的试验机，也称研究机。在航空史上，出现过各种各样的研究机，所取得的成果对航空事业发展产生了深远影响。其中，最负盛名的是美国 X 系列研究机。如，X-1 用于研究超声速飞行问题；X-15 用于研究高速飞行时的气动加热、稳定性、操纵性问题；X-14、X-18 和 X-22 等用于研究垂直 / 短距起降和推力转向问题；近几年，又推出了 X-38、X-45、X-47、X-50A 等先进技术验证机。

试验机

试飞工作中还需要具备相对稳定功能的飞行平台，被称为试验机。它是指为验证新系统、新装备的原理方案和样机的可行性，而专门改装或研制的，供作被试对象载体的飞行器。它装有通用或专用的试飞测试系统，是将预研成果转化为应用技术的中间试验手段。利用试验机可以大大减少新机研制风险，缩短研制周期，节约投资。试验机有各种类别，用途各异，常见的有：变稳飞机、发动机飞行试验台、电子试验机、结冰试验机、弹射救生试验机等。其中，变稳飞机是指能在较大范围内改变飞机气动力导数、模拟特定飞机的稳定性和操纵性的试验机，用来模拟不同飞机的飞行特性和飞行品质。

源自中国的国际无人机大赛①

时令虽入冬，但安吉②的土地上仍秋色斑斓。在这块“两山”理论的沃土上，蓝天奏鸣曲再次响起。2017年11月10～13日，“航空工业杯”第五届国际无人飞行器创新大奖赛（UAVGP）暨2017安吉航空嘉年华，在这里闪亮开幕、完美闭幕。颁奖仪式虽遭遇降雨，但浇不灭我们的热情，而全程天公作美，赛事进展顺利。这已是大赛移师安吉后第三次举办，活动越办越好，影响越来越大。

又来安吉，安吉的大环境更好。党的十九大刚刚召开，发祥于安吉的“两山”理论被写入新党章。什么是“两山”理论？就是尊重自然、顺应自然、保护自然，绿水青山就是金山银山。在“两山”理论指引下，安吉正掀起建设最美县域的新潮，要把安吉打造成美丽中国县域样板。

在党中央“从二〇三五年到本世纪中叶，在基本实现现代化的基础上，再奋斗十五年，把我国建成富强民主文明和谐美丽的社会主义现代化强国”的号召下，“两山”理论的实践正扩展到整个国土，960万平方公里的土地上，美丽中国将成为福荫子孙的人间天堂。

新时代，创新浪潮澎湃；全中国，创新活力四射。就在赛事举办期间，中国的大客C919飞抵阎良，开始新阶段试飞。在遥远的阿联酋，阿勒马克图姆机场的迪拜航展上，以中国航空工业“翼龙”“云影”“风云”为代表的高端无人机及其系统，引来世界关注。而我们的赛事，一年一度的UAVGP，作为创新浪潮中的一朵奇葩，在安吉再次绽放。

---

① 本文写于2017年11月19日。

② 安吉，浙江省湖州市的一个县，是中国“美丽乡村”的典范，是“两山”理论的发祥地。

在庆贺第五届大奖赛成功之时，我想同大家一起回顾风雨兼程的往昔，再次品味这项活动的特色与收获，分享创建和践行这项活动的喜悦与成就感，从而坚定信心，在新时代背景下把这项活动搞得更好。

栉风沐雨为什么?

从筹备大赛的2009年年末至今，已走过了8个年头。从2011年在北京小汤山中国航空博物馆举办的第一届，到2013年在北京密云机场举办的第二届；再从2015年到2017年，在安吉连续三年三届。此刻，我们再次发问：为什么要举办这项活动，即使困难重重，也栉风沐雨、乐此不疲?

最恰切的回答是——不忘初心，牢记使命。初心在哪里？初心就是献身祖国航空事业的不变的志向；使命是什么？使命就是以推动航空科技创新与普及为己任，奋发进取，责无旁贷。

当现代航空带给人们无可比拟的巨大福祉，且正延绵着疾速发展的势头；当中国航空在进入21世纪以来获得井喷式发展，给国人带来一个又一个惊喜；当我们对标世界航空强者，将航空强国的重任担在肩头……我们必须在各个领域、各个层面，都有所行动、有所作为。

2009年10月，中国航空工业集团公司时任董事长林左鸣倡议，举办一个类似航模比赛、但又明显区别于航模比赛、突出高新技术含量的大型赛事活动，作为推动航空科技创新和普及的载体与抓手。时任中国航空学会理事长刘高倬热情推动倡议的落实，中国航空学会组织专家学者开展调研，精心设计，一项以无人飞行器创新为内容、寓高科技于赛事、兼具观赏性和群众参与性的大型活动应运而生。因其奖金额度高，最高单项奖50万元，也被称为“大奖赛”。

经过五届运作，大奖赛已然成为国内规模最大的航空创新飞行盛会，也成为一项面向社会的大型航空科普活动。特别是从北京移师安吉后，增添了“航空嘉年华”板块活动，显著加强了群众的参与。大奖赛由多项活动组成，竞技赛和创意赛是其核心。

竞技赛旨在考察和评判参赛作品完成竞技任务的能力，要求设计制作无人飞行器，用全程自动控制的方式，完成规定任务。包括：航路飞行、定点投掷、模拟舰载机在航母甲板钩索拦阻着舰、在移动平台上搬运和码放重物、竞速飞行与穿越障碍门、以“精准农业”理念模拟喷洒药物、杀灭病虫害等，竞技赛内容紧扣实践，赛事场面热烈，扣人心弦，蕴含丰富的高科技，如任务规划、航路控制、图像识别、目标判断、载荷能力等，这些技术突破无不展示出面向工程应用的潜质与前景。除大奖空缺的年份以外，迄今斩获竞技赛大奖的有：南京天一无人机公司、航空工业成都飞机设计研究所和南京航空航天大学。

创意赛是赛事活动的亮点，其本身就是大赛策划的创意。创意赛旨在倡导和推动原始创新，鼓励飞行原理、气动布局、机构结构、控制系统等方面各种形式的创意和创新。同其他竞赛活动不同，要求参赛者不仅介绍创意创新的构想和设计，还要制成实物飞行器，并展示完整的飞行过程。其本意已超越无人机范围，而且是着眼于鼓励原创，颠覆传统，举无人机之大旗，允许以模型自由飞方式，来证明创意原理可行，开辟航空器的发展新径。

出任三届大赛副总裁判长的美国无人机协会前主席、世界空中机器人比赛的创建人罗伯特（Robert C.Michelson）教授对这项赛事给予高度评价，称“这是全世界唯一的、有趣的比赛”。就在第五届赛事举行过程中，未能莅临现场的罗伯特教授还发来短信，说，“I love the creative part of the UAVGP. It is the best part in my opinion.”赛事另一国际副总裁判长、莫斯科航空学院教授波鲁绍夫也对创意赛称赞有加，说非常非常好，很独特，很有意义。并说，一定要带领莫航参赛，要力夺大奖。

四届创意赛（第四届未设）涌现出近300件优秀作品，四份创意大奖分别被西北工业大学的“灵龙号”旋翼/机翼转换飞行器、南京航空航天大学的“紫电”等离子体无人飞行器、“暗流”无源流体推力矢量高机动无人验证机、“驭风”气动矢量喷管控制无舵飞行器夺得。南京航空航天大学一所高校，竟连夺三次创意大奖，且作品水平之高，令人惊叹。学校的组织工作，师生协同，专业协同，把参赛准备常态化，同科研活动紧密结合的做法，更令人钦佩。林林总总的创意赛作品，门类之多样，创意之精妙，体现了全社会关注航空进步的热情，也从一个特殊层面反映出当今航空创新的热点与动向。

我们得到了什么?

我们付出了辛勤的劳动后得到了什么？毫无疑问，我们收获了丰硕的成果，可以概括为以下四个方面。

第一，社会影响。5 届共计超 400 支来自国内外的团队（个人）参赛。各方各界人士和举办地民众超过 15 万人热情观赛。中央电视台、东方卫视等组织直播，网络媒体集中报道。中央军委副主席许其亮莅临第一届大赛，指导工作，并指示军方组成观摩团，关注涌现出的优秀作品，推动创新项目加快发展。十一届全国人大常委会副委员长路甬祥亲临大赛，指导工作。宋庆龄基金会名誉主任胡启立亲临三届大赛，发布开赛号令。多位军方领导、工业集团领导、学会领导、院士专家莅临指导。

第二，助推成果。大奖赛高举航空科技创新的大旗，汇聚了造诣深厚的专家和爱好航空的民间人士，吸引了憧憬航空、热情参赛的万千青少年，他们潜心设计、精心制作、反复试验、刻苦攻关，以创新作品赢得大赛优异成绩。不少创新成果受到国家和军队有关部门及众多用户的关注。部分优秀作品及其蕴含的创新技术，催生了一批科研课题立项和新型飞行器研发，展示出在军民用领域的应用前景。更多的技术突破则直接作用于本单位的科研与教学，丰富了技术储备，促进了航空科技创新发展，产生了直接的经济效益和巨大的社会效益。

第三，聚焦创新。无论是竞技赛还是创意赛，都高度聚焦于当今航空科技的部分热点，包括：仿生飞行、变体 / 变向飞行、特种构型等的新原理 / 新样式飞行器；固定翼旋翼模态转换、新增升机构与结构、新升力混合体的垂直 / 短距起降飞行器；翼身融合、流动控制、等离子技术应用的新控制系统飞行器；双旋翼共轴、高速飞行、特殊构型的新布局旋翼飞行器；航路与姿态自动控制、引导与导航方式创新的固定翼飞行器等。这些创新热点，对于航空未来发展有着重要价值，应予充分重视。

第四，播撒种子。大赛期间多种形式的丰富活动，包括竞技赛、创意赛、航模大师秀、航空嘉年华等，给观赛者留下难以磨灭的印象。大赛前后的媒体宣传和走进校门、送进校园的科普活动，更在无数青少年心中播下热爱航空、拥抱蓝天的种子。短短两三年时间，安吉的航空普及蔚为大观：第一所全国航空特色学校被批准授牌；在大赛现场，3000名学生齐放竹蜻蜓，600余人齐放橡筋航模；在老师指导下，少年航模队走上赛场，与大师们同场，成功首秀。切莫小看这些从无到有的变化，航空科技的种子不经意间播撒在孩子们的心田。少年强，中国强；少年强，航空强；今日播下的种子，来日定会开花结果。

不忘初心再征战

大奖赛是放飞梦想的秀场，是澎湃创新精神的战场。

回首五届赛事，巡礼丰硕成果，我们为身处伟大的时代而感到光荣，为航空事业大发展的成就而欣喜，更为实现“航空强，国家强”的伟大使命倍感责任重大。

习近平总书记指出，“人民的需要和呼唤，是科技进步和创新的时代声音。”“科技创新、科学普及是实现创新发展的两翼，要把科学普及放在与科技创新同等重要的位置。没有全民科学素质普遍提高，就难以建立起宏大的高素质创新大军，难以实现科技成果快速转化。”

没有谁把科技创新和科学普及的重要性阐述得如此清晰，没有谁能把科技创新和科学普及的关系说得如此到位。

遵从上述指示，把承载科技创新和科学普及双重使命的这项活动搞得好上加好，是我们义不容辞的责任。

诚望中国航空工业集团公司不忘初心，继续冠名和具体指导这项活动，把企业的社会责任与社会担当同航空科技的创新与普及紧密相融。大赛如同自己养育的孩子，需要给予更多的关爱；大奖赛正在成长，未来一定会为大家带来更多的光彩和荣耀。

感谢活动的承办方航空大世界科技文化有限公司和安吉县人民政府，在他们认真负责的工作下，这项活动才能进行得如此之好。“航空大世界”在整体划归保利集团后，在新的拥有者的支持下，保持稳健，恪守责任，殊为难得。安吉县人民政府则一次次地做出奉献，为这项活动提供了难能可贵的资源与服务，修建了最好的场地与设施；他们不图近利，志在长远，与美丽乡村环境建设同步，不断改善科技人文环境，这种远见和睿智，一定会得到丰厚的收获。由衷地祝福安吉！

最后，我要把褒扬送给大赛的专家和裁判们。他们来自各方，组成特殊的团队。这是一支特别能战斗的团队，一支酷爱航空、情感执着、品格高尚的团队。这支团队中，来自军地双方的航空科技专家们，以科学素养和专业造诣，掌控着赛事的技术属性与定位，而以组织大型赛事见长的、以刘文章先生为首的航模活动专家们，不仅具有航空背景知识，更用他们多年积累的丰富经验和一丝不苟的负责精神，铸就了活动的秩序与铁律——公正、严谨、顺畅。这个团队的每一位都值得我们深情敬重！

这不，当时总结会未开，专家教练们已经自发开始讨论下届大赛了。群里圈里，你言我语，激情风暴，“脑洞”大开。有这样的专家团队，我们有足够的理由与信心期待，未来更美好，下届更精彩！

让我们总结成绩，找出差距，改进工作，以利再战。

让我们再次相会，在美丽的安吉！

航空科技急需领军人才断想①

2016年5月30日，习近平总书记在全国科技创新大会、中国科学院第十八次院士大会和中国工程院第十三次院士大会、中国科学技术协会第九次全国代表大会上的讲话中指出："我国要建设世界科技强国，关键是要建设一支规模宏大、结构合理、素质优良的创新人才队伍，激发各类人才创新活力和潜力。要极大调动和充分尊重广大科技人员的创造精神，激励他们争当创新的推动者和实践者，使谋划创新、推动创新、落实创新成为自觉行动。""科技人才培育和成长有其规律，要大兴识才爱才敬才用才之风，为科技人才发展提供良好环境，在创新实践中发现人才、在创新活动中培育人才、在创新事业中凝聚人才，聚天下英才而用之，让更多千里马竞相奔腾。"

1

在学习和领会这些要求后，再观察和思索我们航空工业的现实状况，在怎样才能培养和造就出更多更好的科技领军人才方面，我产生了一些随想。

让我们把目光聚焦到作为最高学术层次的、科技人才金字塔尖的院士，我为航空工业战线的院士之少而不平。

在2016年"歼-10之父"宋文骢去世后，中国江南（长江以南）航空器领域出现院士空缺。

多位发动机大师壮志未酬，中国江北（长江以北）航空发动机领域无院士。

---

① 本文写于2017年1月25～26日。

2016年11月13日，“太行之父”张恩和积劳成疾，心衰逝世，我们为他伤悲，为他送行，又深感亏欠他点什么。去世前一天，他还在工作。为“太行”，忍辱负重，一干就是25年。为了中国军机的“心脏”，他献出了自己的心脏。

“朝闻道，夕死可矣”，其义不唯明理，更在践行。张恩和老总用生命诠释了“太行”之道，用近乎悲壮的献身换来我们至今绝无仅有的“明星动力”。

进入21世纪以来，航空工业迎来井喷式发展，平均一年一个新型号问世，给国人带来振奋和惊喜，但作为主战场的航空工业院士之少，同其地位与业绩极不相称。

航空工业界院士之少，从一个侧面反映出我们对科技领军人才的培养、使用和宣传方面出现了问题。在现行体制下，绝不能小看这件事。院士是最高层级的学术带头人，院士少，对提升行业影响力、争取资源和项目，会带来根本性、全局性的不利影响。

对照习近平总书记提出的“大兴识才爱才敬才用才之风”的要求，我们显然还有很大差距。识才不准、爱才不切、敬才不诚、用才不稳的现象多有所在，缺乏院士培养的战略与全局眼光，专业覆盖太过狭窄，不重视对航空专业高技术性和优秀人才突出业绩的宣传，对总设计师、总工程师层级领军人物的使用缺乏稳定性，以致他们的专业积累轻易中断，业界知名度难以持续提升，在需要时，甚至推举不出在集团内外皆有影响、深孚众望的候选人，而后备队伍更令人担忧。企业文化的负面影响，如“文人相轻”“门户之见”等现象，也不可小视。对上述这些问题，必须痛下决心，采取措施尽快改观，同时借此全面改进和提高人力资源工作水平。

2

厂所“一把手”（chief executive officer，CEO，原意为首席执行官）需具有相对全面的高素质，但不一定须是技术专家。对CEO来说，最重要的素质是“倾听”与“决断”。

受命于危难之时、担任波音公司CEO长达23年的比尔·艾伦

（Bill Allen），是一位没有航空专业背景的律师。1945 年奉命出任已空缺两年的波音公司 CEO，凭着谦和低调的人品与出色的组织管理能力（而非专业造诣）带领波音公司走出第二次世界大战后的困局，实现从螺旋桨向喷气式的历史转折，促成 B747 等名机的问世，发展空天领域创新技术，在任内奠定了波音公司至今保持的辉煌格局和竞争优势。

总设计师、总工程师和各级技术负责人，必须真懂技术。这需要勤奋、高效和持续的学习，更需要长期的实践与积累，不能偷巧，也无法速成。

航空大国、强国，历来推崇设计大师，并以他们的名字命名型号，甚至企业，个中原因就在于，好的 CEO 难寻，真正的科技大师更是“踏破铁鞋”难觅。

年轻一代的科技专家和领军者正在快速成长。应该从事业发展和个人职业生涯发展这两方面统筹考虑，规划他们的未来。如果确定走科技之路，就不应过早离开科研生产一线，也不宜频繁调动，走马灯样地“换岗”，否则不利于专业持续积累，还有可能既贻害事业，又误人子弟。

尊重知识，爱惜人才，不能停留在嘴巴和纸上。对于技术领军者，最大的尊重和爱惜，就是要让他们能集中精力，不受干扰和诱惑，带领团队，攻关破难，去攀登一个个高峰，研发出一个个新型号、新产品。对他们的使用，要保持相对稳定，授权柄，委重任。若能如此，于事业，于个人，利莫大焉，善莫大焉！

提倡高端、高素质工人要有“工匠精神”。殊不知，科技工作者特别是科技领军者还应该有“学匠精神”，其真谛就是：不求高位，耐得寂寞，潜心钻研，有所创见。

“工匠”和“学匠”，都要按习近平总书记要求的那样，争当创新的推动者和实践者，使谋划创新、推动创新、落实创新成为自觉行动。

3

初时，人们总强调科学和技术的差异，称科学是创造知识，解决

“是什么”和“为什么”的问题；而技术是运用知识，解决“做什么”和“怎么做”的问题。钱学森按照直接改造客观世界还是间接改造客观世界的原则，将自然科学划分为三个层次，即基础科学、技术科学和生产科学。

如果说基础科学中的传统学科，如天文、地理、生物、数学、物理、化学、力学等，尚符合上述认定的话，新兴基础学科已经同技术科学难以明晰划分了，如天体物理、计算机数学、量子力学、空间科学等。而在技术科学（如电工学、电子学、机械学、控制理论等）和生产科学（如设计学、制造学、材料学等）之间，科学和技术的界限更趋模糊。技术科学是科学，也是技术，因为其成果也直接作用于物质形态；生产科学则既是科学，更是技术，即工程技术。工程技术需要运用知识，但本身也同样创造知识。

故而，我以为，自然科学实际上就是两大类：第一类，广义的基础科学，含传统与新兴；第二类，工程科学与技术，即面向工程需要的科学技术的总和，可简称为“工程科技”。

工业领域的科技工作者主要从事工程科技的研究与应用。其基本任务是解决工程问题，但需顺应学科融合之趋势，注重科学知识的学习积累，使工程技术具有更坚实的科学基础，并揭示与提升工程技术的科学本质，使其理论化和体系化。

4

科技工作者的知识架构，可比喻为大写的英文字母“T”。竖道谓之专业深度，横道谓之知识宽度。不断深入的专业造诣须与不断扩展的知识宽度适配，专博有矩，深宽结合，方为理想的知识结构。根据岗位特点和个人禀赋的不同，构造专与博之间的不同组合。

没有深度，就没有真正的技术思维与专业积累，在需要做出技术判断或决策时，有可能失之浅薄。而如果一味打井，不注重扩展宽度，井是深了，天却小了，对于创新亦十分不利。

高学历者在担负领军职责时，似应特别注意将自己的知识结构向相关领域的广博方向扩展。

如今，在现行体制下培养出来的博士，相当一部分并不是“博”士，而是专士、专才，习惯于打井似地做学问。虽说学业有专攻，但适应创新时代要求的高层次科技人才，需要更宽阔的视野，需要厚实的文化背景，需要广博的学识积累，也需要人文情怀。通达博闻，广知融汇，高情商，善合作，才是真博士。

我并非贬低现在博士的水平，而是积几十年的经验，倡导一种努力的方向。具有高学位的年轻科技工作者，肩负着事业赋予的更多责任，也承接着更大的期待，更需要明确方向，矢志前行。沿着正确方向，主动调整与不断丰富自己的人终将成大器，成就大事业，做出大贡献。

5

我的上述观点发表后，引发了热烈的讨论，甚至是争论。其实质是在当今大环境下，科研活动中个人和集体的关系问题。

为了说清楚“型号之父”或“……飞机之父”，让我们从“家父”谈起。有那么多动人的词汇形容父亲，但在我看来，一个家庭里负责任的父亲，是一座山——坚定伟岸，有责任感，有包容心。这是好父亲最重要的形象和标志。没有父亲的家庭是残缺的，没有好父亲的家庭是不那么幸福的。

因一项事业、一个企业、一款型号而集结起来的人们，组成犹如家庭一样的团队，要有犹如“父亲”一样的掌门人。但这不是需要与否的问题，而是需要什么样的父亲，以及如何被大家、被历史承认并记住这是一位好父亲。一般说来，掌门人首指“一把手”，即 CEO。但随着科技的发展，科技对产品开发的重要性与日俱增，技术负责人（从常设的首席技术官、总师到型号、项目的技术总负责）的作用和地位也随之日益提高。特别是在高科技领域，创新技术是灵魂，创新技术的拥有者、掌握者或主要推动者就成为灵魂人物。于是，“……之父”逐渐转为对这些灵魂人物的特殊称谓。当然，也有人扮演着复合的角色，如俄罗斯航空航天界的大师们，如乔布斯、马斯克等。

说心里话，我不是太喜欢这个称谓。但不是因为不需要、不确切，而是在中国的语境下、在现实的科研环境里，不仅把词义搞歪了，且时而发生滥用的现象，更让人生出“情何以堪”的感慨。但现代科技事业，需要“之父”，这是理所当然的。谁会否认乔布斯是“苹果之父”呢？谁会否认钱学森是“中国航天之父”和“火箭之父”呢？如果钱学森有生之年能分出精力来规划和推进中国的航空事业，而成为我们的“航空之父”，那该是中国航空多大的福音啊！

讨论中有人说，现代航空事业重视的不再是个人作用，强调的是体系建设，是集体智慧，此言差矣。恰恰相反，世界航空强国都极为重视和彰显个人的作用，型号名、企业名以人名为之的，比比皆是。

著名的苏霍伊、安东诺夫、图波列夫、卡莫夫等都是设计大师或机构创始人，他们所在的设计局均冠以其名，其俄文首音节也是型号系列名（如米格取自两位设计师之名）。美国的波音公司，以及与其同时代诞生的道格拉斯、麦克唐纳、休斯等公司都以创办人的名字为公司命名。

当我们回望自莱特兄弟以来现代航空的百余年发展历程时，它是那样的有血有肉、充满人文气息，几乎每一个重大突破都有动人的故事和出类拔萃的代表人物。

在《波音 100 年》这本书中，指名道姓地讲个人贡献，并且永载史册的名人俯拾皆是，如中国的王助，他在那里只待了将近一年，可特殊的个人贡献，并不因为时间短而磨灭（需要说明的是，他并不是讹传的什么波音公司首任总工程师，只是一名被招聘进波音公司的第一任工程师）。还有，史上最伟大的试飞员埃迪·艾伦，不仅因试飞 XB-29 献身而被人们铭记，更因为提出发展高速风洞，促使波音获得喷气时代的技术优势而彪炳史册。乔治·谢勒领衔开展 XB-47“同温层喷气”轰炸机（后转为量产型号 B-47），并把波音、甚至是全美航空带入“喷气时代”而青史留名。他和埃德·韦尔斯一起，提出 B-52 设计方案，而成这一名机的开山之祖。而在该书中，直接将某人称为“之父”的至少两处，如“B727 之父”杰克·斯坦纳（还是 B737 总师），“B747 之父”乔·萨特（他可是大名鼎鼎）。

讨论中还有人说，埃隆·马斯克（Elon Musk）如果不是依赖美国强大的工业体系，很难在这么短的时间内，把一个一个想法实现。言下之意，体系的力量和作用更大。这说法有对的一面。但问题在于，同样的体系下，为什么只有马斯克如此勇猛精进？

要知道，马斯克一人，就出任了四家公司的CEO：贝宝网上支付公司（PayPal）、太空探索技术公司（SpaceX）、特斯拉环保电动汽车公司（Tesla）和SolarCity公司；还兼任SpaceX首席技术官和Tesla产品设计师。而他是一个典型的跨领域“学霸”，其专业知识覆盖工程学、物理学、机械学、航空航天、人工智能、太阳能、储能技术等领域。这个典型人物和典型案例，再次说明当今时代在创新科技中杰出人物的个人作用。

现代科技虽然是集体的事业，但不可替代的大师的作用不降反升。

这是因为，越是创新，越需创意；而创意来自思考力，来自痴迷，来自想象，来自执着；看过《乔布斯传》的都该记得，乔布斯时常陷入的那种冥思状态，那是一种追求顿悟的煎熬。

这是因为，越是复杂，越需决断；而决断来自优良的知识结构，来自对本专业和相关专业发展状况与趋势的准确把握，甚至是来自决策人的一种情怀。各行各业，概莫能外。

大师或“之父”的形成，来自从无到有地提出方案，来自覆盖全局的战略谋划，来自关键时刻的拍板决策，来自困难时刻的坚持和找出重大问题的解决之道。“之父”当然只能在实践中产生，既不能靠宣传阵势造出来，也不能靠行政手段硬封。在各色科技大家庭里，“之父”是鲜活的、强有力的、可信赖的，“之父”如山、如旗、如魂，象征着号召力、战斗力和影响力。

而我们的现实是，太过强调集体的作用，而忽视或漠视专家作用，其结果是技术责任制弱了，勇于探索、敢于负责的精神丢了，甚至新人们的奋斗愿望都被压抑了。一般说来，在一个工程项目中，技术指挥线的各级负责人应在方案设计、任务谋划、关键决策和解决重大问题等环节发挥作用，层次越高，责任越大，作用越大，贡献也越大。

当然，工程项目又是集体的事业，需要组织内的所有人员各司其职，各负其责，协同工作。由于个人能力、学识和工作精神的差异，同样岗位，但作用与贡献可能有所差异，甚至有很大的不同。我们的领导者要会鉴识人才，知人善任。我们的考核方式，要有利于那些发挥关键作用、效率高、质量上乘的人被肯定、被发现，获得较多的升迁机会。要逐步建立一种制度，形成一种氛围，肯定那些愿干的，鼓励那些会干的，褒奖那些能干的，为优秀人才开辟提升通道，长此以往，就会形成创新文化。

讨论中，有一位朋友甚至乐观地说，“人不是这个行业（指发动机）的根本。这个行业的根本是大量的投入，加上尊重科学规律。发动机弄好是自然而然的。”（以上原文照抄）我实在不敢苟同。如果不讲人的作用，特别是高素质人才的作用，那么，谁来发现和掌握科学规律，又如何去尊重？那么多技术关键怎么可能自然而然地“弄好”？必须坚定地推进科技人才队伍建设，用各种有效的手段和措施，使“人”这个行业发展的根本得以成长，得以施放能量、发挥作用。

6

在加强技术队伍建设时，蔓延滋生的“官本位”思想和现象值得警惕。最突出的倾向是当行政长官、转管理岗位趋之若鹜。中国的传统“官人文化”教导人们，读书是为了当官，做学问、干技术只是为了铺垫通向高官的阶梯和坦途。这是不对的，但又一再被现实所印证。

一批高技术领军人、技术专家纷纷从政，利弊得失，或可明鉴；甚至一些年轻院士也转而从政，让人不得其解。人各有志，本不可强勉，但技术专家和行政长官的素质要求是很不一样的，而院士是崇高的学术称号，身上寄托着人们对其在学术领域继续有所创见、有所成就的巨大期待。在行政管理的高位上直面百姓、日理万机，如何保持学术定力，坚持艰辛而繁重的科学研究？想两者兼顾，岂非天方夜谭。

而在厂所里，没干几天技术，就想方设法进机关转岗的现象，也很普遍。虽然普通的管理岗位，还不能算作“官”，但这种现象背后的不健康心态，诸如坐不得冷板凳、吃不得攻关苦、技术饭难吃、走“仕途”轻省等，也同样需要警惕，并采取措施，有所改变。我们需要坚持“长家分离”制，向具有不同禀赋和职业特质的人提供同样广阔的发展天地。但同时，要有倾向性、针对性地大力宣传技术岗位的重要性，充分肯定科技人员的贡献，促使更多年轻有为者抱定献身科技的终生志向。

我们高兴地看到，国力一天天强盛，建设投入越来越大，科研条件越来越好，新一代科技力量茁壮成长，正在肩担时代赋予的使命，但还需要再努力。最大的问题是，如果一个发展环境不能去激励和保护创意创新，或者反过来说，想不想事、努不努力、拼不拼命都一样过得安安稳稳，那我们的事业就绝不会“自然而然”地好起来。扪心自问，面对与世界先进水平的差距，甚至在某些领域有可能再次拉大的差距，面对现代国防和社会生活对航空新装备的热切呼唤，我们真的有紧迫感吗？真的在发奋苦干吗？真的达到耐得住寂寞、经得住煎熬的那样一种境界了吗？

我们的事业呼唤大师，呼唤大家。我们尊崇大师、尊崇大家，也就是承认和尊重杰出人物的不凡劳动与独特贡献，就是尊重科学，尊重技术，尊重创见，尊重创新。

我们要为中国航空科技领域已经和正成长着的比肩世界的专业大家、设计大师和“型号之父”喝彩，期待他们做出更大成就，也希望这样的人多些、再多些！

相信中国大地上，一定会出现更多具有世界级影响、做出世界级贡献、如钱学森那样的“科技之父”“工程之父”！

科学有什么用？①

开宗明义，科学是什么？科学就是分科而立的学问，是指将各种知识通过分类研究而形成的知识体系；也可指人类按照学科分类，开展研究，以获取知识和创造知识的活动。苏联《哲学百科全书》认为，科学是“精神文化的高级形式，是不断发展的各种知识体系”。《简明不列颠百科全书》主张，科学是“由人类的想象力构造出来的广阔领域的系统性概念化结构”。按其本质，科学乃是体系化、结构化的知识。

从古代直到19世纪，作为知识的科学同哲学密切相连。人类区别于动物的最本质特征之一，就是善于思考。人类对世界的思考所产生的思想与观点，即为哲学。世界包括自然世界、人类社会和人的本身，相应地，哲学思考和哲学思想也包括自然哲学（natural philosophy）和社会哲学。自然哲学包括自然界和人的关系、人造自然和原生自然的关系、自然界的最基本规律等。

在西方，自然哲学曾经包含了与今日科学有关的众多研究领域，如天文学、物理学等。古代中国人、印度人和希腊人及一批伊斯兰先哲，也分别在不同时段提出过对宇宙、自然和物质世界的哲学认知，如水火木金土分类，如对空气和地球的认识等。

在科学的发展进程中，逐渐兴起用实验观察方法来认识世界，以可测试的解释和预测的形式构建与组织知识体系。从中国的老子（公元前570—前471年）的朴素辩证法、古希腊的亚里士多德（公元前384—前322年）的形式逻辑三段论和思辨的传统自然观，逐渐发展到“普遍的真理可以通过推理和归纳而得知”、强调“实验和不同程

① 本文写于2018年6月22日。

度的量化”，直到达成科学研究的一般性原则。培根（1561—1626）、伽利略（1564—1642）、笛卡儿（1596—1650）、牛顿（1643—1727）等为近代科学及其方法的创建做出了重要贡献。

科学的概念与活动越来越多地与科学方法相联系，科学的内涵在悄然缩小范围，逐渐狭义化，成为自然科学的代名词。自然科学指人类研究物质世界的全部理论与方法。《中国大百科全书》对其定义为：研究无机自然界和包括人的生物属性在内的有机自然界的各门科学的总称。

按照研究成果的属性，自然科学又分为基础科学（basic science）和应用科学（applied sciences）两大类。基础科学也被视为纯科学，主要包括天文学、地球科学、生物学、物理学、化学等基础学科，以及由基础学科发展出的交叉、边缘学科。

现代科学虽把数学归入形式科学，但丝毫不说明数学不重要。恰恰相反，数学也是一门基础学科，且十分重要。在我们经常提及的“基础研究”中，就突破了狭义科学的定义，而将数学及数学的分支和边缘学科，也视为基础研究的内容。基础科学有时被简称为“天、地、生、数、理、化”，即源于此。

由美国兴起、现风靡全球、中国中小学也在大力推行的STEAM教育，将科学（science）、技术（technology）、工程（engineering）、艺术（arts）和数学（mathematics）五者相融合而开展。其中，将数学与科学、技术、工程和艺术而并列，足见其重要性，也可从另一角度说明它非依赖于自然科学和社会科学的独立性。

由传统基础学科不断衍生发展出来的交叉、边缘学科，造就基础研究日益活跃的局面，也成为培育和促进原始创新的肥沃土壤。例如，作为物理学分支与边缘的粒子物理学、凝聚态物理学、光学、广义相对论、场论、量子力学等；化学中的分析化学、物理化学、结构化学、高分子化学等；生物学中的细胞生物学、生物化学、分子生物学、生态学、遗传学等；天文学中的宇宙学、宇宙起源学、天星学、射电天文学、太阳系学等；地球科学中的大气物理学、大地测量学、水文学、海洋学、土地学、空间科学等。

把基础理论转化为实际运用的科学，被称为应用科学。其研究的方向性强，目的性明确，与实践活动的关系密切，直接体现人的需求，但仍保留科学的基本属性，即不与具体的应用相捆绑。应用科学的主要内容是工程科学（包括力学、运动学、电磁学、工程物理学、设计学、制造学、材料学等）和医学科学（如医学微生物学、临床病毒学、生物医学等）及其他门类。

让人兴奋又时有迷茫的一个现象是，人类在现代科学的发展进程中，获得的科学知识在井喷式增长，但同时不可知的、提出前所未有挑战的难题也比任何历史时期都全面而尖锐。当然，过去这些问题也都在事实上存在，但人类从没有像今天这样强烈地察觉到，并急切地想要破解。于是，自然哲学再次引起人们的关注。

在人们把科学狭义化之后，现代科学研究遭遇实证方法论的"天花板"。现代物理的许多前沿理论、宇宙起源和大爆炸理论、人类的起源和生物进化等重大科学难题，无法用实证法获得新知，而是一再由自然哲学引领研究。常常是自然哲学的思辨在前，各种模型的建立和有关的理论计算在后。一旦能够对自然现象做出令人信服的解释，或得到了观测实证，则可视为自然科学的新突破了。

丹麦物理学家奥斯特（Hans Christian Orsted，1777—1851）曾说过："当回归自然界规律的经验主义者，与进步中的形而上学者相遇时，科学将臻于完美。"这话似乎预见到了自然哲学与自然科学再次联袂的景象。

现在，让我们回到"科学有用吗"这个提问。回答是，当然有用，而且有重大的作用。但有时候，人们察觉不到它的作用。而如果过分强调实用性，许多科学的原理则无从被发现。这似乎是一个自相矛盾的回答，但请注意，"作用"不等同于"实用性"，而科学的作用要远比实用性大得多。

曾出任普林斯顿高等研究院（Institute for Advanced Study in Princeton）院长的亚伯拉罕·弗莱克斯纳（Abraham Flexner，1866—1959），在支持与发展自由的科学研究中有许多真知与建树，在他于20世纪30年代发表的、以"无用知识的有用性"为题的文章中，阐述了强调科学研究和自由探索重要性的观点。

他力邀爱因斯坦加入研究院，开展研究工作，给他开出远超爱因斯坦本人期望的薪酬。在面对人们对爱因斯坦研究实用性的质疑时，他说道：在爱因斯坦诞生前100年，他的同乡高斯（Gauss，1777—1855）发明了非欧几何学……在长达1/4世纪的时间里，高斯无法发表任何相关研究成果，因为当时人们认为它们“没有用”。可是今天，全世界都知道，如果没有高斯当年在哥廷根的研究，相对论及其丰富的实用价值恐怕全都是泡影。

他还举出奠定无线电理论基础、为此后的一系列无线电发明默默铺好台阶的克拉克·麦克斯韦（Clerk Maxwell，1831—1879）作例证。正是麦克斯韦对电磁场的研究，以及凝聚在1873年出版的专著中的那些经典结论和方程式，开启了无线电时代。至今，电子专业的学生还需要学习和掌握诸如麦克斯韦方程这样的科学基础知识。

高斯、麦克斯韦、爱因斯坦，以及我们前面提到的培根、伽利略、笛卡儿、牛顿等科学巨匠，并不关心自己的研究有何“用处”，也从未发明过任何具体的产品，但他们“无用”的研究与发现，却成为各自领域伟大发明及实用技术的理论基础。纵观整个科学史，绝大多数最终被证明对人类有益的、真正伟大的科学发现都出自这样的科学家，源于他们非凡的兴趣和为破解难题的执着钻研。

越是较少地偏向直接应用方面的功利性考量，纯粹受好奇心驱动的研究越有可能产生重大发现，产生惊世的伟大贡献。似乎，我们身边的很多人不太认可这样的认识，但为着民族创新发展的未来，到了静下心来，认真思索，心悦诚服地接受这个观点的时候了。

在把目光转向航空航天领域的时候，我们发现，展示出同样的现象。一项又一项似乎无用的科学发现，垒建成现代航空航天大厦的基石，在此基础上，宏伟的建筑终于露出地表，并日臻壮观。

古希腊哲学家、数学家、物理学家阿基米德，在诸多领域为人类文明做出了巨大贡献，他的《论浮体》是世界上第一部流体静力学专著，阿基米德原理揭示了流体的浮力规律，成为千年之后出现的各色浮空器的理论基础。

意大利文艺复兴巨匠达·芬奇，通过观察和分析鸟类翅膀的运动，写下科学文献《论鸟的飞行》，他还绘制了大量的飞行器草图。

1738年，瑞士物理学家、数学家丹尼尔·伯努利出版《流体动力学》，提出著名的伯努利方程，揭示了“流速增加、压强降低”的伯努利原理，奠定了流体动力学的基础。就此，也为百余年后出现的现代飞机的升力之源的诠释做好了科学准备。

但阿基米德和伯努利的发现，并未自然地产生航空应用科学与实用技术。流体静力学并未直接催生浮空器，流体动力学也并未立即促成飞机的出现。达·芬奇的研究成果在19世纪后期才被发现，也没有对航空发展产生实际影响。直到1809年，英国乔治·凯利发表《论空中飞行》，这一切才得以改变，现代航空学就此诞生。

基于空气动力学的一般原理，乔治·凯利对空气的阻力与升力进行了定量研究，他利用自己设计和制造的装置，研究得出了关于升力和速度间的关系。他勾勒出了现代飞机的轮廓，指出飞行器应有垂直舵面和水平舵面，对其操纵性、安全性和稳定性做出了分析。他的“现代飞机不应模仿鸟类振翼而应采取固定翼加推进器模式”的论断，振聋发聩，使长期以来陷入仿鸟飞行迷阵的人们茅塞顿开。说凯利的科学理论，拨正现代航空的船头、开启了现代航空纪元，绝非夸张。

一个真正的航空时代到来了，乔治·凯利成为公认的“航空科学之父”。此后，在凯利科学思想的指引下，又经过近百年的发展，才有了1903年莱特兄弟的世界首例载人、有动力、可控飞行的成功。

航天领域呈现独立发展的形态稍晚于航空，其最重要的科学基础是火箭推进原理。不同于航空器，要借助大气，获得升力，以维持飞行，航天器在达到一定高度后，将要遵循轨道运行原理。而要达到足够的高度，必须获得足够高的速度，以摆脱引力。获得第一、第二、第三宇宙速度的飞行器，才可能绕地球轨道飞行、绕太阳飞行和冲出太阳系飞行。

在回答“如何获得高速”这个对于航天带有根本性的科学问题中，俄罗斯的齐奥尔可夫斯基（Konstantin E.Tsiolkovsky，1857—1935）和法国的埃斯诺·贝尔特利（Robert Esnault-Peltrie，1881—

1957）各自进行了独立研究，做出了奠基性贡献。齐奥尔可夫斯基在1898年完成、1903年发表的论文《利用喷气工具研究宇宙空间》中指出，必须依靠火箭这一反作用机械飞离地球，并给出了火箭运动的基本公式。埃斯诺·贝尔特利1912年发表论文《关于无限减轻发动机重量的可能性的结果的思考》。二人还分别导出了第一宇宙速度和第二宇宙速度。

航空航天的本源是一致的，都以满足人类离开地面的愿望而生，故有共同的科学基础，最重要的基础是力学。力学又称经典力学，是研究通常尺寸的物体在受力下的形变，以及速度远低于光速的运动过程的一门自然科学；主要研究能量和力及它们与固体、液体、气体的平衡、变形或运动的关系。力学源于物理学，随着弹性力学和流体力学基本方程的建立，逐渐从物理学中脱离而成独立学科，反成为物理学以及天文学和诸多工程学的基础。

英文中，力学为mechanics，以“机械”为词根。这是由于机械运动是物质运动的基本形式，机械运动即力学运动，指物质在时间、空间中的位置变化，包括移动、转动、流动、变形、振动、波动、扩散等；而平衡或静止，是其中的特殊情况。力是物质间的一种相互作用，机械运动状态的变化是由这种相互作用引起的。静止和运动状态不变，则意味着各作用力在某种意义上的平衡。因此，力学可以说是力和（机械）运动的科学。

力学可分为静力学、运动学和动力学三部分。静力学研究力的平衡或物体的静止问题；运动学研究物体运动的形式与规律；动力学讨论物体运动和所受力的关系。在工科类高校中设置的理论力学专业，是涵盖这三方面内容的一门基础学科，主要研究对象为简单物体，包括质点、质点系、刚体和刚体系；通过对这些简单物体的受力分析，学习静力平衡、力的合成与分解、坐标系、能量方程等力学基本知识。

无论飞行器如何发展，其本质是机械装置，飞行的本质则是机械运动，其运动规律符合经典力学原理。飞行器设计必须以经典力学为基本依据，声障、热障等重大航空航天现象的解释与解决也离不开力学。当然，随着力学的不断发展与对物质运动的深入研究，其他形式的物质运动，如热运动、电磁运动、原子及其内部的运动和化学运动等，日渐受到重视，而其中大部分也与航空航天密切相关。

从另一维度，力学又可分为固体力学、流体力学和一般力学三个分支。在研究领域划分或专业设置时，涉及力学颇多，但多能归入这三大分支。其中，属固体力学的结构力学、材料力学和弹性力学，属流体力学的空气动力学，属一般力学的分析力学、振动力学、刚体动力学等，与航空航天的关系尤为密切。此外，热（动）力学、材料学、电子学、信息学、控制论、系统工程学等，也是航空航天科学基础的重要组成。

不少学校开设有工程力学专业，其专业特点是面向不同领域的工程需要，常被作为专业基础课程。主要内容有：理论力学中的静力学、材料力学和结构力学的主要内容；按照这些内容的内在连续性和相关性，从理论分析、数值计算和实验研究三方面及其综合运用，组合而成具有不同工程特点的力学基础知识体系。

在航空航天领域所使用的“飞行力学”称谓，具有特定的含义。飞行力学专门研究飞行器在飞行时的受力情况，研究保持所需飞行姿态、调整飞行状态与飞行轨迹的理论与分析方法；主要内容是飞行过程中的受力分析与对飞行控制的专门化研究，可视为空气动力学的特定深化应用研究。

至此，我们大体看到了科学的作用，科学不特定于某一具体的产品开发，科学也不会自然地导引出实用技术，但科学揭示规律，科学指明道路。科学从基础研究开始，经过持续积累，逐渐形成体系。那些学科学、懂科学的聪明人，将会在某一时刻，迸发出创意与灵感，产生新技术的突破，也终于可以研发出一个又一个造福人类的新产品。

在我们充分肯定科学的作用的同时，区分科学、非科学与伪科学，解决理论与观察之间一致性的问题，也比任何时候都显得突出与急切。在科学史上，科学与非科学的界线从来不是清晰可辨的，出于政治和偏狭的宗教信仰等原因，或以威权者个人的认知与好恶，轻易判定科学的是非与真伪，造成惨重的损失，甚至逼迫科学先贤以生命殉道，此类教训绝非少见。

面对我们当前基础研究薄弱、原始创新乏力的现状，需要从深入思考科学的本性、科学的本源、科学的特质出发，营造宽容而富有活力的创新氛围，充分尊重从事基础研究的科学家和科学工作者，对尚无法理解的基础研究，不能轻易斥为“伪科学”。但同时，科学具有逻辑性和连贯性，拥有实证特征，科学的方法论也大体明晰，“假大空”的科学骗局虽时有出现，但终究没有市场。随着全民科学素养的不断提高，科学精神与民主自由精神融为一体，全社会尊重科学和科学家蔚然成风，充分认识科学的作用，正确识别科学成果的价值，也将成水到渠成之势。

五、情系蓝天

科学人文，一体两翼，

恋天理工男，悯人聚恩君。

怀念英雄：祭王伟、赞郭川、别余旭[①]

2001 年 4 月 1 日，英雄王伟用惊天动地的壮举捍卫了国家利益。15 年过去了，人们没有忘记他，还在用各种方式追思和纪念他。而他的魂魄或许静静地在南海深处，永远地守护我们。

2016 年 10 月 26 日，我在北京航空航天大学的小小学弟、我心中却是大大英雄的郭川，在单人横跨太平洋的航行中因突发事故落水失联。我不相信他就此离别，在盼望着奇迹的发生。但无论什么结局，我将永远赞美他英雄主义的伟业。

2016 年 11 月 12 日，人民空军创建 67 周年的第二天，年轻的女飞行员余旭光荣献身。16 日，她的遗体在天津火化；战友们送她上路，家人们接她回川。

我们的时代是英雄辈出的时代，我们的国度是英雄辈出的国度。

切莫淡忘了王伟、郭川和余旭，他们是我们这个伟大民族永生的灵魂。

今天的社会有时真的有些“病态”，让人感到愤懑和无奈。一些不负责任甚至稍显恶毒的评议，使人心酸难耐，伤痛不已；一些无良媒体把明星八卦、风流轶事塞满版面与网络空间，诱惑着无知的人们放纵着心底的猥琐；这样的氛围，既不阳刚，又不青春；这样的环境，既不向上，又不向善。何德之有？何责以负？

也有人挺身而出，怒斥“戏子当道，英雄落泪”，重新转发“王伟牺牲十五周年祭”等痛骂世道不公的激昂文字。可我们不该良莠不分地骂“戏子”，更不该不分青红皂白地骂社会。我曾经到剧场看过京剧名家张火丁女士的演出，并专门写文赞美她是把“戏”当生命、

---

① 本文写于 2016 年 11 月 18 日。

赢得人民尊重的、了不起的艺术家。

我们的社会、我们的大家庭在一步步地走向和谐与复兴。我们痛心的是，置人道、自由、民主、平等的理想社会诉求于不顾；我们鞭挞的是，置分清是非荣辱、明辨善恶美丑的正确价值观于不顾，显失公平，罔顾正义，误导舆情，搞乱了人们特别是年轻人的心智。一群价值取向混乱、行为准则迷失的人，怎能托举起民族振兴的希望！一个不崇尚英雄主义、浮躁于急功近利的社会，怎会有光明灿烂的未来！

公元760年，诗人杜甫为躲安史之乱，自中原弃官赴蜀，面对肃杀冷漠、门亭周寂的诸葛祠堂，发出至情咏叹，写下千古名篇——《蜀相》：

丞相祠堂何处寻？锦官城外柏森森。
映阶碧草自春色，隔叶黄鹂空好音。
三顾频烦天下计，两朝开济老臣心。
出师未捷身先死，长使英雄泪满襟。

今天读来，别有感触。如今的我们竟经受着如伟大诗人在1256年前一样的伤怀。

已经辞世、精神永存的英雄们，不该被我们忘记。活在当下、为社会做出奉献的一切有名的、无名的英雄，理应受到世人的尊崇。

引领社会前进的奋斗精神不该丢弃，代表社会前进方向的价值观不能扭曲。

我以杜甫的诗句明志却反其意：

唯愿世间当有正义在，莫使英雄泪满襟！

王伟不死！

郭川，盼你归来！

余旭永远活在我们心头！

写于2016年11月18日，浙江安吉，雨后清晨，遥望蓝天，叩首再祭。

余旭永生啊，我们不哭！①

谁驾雄鹰巡天游，
谁持彩练当空舞。
我知道，那是你，
——美丽的金孔雀，
我知道，那是你，
——圣洁的美少女。

金孔雀纵然折翅九重，
英雄的魂魄
融进太阳的光辉；
美少女慨然血荐轩辕，
高贵的身躯
化作天边的彩虹。

不哭，飞翔就有牺牲，
天堂里再续
勇士们不屈的奋斗；
不哭，凤凰火中涅槃，
生命又开始
下一个激越的轮回。

只是，你走得太急，

① 本文写于2016年11月13日。

我们来不及同你畅叙；
只是，你走得太早，
生命的轨迹刚刚铺陈。

你从灵秀的天府走来，
妩媚与刚毅结伴；
你从飞行员的摇篮走来，
万里长空是你永远的舞台。

你从天安阅兵的行列走来，
蓝天上镌刻着你的忠诚；
你从珠海航展的风尘走来，
长空里还弥留着你的热度。

当国人淡忘金子般的 11-11，
——人民空军之六七华诞，
亢奋于光棍节的荒唐，
你说，祖国需要炽热的奉献。

当世人沉湎苟利的窃喜，
——欲望缠绵的购物盛宴，
沉醉于大采购的狂欢，
你说，天下还有无价的纯粹。

你有不输明星的容颜，
却钟情舒卷长袖的飞行；
你有千娇百媚的柔情，
却只爱挥洒壮烈的兵营。

让八卦轶事别再成为茶余饭后的谈资，

保家卫国的英雄才是我们心中的明星；
没有战士，
谁为我们擎起和平的大旗，
没有军人，
谁为我们敲响安宁的钟声。

我多想，
用我 70 老朽身
换你一世平安；
我多想，
让你 30 韶华梦
走完幸福人生。

可我深知，
生命的价值已遑论短长，
你年轻的英名
已刻进勇敢者的碑铭。

美女不死，我们不哭，
灵魂不朽，我们不哭，
英雄千古，我们不哭，
余旭永生啊，我们不哭！

烈士有后，光荣传承：写在张浩牺牲之后①

痛哉，张浩，40 天前为国捐躯。

喜哉，佑佑（张浩之子张馨佑），踏着英雄父亲的脚印来到这个世界。

今年 1 月 19 日，陆航某团飞行员机长张浩和战友王晓冬共同驾驶的直升机在夜间训练时坠毁，双双牺牲。其时，张浩的妻子怀有 8 个月的身孕。3 月 1 日上午，烈士的儿子平安降生。我们的张浩却没看到儿子降生的这一刻。

翱翔蓝天、保卫祖国是神圣而光荣的使命，又是极具挑战、充满危险的岗位。中华人民共和国成立以来，已有近 2000 名飞行与空勤人员牺牲（包括在和平年代的飞行训练中）。近年来，相继又有多位英雄壮烈献身。仅 2001 年以来，不完全的记载就有数十位，我在这里只能列出其中的一部分，他们是：

王伟（1968—2001），海军航空兵某团飞行二大队中队长。在 2001 年 4 月 1 日跟踪监视抵近我国海南岛海域上空的美国 EP-3 型电子侦察机时，因撞机坠海而牺牲。

雷志强（1956—2006），空军首席试飞员；申长生（1951—2006），空军首席试飞员；刘普强（1964—2006），空军试飞员；吴忠良（1971—2006），空军军官；李金国（1977—2006），94710 部队飞行二大队副营职飞行员；孙东魁（1978—2006），通信分队长。上述 6 人均在 2006 年 6 月 3 日空警 -200 预警机飞行试验中因结冰事故引发的空难中牺牲。

李剑英（1964—2006），空军一级飞行员。2006 年 11 月 14 日在

① 本文写于 2017 年 3 月 2 日。

驾驶某型歼击机训练、撞到鸽群导致发动机不能正常工作时，为保护下方密集村庄的人民群众放弃跳伞，在迫降时牺牲。

邱光华（中国人民解放军77116部队副师职特级飞行员，1957年出生）和他的直升机机组成员——副驾驶李月（1981年出生），空勤机械师王怀远（1961年出生），空勤机械师陈琳（1979年出生），物资装卸与地面警戒员张鹏（1984年出生），在2008年“5·12汶川地震”发生后，5月31日前往理县执行救灾任务，在返航途中，遭遇天气突变，直升机失事而牺牲。

冯思广（1982—2010），空军驻济南某航空兵师飞行员。2010年5月6日在驾驶某型飞机遭遇发动机空中停车时，为避免飞机坠落在人口稠密区，错过跳伞最佳时机而牺牲。

余锦旺（1973—2011），空军试飞员。2011年10月14日驾驶国产飞豹战机在低空飞行中突然失控，飞机坠毁而牺牲。

武勇明（1977—2013），空军一级飞行员，空军航空兵某团副参谋长。喻亮（1980—2013），空军一级飞行员，飞行大队长。以上两位飞行员在2013年3月31日驾驶苏-27训练中失事而双双牺牲。

卢志永（1976—2014），空军试飞员，与同为试飞员的战友温智平，2014年12月22日在执行科研试飞任务时，飞机出现严重故障，为避开居民区，保护人民群众的生命财产免遭损失，贻误跳伞时间，飞机坠毁而双双牺牲。

张超（1986—2016），某舰载航空兵部队正营职中队长，一级飞行员。2016年4月27日在驾驶舰载战斗机进行陆基模拟着舰接地时，突发电传故障，被迫跳伞受重伤，经抢救无效而牺牲。

余旭（1986—2016），空军二级飞行员，八一飞行表演队中队长。2016年11月12日在进行飞行训练中发生一等事故，跳伞失败而牺牲。

而在历数这些英雄后，让笔者深深崇敬的还有中国试飞员英雄群体（包括上面已经列出的部分英烈）。

仰望祖国的蓝天，中国空中力量从未像今天这般强大；是我们的试飞英雄们，用他们的勇气和智慧，成功试飞数万架国产飞机，把各式新战鹰飞出性能、飞出极限、飞出包线，做出无与伦比的贡献，才赢得今天的辉煌。

我们活在当下这安宁的和平年代，可试飞员们却“天天都在第一线、日日都在战斗中”，从事着天底下最危险的职业。航空人都知道，好战机当然是设计和制造出来的，但更要试出来、飞出来。据统计，每型战机列装前，都要完成1500～4000架次的飞行试验；而从首飞到定型的飞行试验中，平均不到20分钟就会出现一次故障或问题。新机试飞，是“悬崖边的舞蹈”，展示着惊心动魄的美丽。中国试飞员累计遭遇空中险情3000多次，前后有27名试飞员献出了宝贵的生命。

我曾在陕西阎良城外东北塬上的“中国飞行试验研究院烈士公墓”为逝去的英雄祭奠，曾在中国飞行试验研究院内“六三空难”烈士纪念碑前为战友默哀。在2006年那一场为试验空警-200预警机的空难里，我们一次就失去了三位优秀试飞员。

卢军、刘刚、杨晓彬、唐存文、雷志强、申长生、刘普强、包德军、万传瑞、余锦旺、郭彦波、张国荣、卢志永、温智平等血洒长空的试飞英烈们令我们思念绵长。

这些英雄们的事迹总是一次又一次地深深打动我，牺牲之时他们最年长的刚50出头，最小的才23岁，虽后生，先捐躯，令人扼腕痛惜。余旭牺牲的消息传来时，我竟夜不能寐，清晨爬起来，一气呵成地为她写下诗作《余旭永生啊，我们不哭！》。5天后，我又情难自禁地写下《怀念英雄：祭王伟、赞郭川、别余旭》，文中写道：“我们的时代是英雄辈出的时代，我们的国度是英雄辈出的国度。切莫淡忘了王伟、郭川和余旭，他们是我们这个伟大民族永生的灵魂”。文中，还在激烈抨击时弊后痛陈：“一群价值取向混乱、行为准则迷失的人，怎能托举起民族振兴的希望！一个不崇尚英雄主义、浮躁于急功近利的社会，怎会有光明灿烂的未来！”

今天，在小佑佑降临于世的时刻，我要再次呐喊：为了祖国，为了孩子，永远记住这些烈士们的英名和壮举！

我们的民族曾经灾难深重，我们的民族永远英勇不屈。为了民族的复兴，我们需要英雄，英雄主义精神激励我们全民族奋进。

为了建设和保卫我们的家园，我们需要强大的空中力量。蓝天英雄们的壮举是中国航空不竭的发展动力。

蓝天英雄永垂不朽！

祈天佑“佑佑”！

愿天佑中华！

与梦同飞：王英勋与张聚恩诗三首①

人是需要理想的，即便穷困潦倒。

人是需要激情的，即使是耄耋老人。

在我从安吉返回北京的第二天，来自中航工业成飞技术中心代表队领队陈彦的文章和中国航天无线电电子研究所的微信公众号“团聚上电所”中的“聚青春”栏目上的一篇大赛的报道，再次点燃了我和群友的激情。透过这些文字，体味参赛者奋斗的艰辛，感受这些年轻人执着与上进的精神，深受教育。他们对赛事的肯定，也使我们再次领悟，生活是如此美好，人们是如此友善；我们的工作虽不能彪炳史册，但却能传递能量和温暖，真真切切地助推航空事业的发展。

在网上盛传这些资讯时，为表达兴奋之情和对伙伴们的勉励，王英勋粘贴了一首他自谦为“拙作”的短诗及我的一首“和诗”。遂勾起我对两年前往事的甜蜜回忆。

每届大赛结束后，我们都会编辑一本大赛的“集萃”，名为《与梦同飞》，收录赛事基本情况和优秀作品简介，内容丰富，印制精美，是极有保存价值的史料。2014 年 8 月，在编辑《与梦同飞（2）》时，如同第一本时一样，邀英勋写卷首诗，他欣然命笔。完成后，他要我提修改建议。切磋之中，他突然说，“不能都按你的意见改，否则就不成我的诗了。干脆，你来一首‘和诗’，一唱一和，岂不妙哉。”盛情难却，便写就一首。我不是诗人，聊以抒发情怀而已。

值此美好时光，把英勋和我为大赛所写的这三首诗一并抄录，为的是，让理想之光更加明亮，让激情之火烧得更旺。

---

① 本文写于 2016 年 10 月 25 日。

我喜欢，梦想[①]

我喜欢，梦想
梦想在浮云中漫步
飞泻的云瀑卷起自由的灵魂
追逐飞天神话

我喜欢，梦想
梦想在星空中神游
闪过的流星激起飞旋的涟漪
涤荡彷徨挣扎

我喜欢，梦想
当追逐的脚步
在十字路口徘徊
梦想是挣扎的火花

我喜欢，梦想
当破浪的航船
在大海中迷茫
梦想是引航的灯塔

我喜欢，梦想
成功为梦想喝彩
失败为梦想升华
梦想不再等待
梦想已经出发……

① 作者王英勋，写于2012年3月，《与梦同飞（1）》卷首诗。

给梦插上翅膀[①]

暗夜中的星辰
像你闪动的明眸
媚眼婆娑
却悄悄地离去

蓝天中的云朵
像你舞动的长裙
相邀远行
却悄悄地飘走

我梦中的飞翔啊
将我的灵魂激荡
我多想
给梦插上翅膀

我多想
伸展我的躯体
用羞涩和大胆
拥抱星空的召唤

我多想
变换我的身姿
用幻想和执着
追逐云彩的神奇

① 作者王英勋，写于2014年8月，《与梦同飞（2）》卷首诗。

我多想
挥手划出彩虹
引来天使
播撒爱的种子

我多想
燃烧思想的火花
用雷电和霹雳
编织飞天的神话

我心中的理想啊
给梦插上翅膀
我多想
像梦一样飞翔

梦中的飞翔①

蓝天上的白云向我招手，
相邀远行，飞往九重；
夜空里的星辰对我眨眼，
撩动魂魄，探秘深空。

与白云相伴，
同星辰为伍，
啊，我梦中的飞翔，
我飞翔的梦。

比苍龙更矫健，比鸟儿更轻盈，

---

① 作者张聚恩，写于2014年8月，《与梦同飞（2）》卷首诗。

我多想，自由翻飞于高天之上；
纵然折戟坠地，也决不言败，
锤炼铁的双翼，触摸天宫的神奇。

比雷电更迅疾，比长风更飘逸，
我多想，恣意驰骋在浩瀚宇宙；
即使一骑绝尘，又何谈功绩，
磨砺钢的意志，奔向无边的天际。

我多想，飞进宙斯的殿堂，
挥舞正义的旗帜，
让圣洁的阳光，
洒满地球村的四季。

我多想，抚摸天使的金翅，
摇动希望的风铃，
让和平的歌声，
响彻水蓝色的天体。

我多想，让世界更太平，
我多想，让星辰更美丽。
我多想，与梦同飞，
我多想，筑梦成真。

我喜欢，梦想，
梦想已插上翅膀；
梦想不再等待，
理想已经启航。

我和中国航空学会①

想不到在职业生涯的最后阶段，我与中国航空学会（Chinese Society of Aeronautics and Astronautics，CSAA）结下了不解之缘。

2004～2009年，我担任了5年CSAA第七届理事会秘书长。2009年至今，我担任第八、第九届理事会常务理事，一个进行时的十年。在CSAA半个世纪的征程中，我算不上一名老兵。但恰逢中国航空学会大发展的机遇期，我有幸在这个阶段与中国航空学会的同人并肩奋斗，并对中国航空学会工作有了全新认识，建立了深厚感情，也将自己微薄的力量融入这个时期的学会工作，留下许多难忘的记忆。

由学会主挂靠单位的科技部门领导兼任秘书长是此前沿袭的惯例。因此，我的任职更多的是一种人事安排。任期前段，我同诸位前任一样，努力架设航空学会和航空科技一线沟通与合作的桥梁，尽力发挥作为中国航空工业第一集团公司科技部部长所拥有的科技资源优势，帮助学会开展工作。2007年由于年龄原因，我不再担任集团科技部部长，但学会任期尚未到届；从那时开始，我有了较多的时间和精力从事学会工作，直到秘书长任期结束；此后继续为学会工作至今（非全时制）。在倾心参与的工作中，亲力亲为地策划与运作了部分重要项目，从中生发出对学会工作的真切理解和深深的热爱。

学会是一个非政府组织。世界范围内，非政府组织不计其数。不同国家，非政府组织的形态也有所不同，但其存在的目的无外乎两类，或践行政治理念，或实现社会目标。任何一个稳定的社会，都需要与政府、工商界均衡发展的非政府组织，共同构筑三足鼎立的社会组织架构。政府通过设计和运作社会制度，保障公平正义，让全体人

---

① 本文写于2016年4月18日。

民有尊严，生活日益富足；工商界通过各种经济 / 服务活动与科技创新，创造财富，满足需求。而非政府组织的功能是用第三方角色，去完成政府和工商界不愿、不便或难以承担的特定使命。非政府组织最重要的特质是具有公共利益属性，其工作方式可分为倡导型、运作型和混合型三类。

在中国这块土地上，在很长的历史时期内，全社会对非政府组织的巨大作用认识不足，非政府组织的发展空间受到限制和挤压。所幸的是，近十余年来，这种状况正在急速改变，转移政府职能、支持发展各类非政府组织、构建稳定和合理的社会组织结构，不仅成为一种理性的舆论，也正成为一场方兴未艾的社会实践。由此，为包括中国航空学会在内的各类非政府组织创造了加快发展的历史机遇期。

中国航空学会是一个倡导和运作功能兼备、以推动航空产业与科技发展为己任的学术类型非政府组织。“倡导”，是用卓有成效的宣传、积极进取的活动，去产生一种社会导向，激励科技创新，推动人才辈出；而“运作”，则是设计、策划和实施与自身使命相关的项目，通过这些项目，履行社会责任，实现既定目标。

半个多世纪来，中国航空学会恪守上述定位，成就非凡；在新的历史机遇期，借强化非政府组织使能的大势，乘航空大发展的东风，又取得可喜可贺的进步。中国航空学会是全中国航空科技界最大的学术性群众组织，更成为助推祖国航空事业、发挥独特作用的最著名的非政府组织，成为全国航空科技工作者和爱好者之家，成为宣传普及航空科学技术、提高全民航空素养的重要平台。她的知名度、影响力和行为能力与日俱增，并且值得我们有新的期待。

在我的职业生涯里，最后的两个舞台是中国航空工业集团公司（AVIC）科技部和中国航空学会，最后的两个职务是集团科技部部长和学会秘书长，我常常不由自主地两相比较它们的异同。

无论是属性、功能、使命任务，还是运作方式与工作方法，两者显然有巨大的差异。前者属工商界里的工业企业；后者为非政府组织。前者以获取广义效益和经济成功为目标，同时负有社会担当与道义责任；后者以社会目标为己任，争取资源与实现良性循环是手段

（称之为非营利）。前者统领 50 万 AVIC 产业大军；后者则在名义上涵盖百万航空人，包括军航、民航、制造业、运营业、教育及社会各界人士，从懵懂初开、喜欢航空的青少年，拳拳真情、热爱航空的发烧友到航空事业各条战线的同仁，无所不包（在这个意义上，CSAA 的影响范围可比 AVIC 大多了，CSAA 可绝不是 AVIC 的下属机构）。前者经营运作、追求卓越、风生水起；后者舞台宽阔、广结善缘、几无边界。前者用市场经济的手段，以严谨科学的程序，化资源为产品，化朴拙为神奇；后者虽空间无限，却尚无成熟模式，自由畅想与主动策划，学习和实践互动，是非政府组织方法论的要义。

而两者的相同之处在于：他们都与科学技术结缘，都有浓浓的书卷香、深深的学术情，都以促进航空科技发展为目标。路径不同，但殊途同归。这两样工作我都真心喜欢。

经过长期的实践砥砺，我已比较熟悉科研活动，对科技管理有了规律性认识和一定的经验。而从事学会工作，仅靠这些远远不够，需要有新功夫、新套路，要升华知识、操练新法。以办展览、组织大型活动为例，要求之高，个中艰辛，非亲历难以体会；不仅要求扩大知识面，掌握新技能，还要学会既精准严谨、又生动有趣地表述和传播知识，使受众乐于听、易接受；绝不能以其昏昏，使人昭昭，敷衍塞责，谬种流传。另外，学会办事机构人力终归有限，要想开拓新局面，必须识人善任、广交朋友，不求所有、但求所用，要有谋略、有慧眼，还要有方法、有胸怀，方能组织起浩荡大军。

基于认知的深化，我从事学会工作的积极性和主动性越来越高；伴随着能力的改进和方法的调整，工作的深度和广度也日渐扩展。十余年来，我参与了该时期的大部分重大活动，包括学术交流、国际合作、科学普及、科技咨询、科技奖励、科技出版、人才举荐、团队建设等。

许多往事历历在目：我曾协助时任副理事长的杨育中，与韩国、日本、澳大利亚共同发起组建四国轮流主办的亚太国际航空航天学术年会，并两次带队参与这一盛事，发表主旨报告；出任《航空知识》《航空模型》期刊编委会副主任，筹划大计，争取资源，延揽人才，振兴刊物，参与设立 CSAA 科学技术奖；作为评委会副主任，协助两任主任顾诵芬、胡海岩院士，构建航空科技成果评价的新通道；参与组织和领导了一系列形式生动、内容丰富的学会活动。其中，抗震救灾与航空装备展成为 2008 年珠海航展亮点，并引发新时期通用航空发展的热潮；2009 年飞翔的文明——中国航空百年展成为介绍我国航空发展史和普及航空科技知识的经典展览；从 2011 年始办的国际无人飞行器创新大奖赛，不仅向全民普及航空知识，还为直接推动航空科技创新发挥重要而独特的作用；先后组织了“绿色航空”“英雄空军”等多项科普资源包的编撰；作为学会使者，面向社会各界（包括多次赴港澳）、工厂 / 研究机构及大 / 中 / 小学校开展学术交流及举办科技讲座。2009 年，协助刘大响院士组织“关于加快建立我国航空应急救援体系的建议”咨询课题研究，作为该项目成果的 27 位院士联署建言书得到中央领导的充分肯定，对推动该体系建设发挥了巨大作用，该项目也荣获中国科学技术协会科技咨询年度唯一特等奖……

每当回忆这些往事，心头就会涌起巨大的幸福感。感谢学会这个大平台，让我在花甲之年能用一种新的工作方式，继续为航空发展尽力。深深缅怀已然作古的前两任理事长——北京航空航天大学老校长沈元和西北工业大学老校长季文美教授；感谢已卸任、还在为学会工作奔忙的朱育理、刘高倬理事长，他们对学会工作的深爱和做出的巨大贡献鞭策我未敢懈怠。感谢以吴松秘书长为首的办事机构的同志们，他们的使命感和敬业精神，是我为学会尽心工作的动力之一，而他们的友善与温情，使我在做这些事情的时候，只觉甜，不觉累。

学会走过半个多世纪的征程了。在我们步入下一个 50 年之际，中华民族正在奋力实现伟大复兴，中国航空强国梦将在不远的将来成为现实。为了民族复兴和祖国航空事业的发展，中国航空学会必将再创辉煌，我也将老骥伏枥，续放余热，不敢言“立新功”，但愿能“再进取”。

愿更多的有识之士重视和积极参与学会工作！

祝愿学会工作不断开拓新局面，取得新业绩！

痛悼航空楷模屈见忠[①]

如此突然，我的前任、好友、老部长屈见忠永远地和我们离别了。

我不愿相信他就这样离我们而去，他才74岁零11个月，实在是走得过早。我不愿相信，一个豪爽热情的生命就这样戛然而止——再不能促膝相谈了，再不能欢聚痛饮了，人世间又少了一位好同事、好朋友、好兄长。

10月10日他病危、在中日友好医院抢救时，我恰在石家庄飞机公司出差；当日下午5点45分，他因呼吸衰竭，引发心脏骤停，竟就此撒手人寰，驾鹤西去。第一时间，他的家人哭着在电话里告诉我这一噩耗，我却只能在石门和当晚回京的归途中向他的亡灵送上悲切。次日上午，赶往医院，在那个特殊的处所，见他静静地躺在透明的冰柜里，黄色的绢绫覆盖着他魁梧的身躯，昔日挚友，如今已冷热相隔、阴阳两界。

今天上午，我陪同刘高倬总，再次来到殡仪馆。刘总为未能在屈见忠生前见他一面而深感遗憾，执意要先看一看他，并说周六的正式告别仪式，他还会再来。在屈见忠的遗体前，刘总含悲忍泪，鞠躬致意，又焚香三柱，以示哀思。我轻抚屈部长冰冷的脸颊，再次端详那张安详而熟悉的面容，脑际间如放电影般，一幕幕往事再现——历历在目，栩栩如昨。

我和屈见忠的结识颇具戏剧性。1999年，中央决定将中国航空工业集团公司拆分成第一、第二两个集团，我当时在620所（中国航空系统工程研究所）任总师，该所划归一团。在选配科技部领导时，

① 本文写于2017年10月12日。

拟调我任科技部副部长，其时先已确定屈见忠由试飞局长调到科技部任部长。负责干部管理的副总经理刘思诚召我到总部，领我在一间办公室与屈相见，并说你们认识认识，如有什么想法，尽可向组织提出。此前，我和屈见忠没有工作交集，彼此并不认识。面前的这位大汉颇有几分眼熟，威仪里透着亲切。首次交谈从彼此自我介绍开始，虽短却颇为愉快。事后，他告诉我，他和我有一见如故之感，他对思诚总说，就是他（指我）了，意思是认同我，于是，我当了他的副手。接着，我和他一起参加了在怀柔宽沟召开的一集团成立前的首次党组扩大会，并由此同他结下了 18 年的亲密友情。

他在试飞战线工作多年，是一位业务精湛、造诣深厚的试飞专家；他曾在刘总率领下，在歼 -10 研制最关键的时刻，同其他几位总部的“金刚干将”（晏翔、孙守魁、季留法等）连续数月坚守成都，同宋文骢总师、杨宝树总经理、薛炽寿总工程师等成飞与 611 所的一干领导们，实施艰苦卓绝的一线现场指挥，为工程的最终成功立下殊勋。

他同众多试飞员结下了亲人一样的情谊，他曾对我说，他同试飞员的亲密关系是经历生死考验的情谊，是超越血缘的生死之交。歼 -10 首飞前，他送雷强坐进座舱的感人一幕，经雷强口述，被作家张子影写进了她的新作、长篇报告文学《试飞英雄》。我把这一段抄录在这里：

> 试飞局长屈见忠走出塔台，一言不发地走到雷强面前，面色凝重地拉着雷强的手，二人并肩直行，彼此一路无语。一直走到飞机的舷梯下，屈见忠目送雷强登上舷梯，进入座舱。进舱回身的那一刻，雷强一抬头，看到了屈见忠脸上滚落的泪水——共事许多年，飞过无数次，他还是第一次看见自己的局长掉眼泪。

张子影记述的这一场景如此真实而传神。当试飞成功，雷强走下飞机，先是同宋总、薛总热烈拥抱，而后同送他入舱、为他落泪的屈局长抱头大哭。男儿有泪不轻弹，盖因这次试飞风险太大，战友们殷殷期盼、胜败相托，雷强则以命相许、生死置之度外。而今任务胜利完成，英雄平安归来，怎不令人涕泪横流。今天上午在中日友好医院殡仪馆门外，刘总动情地对我亲述了差不多20年前（1998年3月21日）发生的这感天动地的一幕。

所有认识屈见忠的人都说，他是一位有血有肉、有情有义之人。而从1999年开始，我有幸同他合作共事，直到同他做永远的告别。这段共事成了我俩各自职业生涯的落幕，我们结下的情谊随岁月的流逝而成愈发珍贵的回忆。

在他的领导下，科技部不辱使命，努力开拓工作局面，取得不菲业绩。我们争取外部资源最大化，科学组织预先研究，为歼-20、“大运”等背景型号进行立项前的技术准备；我们在集团内部力促技术创新，设立了创新基金等一批科技发展专项资金，使集团的创新活动获得前所未有的发展；我们主动挑起信息化建设的重担，从信息网络基础建设，到应用系统开发，从办公无纸化、自动化到工程中的数字化及大规模协同，使集团的信息化建设走在了国防工业的前列。

在他带领下，科技部“人丁兴旺”，业务蓬勃，10个处30名员工，心往一处想，劲往一处使，红红火火。科技部的员工来自不同单位与机构，作为一把手，他不搞小圈圈，一视同仁，量才是用，公正磊落，使科技部这个集体充满团结友爱、激情进取的氛围。

在他卸任部长到延期退休的这段特殊时段里，他热情支持我的工作，还亲力亲为地抓了不少大事，我印象最深的是，主编和完成鸿篇巨制的《飞机强度手册》；组织高歌教授提出的一项科学实验，主持协调该项工作，个中艰辛，非他不能；着力抓集团科技创新基金的项目遴选，为落实资金，确保高质量项目，付出了艰辛劳动。特别是科技部受命歼-10工程项目申报国家奖，由他具体组织和主持；他在歼-10中的贡献人尽皆知，但他主动把自己“摘”出获奖名单，说“把有限的名额给别的同志吧，特别是对年轻的同志更有用”；他还说，既然要我抓，这样做，我才好说话。由于他的无私和卓有成效的工作，申报工作得以顺利完成，在2007年2月全国科技奖励大会上，歼-10工程喜获国家科学技术进步奖特等奖。屈见忠部长在工程中立下的卓著功勋，在工程之外展现的高风亮节，值得我们永远学习和传颂。

几天来，在思念屈部长的悲痛中，我再次思索关于人生的价值。人的生命都是有限的，但在有限生命里，能干出几件令后人和晚辈永远记住的好事，能以自己的热力和奉献，助燃、助推我们的事业前进，这样的生命就是有意义的，这样的生命就是有价值的。屈部长就是这样的一个范例和榜样，他的生命已融入我们伟大的航空事业，他的品格与言行值得我们永远缅怀和学习；作为他亲密的同事和朋友，我会永远把他记在我的心间！

别了，屈部长！愿一路走好！

别了，屈部长！天堂里再见！

代后记：我是一个理工男

我清楚地记得那一天。

2016年4月7日下午，清明节后第二天，那天我69岁零一个月。

在北京航空航天大学，《航空知识》《航空学报》编辑部，我同俞敏、蔡斐、王亚男等一干好友如约相见，谈完工作，海阔天空。

他们说，你平时和我们聊的许多事情，从科技与科技管理到型号项目与预研，从刊物与科普到社会万态与人生感悟，很有意思啊，你何不把它们写下来，与更多的人特别是我们年轻人分享。

他们还很具体地给我介绍当下新媒体、自媒体的发展，向我推荐微信公众号，称可以撰写与发布包含图文甚至可包含小容量音视频文件的自编资讯与文章。大家鼓励我，说你何不也开一个。

我被打动了。旋即随亚男走进他的办公室，就在他的电脑上为我申请了一个微信公众号，占尽祖上赐名之利，取名“聚恩君”。我喜欢长辈给我的名字，蕴涵特质，过目不忘，让人珍爱，耐人品味，每日里嘱我知恩图报，时时提醒我做真君子——一个坦坦荡荡、磊磊落落、热热烈烈而又实实在在的真君子。而当时所起的昵称“老民工”和如行云流水般、不假思索地落在电脑屏幕上的“功能介绍”里那句话“一个爱科学、爱家人、爱朋友的‘老民工’讲人生感悟，说航空故事”至今一字未改，我自认为、亚男也认为这句话淋漓尽致而又精准地体现了我的自我设计。

说到自诩“老民工”，许多朋友问我何故，我曾在另一篇微文里做过解释：“我喜欢这个昵称，或曰笔名。当今社会，‘民工’成了一个特殊称谓，成了社会最底层百姓的代名词。可是细想一想，我们人人不都是民工嘛——广义的人民之工，狭义的劳作之人。老老少少，男男女女，都是打工谋生、挣钱吃饭、奔个前程。我不是一个超凡脱俗的高尚之人，但又自认是一个有良心、未忘本的好人。至少愿意起此名的人，不会看不起劳苦之众，还有愿意与他们为伍的自觉。”

从北京航空航天大学回到家中，我把清明节那天写给弟妹的一篇长长的“短信”扩展写成第一篇微文《清明感怀》，并于当晚在平台上成功发出。我的“小朋友”们惊讶于我进入角色之快，并对我的开山之作极尽鼓励。从此，我一发而不可收，踏上“写家”之途。连我自己也略感惊讶，到今天，竟然在这个平台上发了 178 篇，平均两天半一篇。

我的微文到底算什么？我也说不太清。但要说清我的微文算什么，还得从我是什么人说起。借题发挥，顺便谈一点自己的感受，与大家分享与交流。

简而言之，我是一个理工男。理工男的概念过去贬多于褒，形容只会数理化，情商低，不会制造和欣赏浪漫。近年来似有改善。不管别人怎么看，社会如何定位，褒也好，贬也罢，我自认就是一个理工男，过去是，现在还是。学的是理工，干的是科技，一辈子没离开航空。前半段职业生涯直接从事技术工作，后半段职业生涯转入战略研究和科技管理。现在退休了，不做具体的技术及管理工作了，转战到另一条战线，面向社会，宣传航空，普及知识，提携新人。

打小我就是个“乖乖”，在家庭的熏陶教育下，不骂人、不打架、不撒泼、不说谎，甚至不会说脏字。长大成人后，除了爱学习、工作做得还可以之外，富有爱心同情心、责任心，似乎也算是我的优点。及至走上科技管理岗位，有了一点“权势”时，竟从来不认为当了什么“官儿”，骨子里温良恭俭让，对上无谄媚之心、无逢迎之举，对下则从未摆过谱、耍过派头，甚至在用语习惯上，我都从不用“我批评了谁谁”“我亲自……”之类的语式和腔调。回首快走完的一生，不管什么境遇，不管无权有权，从未整过人、害过人，从未做过缺德无良之事，反而常常悲天悯人，引出一些慷慨正义之举，时时也令自己奇怪，这是我吗？如此壮怀激烈。

我自认是一个理工男，一个有点儿情怀的理工男。技术思维、逻辑思维为主线，偶尔也有信马由缰的形象思维、跳跃思维，灵光一现。至今，我还是热爱学习技术，譬如对信息技术和工具、技能的学习与使用，在我这个年龄段的人里，虽不敢自称“佼佼”，至少不是落伍者。

前几天，我下载和阅读北京航空航天大学朱自强教授发表的《超声速民机和降低音爆研究》综述性论文，很长、很专业，与我的专业知识储备有点儿距离。但我深知，在世纪交替之时，人类航空科技杰作“协和号”超声速客机悲壮地退出历史舞台后，超声速公务机、客机必将再次归来，我需要了解其核心和首要难题——降低音爆、减低地面噪声的解决途径和近况，所以我耐心地阅读这篇文章。从中，得知降低音爆的优化设计方法，以及以音爆造成地面噪声最小为目标，直接耦合音爆传播和 CFD 流场解的优化设计方法；并知悉未来超声速公务机、客机的外形特点，和用于概念设计的多重优化设计方法等，颇有斩获。

再比如，在我任职期间，虽重视和直接抓了航空发动机的一些科研工作，但在作为背景专业知识的航空发动机领域，总觉得有那么一点隔靴搔痒的距离感，我不满足于似是而非、一知半解。于是，下决心强化学习了一些航发专业知识，并逼着自己连续写成了几篇关于航发的技术及其发展的评述文章，使得这段距离稍有缩减，发表的文章也得到业内人士的首肯。

同时，我的爱好又很广泛，爱文学艺术，涉猎历史哲学，是美国职业篮球联赛（NBA）和众多体育赛事节目的爱好者；平时我最爱看的电视频道是中央电视台纪录频道（CCTV9）和中央电视台体育频道（CCTV5）。每看完一场电影或戏剧，常常克制不住地想写一点观后感之类。去年为勒布朗·詹姆斯写了两篇励志文章，前前后后写过多篇影评、戏评。我还爱旅游，也写了超过十篇的游记，且还有不少储备。

故而，我的微文本质上从属于技术领域，就我的思想方法和工作成果而论，皆如此。因为一半左右的文章，是我学用技术的心得积累，是学习机记，是科技随笔，是科技活动记录，也是对科技管理的思考与建议，还有大量的科普短文和系统课件。写作动机缘于责任心驱使的一种冲动，想把对技术、主要是航空技术的理解和领悟，转成“普文”“美文”，与人分享，让需要的人爱读爱听，且通俗易懂。

但因题材多元，且信笔写来，故有大量的别样文章，我不认为这些是“心灵鸡汤”，但算得上积极而正面的宣情释怀。这一类的文章谓之“科技散文”为好。科技散文不是我的创建，在我之前，南京航空航天大学丁秋林教授（今年已 82 岁）已经以“科技散文”为书名，出了专集，还有此类文体的著述多本。北京理工大学的周立伟院士（86 岁），也在科研教学之外，出版了汇集人生智慧的《藏绿斋札记》，含《情系科研》《感悟人生》《心驰科普》三册。我是步二位前辈后尘的学生，不过未得真传。只同周院士一起参加过几场活动，受过他当面的教诲，还得过他的赠书，至今却从未见过丁教授本人。

文体文风相近，或相同，但每个人的阅历与感悟又不完全一样，或者完全不一样。在这个意义上，我就是我，吾文非他文。

我用我的眼睛看世界，经历沧桑变迁，阅尽人间悲喜。

我用我的思想看世界，求索真理谬误，判断是非美丑。

我用我的精神看世界，探寻自由真谛，追求博爱和谐。

我用我的头脑看世界，积淀科技学养，丰富人文情怀。

我徜徉于科学海洋，如饥似渴地汲取营养，以普及和宣传航空为宗旨，笔耕不辍，四方开讲，传递知识。

我沉醉于感情世界，游走在科技与人文之间，有感而发，信笔写来，夹叙夹议，讲着故事，述说着感悟。

我以“微文”这种自媒体形式，把自由思想公开化，不忌人微言轻，不求名声功利，以文交友，以文会友。

我把微文当成电子版日记，灵活撰写，快速反应，把自己变成了几无隐私的“透明人”。

我还认为，科学与人文，如鸟儿之双翅，飞机之双翼，缺一不可，不能分离。研究和解决社会问题，有时需要技术思维；而一个好的科技工作者，则应具有丰满高尚的人文情怀。搞社会科学的，若有了一定的背景技术知识，你会视野大展、脑洞大开，譬如有些社会学是需要建立数学模型的。搞自然科学的，如果能爱文喜史，关心社会，或许你会更天然、更本能地做到“以人为本”，把你的专业、你的设计、你的研究搞得更友好、更精妙。最好的例证就是工业设计（industrial design，ID）的出现，除了帮助人们生活工作的使用功能以外，设计师追求艺术之美，讲究色彩、质感、人机界面等，从而使工业产品成为赏心悦目的艺术品，艺术品则有了生命。

我的一些不搞技术的朋友说，读我的含有技术元素较多的文章，有点困难。而专门从事技术的友人会对情怀和感悟之类的短文需求不甚。不过，你们既都是我的朋友，并且我的文章还不至于糟糕到难以卒读，那就请冲破专业的藩篱，在科学与人文之间驰骋；就请克服时空的限制，在历史和现实之间穿越。而后，让我们一起探寻未来，朝着美好的明天奔去。

现在，我可以回答我的微文是什么了。

它是自由之思想的结晶，

它是独立之人格的表征，

它是不休之探索的印迹，

它是无倦之学习的记载。

但说到底，我是一个具有人文情怀的老“理工男”！

我就是我——聚恩君，如此而已！

张聚恩

2017年6月25日